CALLWEY

Gerhard Matzig / Wolfgang Bachmann

Häuser des Jahres

Die besten Einfamilienhäuser

**HÄUSER
DES
JAHRES**

Deutsches Architekturmuseum
InformationsZentrum Beton
Baumeister
Welt am Sonntag
Callwey Verlag

Gerhard Matzig / Wolfgang Bachmann

Häuser des Jahres

Die besten Einfamilienhäuser

Inhalt

Seite 228 Häuser können rätselhafte Bauwerke sein, die den Ausblick nach draußen inszenieren ...

Seite 44 ... als stattliche Villa in die Topografie gebettet unerwartete Wohnerlebnisse bieten ...

Seite 110 ... oder die Anforderungen an nachhaltiges Wirtschaften mit einer außergewöhnlichen Architektur beantworten.

Seite 26 Manche Häuser orientieren sich an herrschaftlichen Vorbildern und bieten sich ihren Bewohnern für einen geordneten Rückzug an ...

Seite 174 ... wobei auch die Ensemblewirkung einer dörflichen Umgebung einen traditionellen Entwurf bestimmen kann.

Seite 76 Ein Umbau kann ein Haus radikal verändern, um dem Lebensstil jüngerer Bewohner zu entsprechen.

Seite 150 Statt einmal fest gefügt kann ein Haus sich aber auch innen und außen immer neu interpretieren lassen.

Seite 158 Fassaden zeigen, ob die Bewohner ihr Privatleben lieber hinter einer präzisen glatten Hülle einrichten ...

Seite 72 ... oder sich lieber mit skulpturaler Geste den Sensationen einer reizvollen Landschaft zuwenden möchten.

Seite 98 Es kann von seiner Errichtung bis zum fernen Abbruch eine Lebensumgebung ressourceneffektiv mit gewachsenen, natürlichen Materialien umschreiben ...

Seite 126 ... oder als Hauskunstwerk für eine Großfamilie einen verlässlichen Ort für das engere und weitere Zusammenleben bilden.

Über dieses Buch

Die Jury

Das vorliegende Buch dokumentiert die 50 besten Beispiele aus dem Wettbewerb „Häuser des Jahres – Die besten Einfamilienhäuser", darunter der Preisträger, drei Auszeichnungen sowie 15 Anerkennungen. Alle Häuser werden ausführlich in Bild und Text vorgestellt: Professionelle Innen- und Außenaufnahmen veranschaulichen eindrucksvoll jedes Objekt, die Originalpläne der Architekten sowie Gebäudedaten und Projektbeschreibungen liefern wissenswerte Hintergrundinformationen.

Die Grundrisse und Schnitte sind bis auf einige Ausnahmen im Maßstab 1:200 wiedergegeben. Das heißt: 1 Zentimeter im Plan entspricht 2 Metern in der Wirklichkeit. Um die Einbindung des Gebäudes in das städtebauliche Umfeld sowie seine Orientierung und Situation auf dem Grundstück darzustellen, ist jeweils ein nicht maßstäblicher, genordeter Lageplan dargestellt. Das beschriebene Projekt ist dort farblich hervorgehoben.

Die Gebäudedaten, soweit einheitlich zu ermitteln, fassen die wichtigsten Informationen übersichtlich zusammen: Sie geben Auskunft über Grundstücksgröße, Wohn- und Nutzfläche, Anzahl der Bewohner, Bauweise, Baukosten, Energiekennwerte sowie das Baujahr. Alle Kostenangaben verstehen sich, soweit nicht anders angegeben, im Sinne der DIN 276 als sogenannte reine Baukosten inklusive der jeweiligen Mehrwertsteuer. Nicht enthalten sind die Grundstücks-, Erschließungs-, Bauneben- und Finanzierungskosten sowie das Architektenhonorar.

Bei einigen Projekten wurden die Baukosten auf Wunsch der Bauherren nicht veröffentlicht.

Die Jury zögerte nicht, ganz unten zu beginnen und sich gründlich durch die eingereichten Projekte hochzuarbeiten. Von links nach rechts: Wolfgang Bachmann (Herausgeber der Zeitschrift *Baumeister*), Sebastian Finckh (Architekt im Büro J. Mayer H.), Peter Cachola Schmal (Direktor des DAM), Paul Kahlfeldt (Architekt und Professor der TU Dortmund), Gerhard Matzig (Journalist, Kritiker und Buchautor) und Thomas Kaczmarek (Geschäftsführer InformationsZentrum Beton).

Einleitung

Gerhard Matzig

Eine Art Vorwort

Womöglich gibt es ihn ja doch, jenen zutiefst ironischen und selbstverständlich höheren Orts – sagen wir: im Himmel – angesiedelten Produzenten einer täglich aktualisierten „göttlichen Komödie", die auf Erden spielt. In diesem Fall mit mir als Autor dieses Beitrags in der Hauptrolle. Die Szene spielt in München, Streitfeldstraße 35. Es ist der 8. April 2011. Zu sehen sind die sorgfältig vor- und aufbereiteten Beiträge zum Wettbewerb der „Häuser des Jahres". Zusammen mit anderen Juroren bin auch ich dazu eingeladen, die vielen eingesandten und höchst verschiedenen Wohnarchitekturen zu begutachten und zu würdigen.

Nebenher gesagt: So etwas, die gerechte Würdigung, kann auf dem Terrain des privaten Wohnens niemals vollständig glücken. Denn es wird zwar eine Auswahl getroffen und ein Preis verliehen – aber jedes einzelne Haus wurde als Lebenstraum verwirklicht mit jener Hingabe von Architekten und Bauherren, von Wohnenden und Träumenden, der man in solchen Jurys nie ganz gerecht werden kann. Der Traum vom eigenen Haus, das Glück, die eigene Lebenswelt zu gestalten, all die Emotionen, die damit verbunden sind: Solches entzieht sich der Beurteilung und Expertise, jedenfalls in letzter Konsequenz. Was nicht bedeutet, dass man die dargebotenen Grundrisse und Raumlösungen, die konstruktiven wie gestalterischen Details nicht mit aller gebotenen Akribie studieren würde. So beuge auch ich mich über die Tischlandschaft voller Fotos und Pläne und Grundrisse und Ansichten – an jenem Tag im Callwey Verlag.
Unglücklicherweise fällt mein Blick zuallererst auf ein Haus in Hanglage. Nein, das Haus, angemessener wohl: die Villa, ist nicht das Unglück. Im Gegenteil: Sie wirkt hell und licht, eine filigrane und elegante Erscheinung, wie selbstverständlich ihrem Ort ein- und auch angepasst. Unglück bereitet vielmehr der Blick auf die angegebene Wohnfläche. Es sind 1.600 Quadratmeter für fünf Personen.

Nicht, dass etwas so Törichtes wie Sozialneid mein Problem wäre. Aber man kommt doch ins Grübeln. Vor allem dann, wenn man selbst Mitglied einer fünfköpfigen Familie ist, seit Kurzem ein Haus mit 131 Quadratmetern Wohnraum besitzt, auf das man übrigens über die Maßen, also umgekehrt proportional zu den Wohnraumabmessungen stolz ist, und kurz überschlägt, dass jene anderen fünf Wohnenden exakt 12,2-mal mehr Raum besitzen. Zum Trost stelle ich mir vor, dass die Bewohner dieser Villa mindestens vom Planeten Pandora stammen müssen, wie sie in James Camerons Film „Avatar" skizziert werden. In diesem Fall wären sie zwar nicht blauer, aber sogar noch größer, also exakt 12,2-mal so groß wie ich. Sie brächten, alle fünf, etwa 4 Tonnen auf die Waage. Zuletzt stelle ich mir vor, dass ein kleines zweisitziges Sofa in diesem Haus 16,47 Meter breit sein müsste. Möchte sich die Dame des Hauses einmal nachlässig und einer kleinen Laune folgend auf die Sofalehne setzen, so muss sie 8,54 Meter erklimmen – was kein Problem ist, da sie selbst ja gut 21 Meter hoch aufragt.

Das alles ist natürlich Unsinn, es geht ja um die Fläche und nicht um die Kubatur dieser Villa. Auch sind die Juroren eines solches Preises nicht ständig der Versuchung ausgesetzt, die dargebotenen Lebenswelten mit dem je eigenen Wohnraum zu vergleichen. Und auch wenn die fragliche Villa nicht mit einem der Preise bedacht werden konnte, so ließen sich doch ihre Grundrisse als so funktional wie großzügig rühmen – und die Raummöglichkeiten als so praktisch wie die Raumwirkungen als suggestiv loben. Zudem markiert diese Villa, wie sich im weiteren Verlauf der Jury herausstellt, auch die Obergrenze aller eingereichten Objekte – zumindest in Sachen Wohnraum-Luxus.

Es fällt auf, dass etliche der eingereichten Häuser über ein Grundriss-Vokabular verfügen, das nicht selbstverständlich ist in der Durchschnittswelt der Doppelhaushälften und Reihenendhäuschen. „Pool innen" ist so eine Vokabel, die signalisiert, dass das fragliche Haus auch über einen „Pool außen" verfügt. „Weinkeller" ist ein anderes Wort, dazu „Gesellschaftsräume", „Ankleidezimmer", „Au-pair-Be-reich", in einem Fall sogar „Skulpturenhalle". Man liest dies in nach-denklicher Stimmung in einer Zeit, da aus dem normalen Regelgrund-riss der üblichen tristen Wohnregale in unseren Städten schon längst das Wort „Besenkammer" verschwunden ist, und ist entsprechend begeistert, wenn man gelegentlich wieder von einer früheren Selbst-verständlichkeit hört: dem Ankleidezimmer.

Es gehört zu den interessanten Erfahrungen dieses Wettbewerbs, dass es vor allem große, repräsentative Häuser sind, auf die man trifft. Auf große Häuser, die mit großem Ehrgeiz errichtet wurden. Man fragt sich unwillkürlich, ob die architektonische Ambition in kleineren und normaleren, bezogen auf den durchschnittlichen Wohnraum in Ein-familienhäusern, sehr viel öfter vorkommenden Häusern womöglich seltener anzutreffen ist. Das würde eine schon länger kursierende Theorie bestätigen, wonach nur etwa 5 Prozent des privat errichteten Wohnraums von Architekten organisiert und entworfen, erbaut und gestaltet werden. Der große Rest wäre demnach eine architekturfreie Zone. Kann das sein?

Es spricht manches dafür, dass sich die Welt der Architektur tatsäch-lich so weit entfernt befindet von der Welt des Normal-Wohnens wie der Planet Pandora von der Erde – zu erreichen nur mit extrem schnellen Flugmobilen in etwa vier Jahren.

Vier Jahre, das ist in etwa auch der Zeitraum, der vergangen ist, seit-dem ein McDonald's-Spot zu sehen war. In diesem Spot tritt ein schwarzgewandeter Mann auf, den schon sein Topfhaarschnitt, ein blasiertes Grinsen und sein abenteuerliches Getue als kreativen Innenarchitekten charakterisieren. Natürlich: Es geht um einen Wer-bespot des Burger-Braters – und somit nicht um ein realistisches Abbild des typischen Innenarchitekten, sondern um ein ganz bewusst

inszeniertes Klischee, um eine Parodie, eine überzeichnete Karikatur, die aber dadurch umso interessanter gerät. Also: Der Innenarchitekt geht im Treppenhaus einer offenbar neu gestalteten Wohnstatt einem jungen Paar voran. Er öffnet eine Tür mit Schwung und mit den Wor-ten: „Und nun das Prunkstück Ihres neuen Hauses, das Wohnzimmer." Die Kamera zoomt heran. Und der schwarzgewandete Topfhaarschnitt flötet beglückt, indem er die Architektur des Wohnzimmers be-schreibt: „Glasklar, strenge Formen, eben erfrischend anders." Nun schwenkt die Kamera auf das Innere und gibt den Blick vollständig frei: auf weiße Kacheln an den Wänden, an der Decke und am Boden. Fenster sind keine zu sehen. Nur ein kleines rotes Kissen auf der gemauerten und natürlich mit weißen Kacheln ausgestatteten Sitz-bank, das so schüchtern und verfroren aussieht, als fürchte es sich vor den Kacheln. Die junge Frau, es muss sich um die Bauherrin han-deln, fasst sich nun ein Herz und fragt den Innenarchitekten tapfer: „Ja ... aber ... ist das nicht ein bisschen kalt?" Womit sich dem Spot die Gelegenheit zur Pointe bietet. Entsprechend antwortet der Kreative so überheblich wie abschließend: „Also wenn Sie was Warmes wollen, dann gehen Sie doch zu McDonald's."

In diesem Fall geht es um einen Innenarchitekten. Aber im Klischee scheint eine – nicht allzu differenziert vorgetragene – Kritik am so-genannten modernen Bauen auf, das als lichtlos, eckig, kalt und un-persönlich präsentiert wird, als ginge es darum, die kritische Stimme des deutschen Philosophen Ernst Bloch im Sinne von McDonald's umzuformen. Bloch schrieb im Jahr 1959: „Heute sehen die Häuser vielerorts wie reisefertig drein. Obwohl sie schmucklos sind oder eben deshalb, drückt sich in ihnen Abschied aus. Im Innern sind sie hell und kahl wie Krankenzimmer, im Äußeren wirken sie wie Schachteln auf bewegbaren Stangen, aber auch wie Schiffe."

Das „Neue Bauen" als Inbegriff der Moderne hat die Kritik von Anfang an herausgefordert. Aber während sich das Bauen formal und kon-

struktiv bis auf den heutigen Tag unentwegt weiterentwickelt hat und zwar weit über die bekannten „Ismen" des späten 20. Jahrhunderts wie Dekonstruktivismus, Postmodernismus oder Dynamismus hinaus, scheint die öffentliche Kritik daran nicht weiter gekommen zu sein. Wann immer ein Parkhaus, eine Brücke, ein Kaufhaus, ein Geschosswohnungsbau oder auch eine Villa im jeweiligen Umfeld durch ostentative Zeitgenossenschaft aus dem Rahmen fällt und etwaige Konventionen der Ästhetik zu sprengen droht, kann man sich darauf verlassen, dass die Kritik daran noch immer mit dem Bloch-McDonald's-Vokabular arbeitet. Die Objekte sind „schmucklos" und „kahl" beziehungsweise in der Parodie „glasklar" und „streng". Letztlich läuft es oft auf das Krankenzimmer hinaus, auch wenn andere darunter Betonbunker oder Schuhschachtel verstehen.

Von Bloch ist es in der Geschichte der Moderne-Kritik, die immer auch eine Kritik am Berufsstand der Architekten war und ist, nur ein kleiner Schritt bis zu Tom Wolfe, dem amerikanischen Schriftsteller, der 1981 das Buch „From Bauhaus to Our House" verfasste als fulminante Dekonstruktion jener Erben in der Tradition des Bauhauses, deren Werke Wolfe so hübsch zornig als „Insektizidsiedereien" beschreibt. In dem Buch wimmelt es nur so von „Glas-Schachteln", „Betonplatten", „Pygmäen-Korridoren" und vom Schlimmsten aller schlimmen Untaten: vom „rechten Winkel". Der wurde ja auch vom österreichischen Beinahe-Architekten Friedensreich Hundertwasser als „Werkzeug des Teufels" sozusagen an die Wand gemalt. Wolfe jedenfalls fasst das zeitgenössische Bauen in vernichtender Absicht so zusammen: „Helles & Grelles & Reines & Feines & Leeres & Hehres." Fünf Jahre zuvor war es ein Architekt, Charles Jencks aus den USA, der die Totenurkunde ausstellte: „Die Moderne ist tot."

Das stimmt nicht. Nicht zuletzt auch deshalb nicht, weil einem die Entfremdung zwischen den Produzenten und Konsumenten zeitgenössischer Bauten recht vital vorkommt. Es gibt unzählige Beispiele

dafür, wie unversöhnlich sich Bauherr und Architekt bisweilen gegenüberstehen. Zuletzt trafen sich etwa der Architekt Meinhard von Gerkan und der damalige Chef der Bundesbahn Hartmut Mehdorn höchst publikumsintensiv vor Gericht. Der Bauherr hatte es gewagt, das Werk des Architekten, den neuen Hauptbahnhof für Berlin, entgegen der ursprünglichen Pläne zu verwirklichen. Oder Norman Foster, der Architekt des umgebauten Reichstags in Berlin. Weil sich einige Abgeordnete für das Foyer andere als die von Foster ersonnenen Polstermöbel wünschten und sich manche gar unzulässige Gummibäume in die Abgeordnetenbüros stellten, besprach sich Sir Norman Foster ernsthaft mit seinen Anwälten, ob man nicht den Deutschen Bundestag verklagen solle. Unklar blieb, ob dies auf Grundlage des Urheberrechts oder wegen erwiesener Geschmacklosigkeit erfolgen sollte.

Das erinnert an eine Geschichte über Richard Meier. Der hatte einst seinen Eltern ein Haus errichtet und kam nun zu Besuch. Er sah einen Aschenbecher im Wohnzimmer, fand ihn geschmacklos – und warf ihn seiner Mutter an den Kopf. Man könnte meinen, dass sich Architekten nicht immer für die Interessen und Bedürfnisse der Bauherrschaft interessieren.

In den Memoiren des Schriftstellers Arthur Miller findet sich die verbürgte Erzählung einer Begegnung mit dem schon greisen Frank Lloyd Wright. Miller, damals verheiratet mit Marilyn Monroe, bat den berühmten Architekten darum, für das junge Paar ein Haus zu bauen. Wright fuhr mit aufs Land außerhalb New Yorks, um den Baugrund zu besichtigen. Miller schreibt in seinen Memoiren: „Wright verschlief die Fahrt. Als wir angekommen waren, bestieg er den kleinen Hügel, dreht sich mit dem Rücken zum Wind, pinkelte und sagte mit Blick auf das Grundstück: ‚Ja, o ja.' Ich dachte nun, es wäre an der Zeit, mit ihm darüber zu sprechen, wie wir das Haus haben wollten. Aber Wright gab deutlich zu verstehen, dass ihn meine Meinung nicht interessierte. Vier Wochen später schickte er uns einen Vorentwurf: eine

Nicht immer ist ein Haus mit einem Traumgrundstück gesegnet. Dann holt man sich den Wellnessbereich eben ins Souterrain. Dafür wird großzügig Platz gemacht. Auch das war eine Erkenntnis des Wettbewerbs: Wer einen Architekten beauftragt, plant eher ein größeres Haus. Warum eigentlich?

kleine Buntstiftzeichnung." Miller schätzte, dass er, falls er sein gesamtes Erbe zu Geld machen würde, wenigstens den Pool hätte anzahlen können.

Wer den illustren Beispielen zum Verhältnis von Bauherr und Architekt in der Baugeschichte nachspürt, kommt auch an diesem Zitat von Mies van der Rohe nicht vorbei. Der schrieb in sein Tagebuch: „Bauherren sind wie Kinder. Man darf sie nicht ernst nehmen." Es ist also vielleicht kein Wunder, dass die allgemeine Kritik an der Moderne und die Kritik an einem Berufsstand, der sich mehr als Künstler denn als Dienstleister inszeniert, schließlich zu einer Art McDonald's-Architekturkritik zusammenfinden. Der Grund, warum so selten im privaten Wohnungsbau auf die Künste (und vielleicht noch mehr: auf die Kompetenz) des Architekten oder der Architektin vertraut wird, dürfte unter anderem in der turbulenten Rezeptionsgeschichte zeitgenössischer Architektur begründet liegen. Das, was der Fundus der Baumärkte und die Kataloge der Schlüsselfertig-Industrie bieten, und jenes, was sich der Architektur verdankt oder verdanken könnte: Dazwischen liegen meist Welten.

Die Abkehr des allgemeinen Publikums von den Architekten und ihren Raumvorstellungen hat allerdings nicht dazu geführt, dass die Welt im Sinne Wolfes „schöner", im Sinne Hundertwassers „menschlicher" oder im Sinne Blochs „heimatverbundener" geworden wäre. Im Gegenteil: So viel Hässliches, Unmenschliches und Ortloses, wie es in jeder beliebigen deutschen Stadt anzutreffen ist, gab es selten zuvor. Umso bemerkenswerter sind die Ergebnisse, wenn sich – wie auch im Fall des Wettbewerbs vom Callwey Verlag – Architekten und Bauherren zu einem Werk, zu einer Baukunst zusammenfinden. Wobei die hier versammelten „Häuser des Jahres" auch Aufschluss geben über unsere Zeit. So verschieden die Objekte auch sind, lässt sich an ihnen einiges thesenhaft verdichten: zum Beispiel das eingangs beschriebene Comeback der Villa. Auch wenn der Begriff etwas aus der Zeit

gefallen erscheint: Man kann sich heute, nachdem die Villa seit den Vierzigerjahren des 20. Jahrhunderts häufig als sowohl dekadent wie rückwärtsgewandt verpönt war, wieder über Formen repräsentativ ausstrahlender Architektur erfreuen. Die Häuser haben also mitunter wieder Gesichter, eine Gestik, einen Charakter, ein Auftreten. Sie zeigen sich einer Gesellschaft und wissen um ihre Präsenz im privaten Raum, der eben auch der öffentliche Raum der Wahrnehmung sein kann. Man wünscht sich angesichts der vielen gelungenen Beispiele für großzügig bemessene Häuser, dass sich auch jene Bauherren der Architektur anvertrauen, die – pro Hausbewohner! – weniger als 320 Quadratmeter Lebensraum veranschlagen müssen. Mit anderen Worten: Gutes Bauen hängt nicht von der Größe ab. Das belegen auch die Häuser, die auf der anderen Seite vom Trend zur Größe stehen: Es sind höchst smarte An-, Um- und Weiterbauten, in denen man oft auf kleinster Fläche wahre Raumsensationen erleben kann.

Eines ist noch zu bemerken: Waren die Häuser früher oft dazu verdammt, aus „Zimmern" zu bestehen, so zeigt sich heute, dass jene Bauherren und Architekten, die stattdessen in „Zonen", „Bereichen" oder „Raumzuordnungen" denken, die Grenzen also bewusst offen gestalten, zu sehr viel eindrucksvolleren Ergebnissen gelangen. Die Häuser wirken freier, großzügiger, aufgeschlossener – und sind sogar oft praktischer. Menschenfreundlich sind sie auch, weil sie erst durch das Bewohntwerden ihre Gestalt und ihren Charakter erhalten. Das ist vielleicht das schönste Ergebnis an diesem Wettbewerb: Die Häuser sind undogmatisch. Manche geben sich futuristisch, manche beziehen sich auf das Erbe des Bauhauses, manche knüpfen an die Traditionen davor an; manche geben sich eckig, andere erscheinen weich; manche sind mit einem Flachdach versehen, manche mit einem Satteldach, auch das Walmdach ist kein Tabu. Manche besitzen Skulpturenhallen, andere sind von winziger Dimension; beinahe alle sind der Energetik verpflichtet. So wenig Dogma war selten. Gut so. Und wer etwas anderes will, soll doch zu McDonald's gehen.

Ruinelli Associati Architetti

Umbau eines Stalls zum Wohnhaus in Soglio

1. Preis

Vielleicht ist das typisch für die Schweiz: Was man in der Region historisch vorfindet, das will man erhalten. Und was man selbst dazu beiträgt, wie man gegenwärtig gern lebt, gerade, wenn es vom Durchschnittlichen abweicht, das muss man nicht nach außen zeigen. Bei diesem Haus könnte so die Übereinkunft zwischen Bauherr und Architekt gewesen sein.

Ein Stall am oberen Dorfrand von Soglio, der noch bis in die späten Siebziger-Jahre landwirtschaftlichen Zwecken diente, wurde zu einem Wohnhaus umgebaut. Obwohl das Gebäude schon einige Zeit leer gestanden hatte, befand sich die Bausubstanz, also Steinplattendach, Mauern und tragende Holzteile, noch in einem guten Zustand. Deshalb lag es nahe, das Wohnhaus in die bestehende Liegenschaft einzubauen.

Der rote Faden des Entwurfs bestand darin, die alte Scheune inklusive Dachdeckung bestehen zu lassen und sich beim Ausbau an ihrer radikalen Materialreduktion zu orientieren. Zum einen waren äußere Einschränkungen maßgebend, weil man keinen Kran stellen konnte,

zum anderen ging es um die inhaltliche Auseinandersetzung, entweder die Wohnnutzung als Haus im Haus mit einer eingestellten Box zu realisieren, oder die vorhandene alte Hülle mit den neuen Anforderungen zusammenwachsen zu lassen.

Die Architekten haben sich für die zweite Möglichkeit entschieden. Damit galt es, die Architektur auszubalancieren zwischen zeitgenössischen funktionalen Details, solidem Material und der verträglichen Annäherung an den erhaltenen alten Scheunenumriss.

Wenn man nicht genau hinschaut, wird man die gediegene Wohnnutzung hinter den groben Stallwänden nicht entdecken. Nur die sauber betonierte Gartenmauer könnte ein Hinweis sein, dass sich hier mehr als landwirtschaftliche Lagerfläche verbirgt.

Der fehlende Kran und die groben Steinmauern führten zur Entscheidung, die Wände aus Stampfbeton und die Decken in Holz auszuführen. Damit ließ sich gleichzeitig die Anzahl der Materialien reduzieren. Die Wände stehen nun, gedämmt mit Schaumglas zwischen Beton und Stein, schwer und rau, ebenso massiv wirken die Ablageflächen.

Im Eingangsbereich spürt man die Kieselsteine im Betonboden, der sich mit Dielen aus rohem, unbehandeltem Eichenholz fortsetzt. Die Stahlfenster sind geschweißt. Die Außenmauern wurden restauriert, zu erneuernde Bretter wurden vor den Fenstern durch verstellbare Lamellen, ebenfalls aus Eiche, ersetzt.

Auch für den kleinen Garten mit den beiden Innenhöfen wurden diese Materialien verwendet: Stampfbeton für die Mauern und unbehauene Steine aus der Umgebung für eine einfache Pflasterung der Wege. Die rurale Bauweise mit ihren behäbigen Bossen und kunstlos gefügten Rundstämmen neben der scharfkantigen, jedoch ebenfalls fest und lagernd wirkenden modernen Fortsetzung ergab eine spannende Symbiose aus alt und neu. In einem offenen, zusätzlichen Wohnraum unterm Dach lässt sie sich hautnah erleben.

Vorherige Seite: Eine luftige Loggia ergab sich unter dem Dach. So war es möglich, die Ansicht mit den lagernden Rundstämmen zu erhalten.

Stampfbeton, geschweißte Stahlfenster und unbehandelte Eichendielen setzen die rohe Anmutung der ehemaligen Scheune fort. Material, Abmessungen, Körnung und Farbe entsprechen dem vorgefundenen Gebäude.

Der Eingriff orientiert sich nicht an folkloristischer Gemütlichkeit, um noch mehr traditionellen „Stallgeruch" zu erzeugen, sondern zeigt durch scharfkantige, glatte Oberflächen, dass in der Gegenwart weitergebaut wurde.

Dennoch ist kein harscher Bruch entstanden. Die fühlbare Schwere des Materials entspricht der überdimensionierten Bauweise des ursprünglichen Gebäudes.

Armando Ruinelli, CH-Soglio

„Dank der extrem reduzierten architektonischen Sprache war die heikle Symbiose zwischen alt und neu möglich und führte zu einer äußerst spannenden Auseinandersetzung mit dem Thema der nicht mehr genutzten Ställe."

Auch neue Funktionen wie Bad, Garderobe oder Treppe lassen sich mit der abstrakten Architektursprache kongenial installieren.

Im Eingangsbereich sieht (und spürt!) man die groben Kieselsteine im Betonboden – als würde sich der Gartenweg nach innen fortsetzen.

Urteil der Jury:

Die Entscheidung der Jury für die umgebaute Scheune im schweizerischen Soglio von Ruinelli Associati fiel einstimmig aus. Kein anderes Wohnhaus innerhalb der großen Auswahl konnte so eindeutig überzeugen und begeistern. Die bestehende Scheune ist für sich schon ein Meisterwerk an materialisierter Regionalität und Authentizität mit ihrem Natursteinmauerwerk, den auf Abstand gelagerten Holzbohlen im First und dem original Steinplattendach. Den Ansatz, beim Umbau eben nicht auf einen deutlichen Kontrast von Neu und Alt zu setzen, und auch keine Box im Sinne eines Hauses im Haus ins Innere zu platzieren, sondern stattdessen alt und neu miteinander zu vermengen, also weiterzubauen, wird als sehr glücklich angesehen. Denn das, was der Architekt Armando Ruinelli als neue Materialität hinzufügt, wie Stampfbeton für alle Wände und rohe Eichenplatten für alle Decken, fügt sich hervorragend mit dem Bestand. Herausgekommen ist eine wunderbar sinnliche Kombination, wie sie jedem Architekten als Ideal vorschwebt, wenn er davon träumt, ein alpines Steinhaus umzubauen. Den wenigsten gelingt dies so bravourös wie hier.

Peter Cachola Schmal

2. Obergeschoss M 1:250

1 Schlafen
2 WC / Dusche
3 Offene Terrasse / Balkon

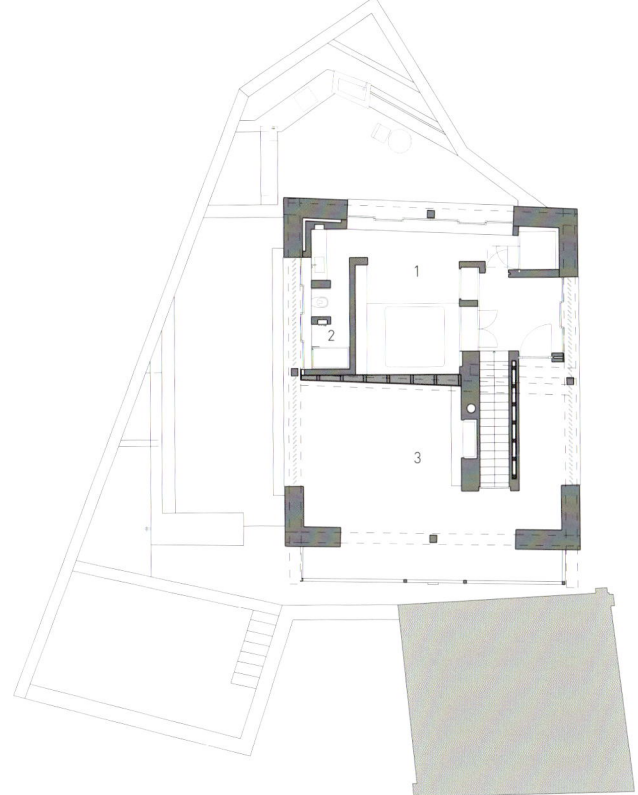

Lageplan

Gebäudedaten

Grundstücksgröße: 195 m²
Wohnfläche: 135 m²
Zusätzliche Nutzfläche: 30 m²
Anzahl der Bewohner: 4–6
Bauweise: massiv
Heizwärmebedarf: 11,4 kWh/m²a
Fertigstellung: 2009

Schnitt M 1:250

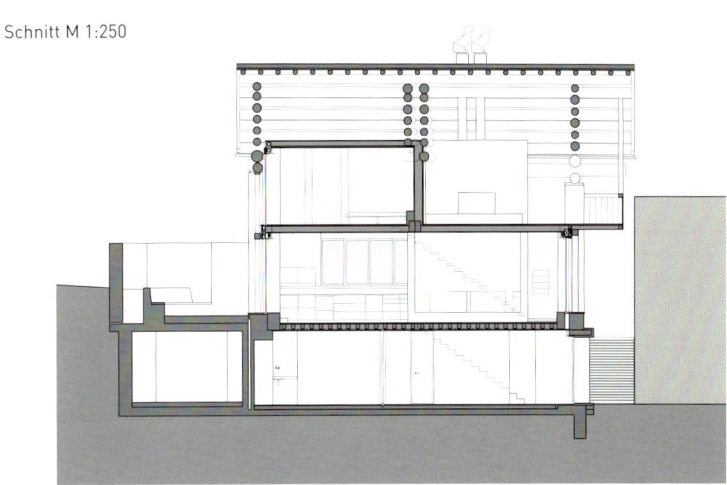

1. Obergeschoss M 1:250

1 Wohnen
2 Essen
3 Kochen

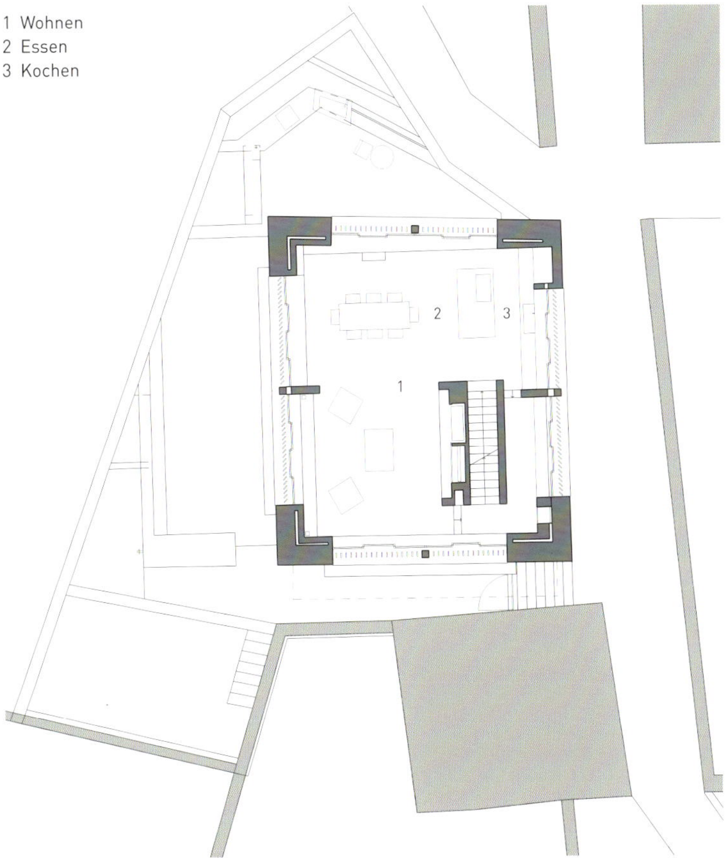

Erdgeschoss M 1:250

1 Eingang
2 Schlafen
3 Waschküche
4 WC / Dusche
5 Abstellraum
6 Technik

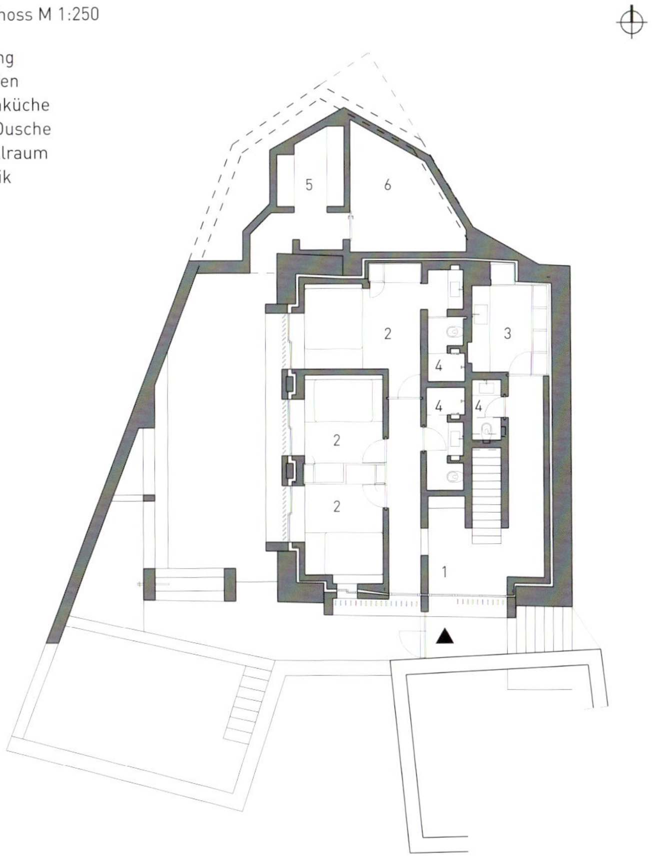

Axel Steudel
Einfamilienhaus nach traditionellem Vorbild in Köln

Auszeichnung

Die Bauherren orientierten sich mit ihren Wohnwünschen an den Merkmalen traditioneller Häuser. Dazu gehörte ein symmetrisch angelegter Baukörper mit einer zweigeschossigen Eingangshalle und einer klaren Raumfolge mit entsprechender Innenausstattung. Darauf versucht das Haus, eine zeitgemäße Antwort ohne nostalgische Dekoration zu geben. Vorbilder werden zwar konkret, aber im Detail abstrakt zitiert.

Die Lage des Hauses und die Anordnung der Räume orientieren sich trotz der hierarchisch wirkenden Räson zunächst an der Himmelsrichtung. Das Gebäude steht an der Ostseite des Grundstücks, sodass sich nach Westen eine Gartenterrasse ergibt, die von einer an die Nachbarbebauung anschließenden Garage begrenzt wird. Ein gemeinsamer Sockel verbindet die Anlage und, klassischen Beispielen folgend, hebt das Anwesen aus seiner Umgebung. Das Erdgeschoss liegt etwa 1 Meter über dem Gelände und erlaubt eine gute Belichtung der Räume im Untergeschoss sowie eine Separierung der Terrasse vom tiefer liegenden Garten.

Beherrschend im Erdgeschoss ist der Wohnraum. Zwei kleine Loggien nach Osten und Westen dämpfen den Lichteinfall und tragen zu einem Gefühl der Geborgenheit bei. Küche, Essbereich, Arbeitszimmer und Garderobe flankieren diesen Zentralraum. Im Obergeschoss erreicht man Schlaf-, Kinder- und Gästezimmer mit ihren großzügigen Bädern und Ankleiden.

Das Haus ist als Massivbau mit hoch dämmenden, einschaligen Ziegelmauern mit mineralischem Kratzputz ausgeführt. Der Sockel ist mit Klinkern verblendet, sie setzen sich als Belag im Eingang und in den Loggien fort. Innen liegen Eichendielen oder Schiefer auf den Böden, sie gehören zum Konzept, nur wenige, natürliche Materialien zu verwenden. Türen, Geländer und Fenster sind weiß lackiert. Alles ist auf Dauer und Beständigkeit angelegt, nicht nur formal.

Vorherige Seite: Ein Sockel hebt das Haus aus seiner Umgebung. Das Private wird mit Elementen des Öffentlichen verbunden: Man latscht nicht hinein, sondern spürt die Schwelle.

Linke Seite oben: Die Stiege ins Obergeschoss schließt beiläufig an die Stufen der Eingangshalle an. Auch das ist ein Signal, dass hier der private Bereich beginnt.

Oben und linke Seite unten: Beherrschend ist der zentrale Wohnraum. Die vorgelagerten Loggien dämpfen das Tageslicht und geben den Bewohnern ein Gefühl von Geborgenheit.

Axel Steudel, D-Köln

„Die auf eine langfristige Nutzungsdauer ausgelegte Auswahl und Verarbeitung der Materialien und Bauteile führt dazu, dass das Haus dauerhaft mit vertretbarem wirtschaftlichem Aufwand unterhalten werden kann."

Urteil der Jury: Die Jury würdigt bei dem besprochenen Haus die solide Bauweise, auf Dauerhaftigkeit ausgelegte Materialwahl und das im gegebenen Rahmen fortschrittliche Energiekonzept bei sehr angemessenen Kosten.

In der Symmetrie der Frontfassade sucht das Gebäude in seinem Umfeld am Rande eines Kölner Neubaugebiets nach Distinktion durch Ausgewogenheit der Proportionen. Ein massiver Sockel stemmt sich über das Einerlei der Umgebung und gibt dem Ensemble dadurch etwas Burghaftes.

Hier wurde im Hinblick auf traditionelle Methoden und überlieferte Erfahrungen geplant und handwerklich solide gebaut. Es bleiben Eindrücke von Repräsentation, Sicherheit, Geborgenheit und ansonsten im positiven Sinne nicht allzu Ungewöhnlichem. Das Haus möchte dem Versuch nachgehen, auf die Merkmale traditioneller Bauweise eine der heutigen Zeit entsprechende Antwort zu finden.

Die Frage, ob das sogenannte traditionelle Bauen in dieser Form wirklich als zeitgemäß empfunden werden kann, ließ sich jedoch am Ende nicht eindeutig beantworten.

Sebastian Finckh

Man muss in diesem Haus keinen Gehrock tragen. Die traditionelle Architektur wird fortgeschrieben durch eine funktionale Ordnung und reduzierte Ausstattung, das Baujahr gibt keine Rätsel auf.

Die Böden sind mit Eichendielen und Schieferplatten belegt, die weiß geputzten Wände mit hoch dämmenden Ziegeln einschalig gemauert. Der Innenausbau ist aus weiß lackierten Holzwerkstoffen gefertigt.

Gebäudedaten

Grundstücksgröße: 1.088 m²

Wohnfläche: 279 m²

Zusätzliche Nutzfläche: 164 m²

Anzahl der Bewohner: 4

Bauweise: massiv

Heizwärmebedarf: 50,14 kWh/m²a

Primärenergiebedarf: 53,26 kWh/m²a

Baukosten: 695.000 Euro

Baukosten je m² Wohn-

und Nutzfläche: 1.569 Euro

Fertigstellung: 2009

Obergeschoss M 1:200

1 Schlafen
2 Ankleide
3 Bad Eltern
4 Kind
5 Gast
6 Bad Kinder / Gäste

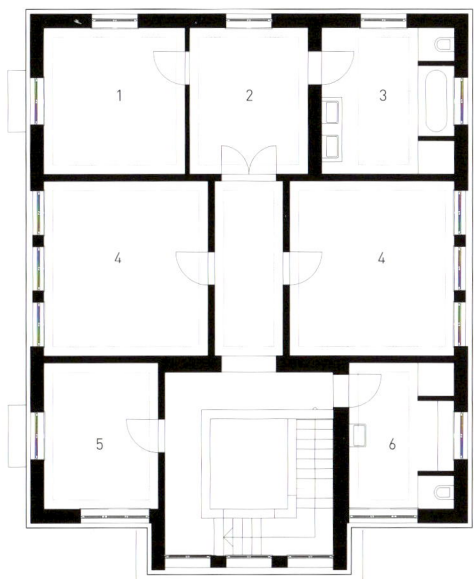

Erdgeschoss M 1:200

1 Eingang
2 Wohnen
3 Kochen / Essen
4 Arbeiten
5 Garderobe
6 Abstellraum
7 WC
8 Loggia
9 Garage
10 Geräte
11 Terrasse

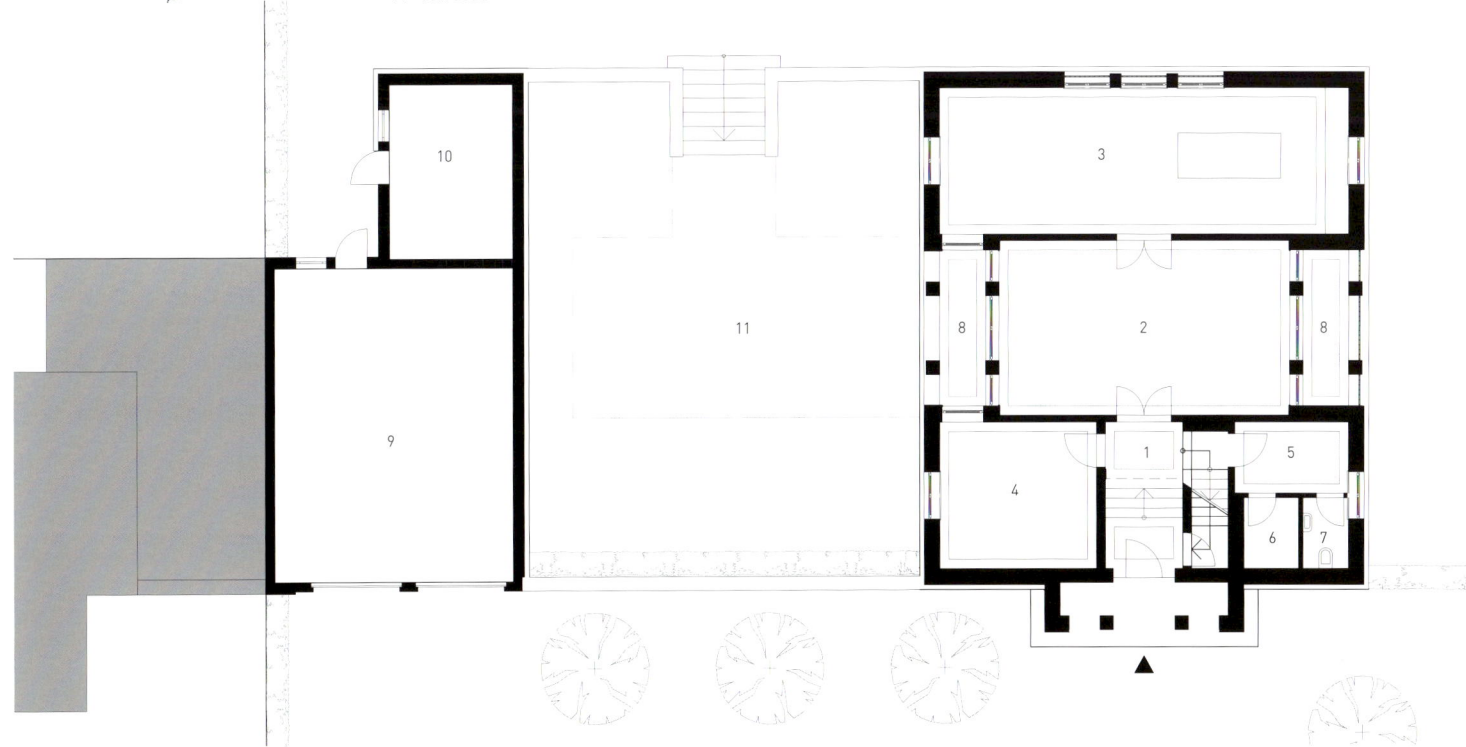

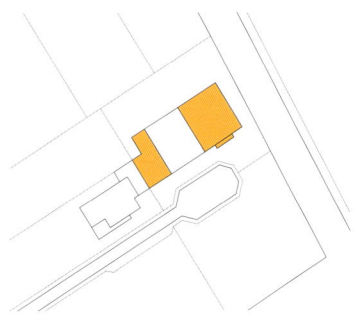

Lageplan

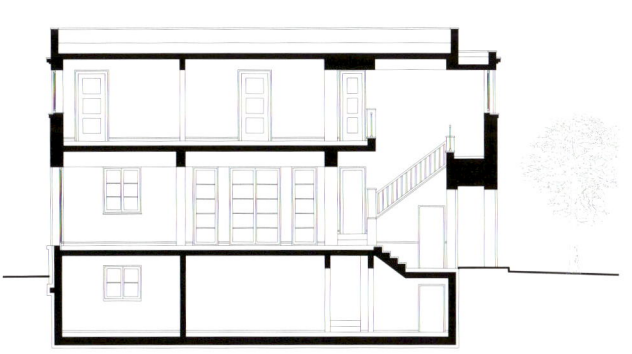

Schnitt M 1: 200

31

amunt – architekten martenson und nagel·theissen
Passivhaus in Tübingen

Auszeichnung

Ein Haus, bei dem man sich als Erstes überlegen wird, warum es so aussieht. Die Architekten selbst beschreiben die mit Dachbahnen verkleideten beiden Geschosse als „Südwester", man könnte aber auch an „Darth Vader" erinnert werden. Jedoch ging es bei dem Entwurf nicht um ästhetische Verhaltensauffälligkeiten, sondern um die konsequente Umsetzung disparater Anforderungen, die zu der eigenwilligen Gestalt geführt haben.

Abstandsflächen und von den Nachbarn geforderte Ausblicke, dazu die Überlegung, mit der turmartigen Lösung die Ventilation eines Passivhauskonzepts zu unterstützen, die Teilbarkeit der Wohnflächen und ein überschaubares Budget gehörten zu den Konditionen, denen das Haus als städtebauliche Nachverdichtung auf einem engem Hanggrundstück folgen musste.

Konstruiert ist das auf einem Betonsockel lagernde Haus aus 136 Massivholzelementen, die mit allen Anschlüssen und Aussparungen vorgefertigt wurden. Hier und da ergänzen Stahlträger das Tragwerk. Holz wurde wegen seiner günstigen CO_2-Bilanz gewählt, außerdem

eignet sich das Material, das nur geschliffen, gelaugt und geseift wurde, für die vielseitige Interpretation des Innenraums. Die Grundrisse des „veredelten Rohbaus" verschränken sich auch in der Höhe, der diagonale Blick lässt die Räume größer erscheinen. Man befindet sich in einem Gehäuse, dessen allseitige Holzbegrenzungen den Unterschied zwischen Richtung, Dimension, Fläche und Raum beiläufig überspielen. Jeder Winkel wird genutzt, man kann bis unter den Spitzboden steigen, auf Treppen und Fensterbänken sitzen, sich einen Arbeitsplatz einrichten, eigentlich heißt das nur: intensiv Wohnen.

Im Erdreich wurden 75 Meter Luft-Erdwärmetauscher-Leitungen verlegt. Auf der nach Süden gerichteten Dachfläche sind Sonnenkollektoren montiert. Ein Kompaktgerät sorgt für Be- und Entlüftung, außerdem für Wärmerückgewinnung, Brauchwassererwärmung und -speicher. Der in der Höhe gestaffelte Innenraum unterstützt den Kamineffekt, der zusammen mit den Öffnungen und Verschattungsmöglichkeiten der Fassade das passive Energiekonzept definiert. Im Winter ergeben sich verschiedene Klimazonen.

Vorherige Seite und oben: Bauform und Ansichten des Gebäudes sind nicht nach konventionellen, dekorativen Maßgaben entwickelt, sondern ergaben sich aus den Beschränkungen durch Lage, Himmelsrichtung, Blickachsen, Energiekonzept, Vorfertigung, Material und Budget.

Um so überraschender wirken die Innenräume. Die Oberflächen der kreuzweise verleimten Hölzer (CLT) sind als „veredelter Rohbau" nur geschliffen, gelaugt und geseift.

Erwartungsgemäß wird hier auch anders gewohnt. Das ganze Haus ist ein großes Möbel, jede Stufe, jede Ebene, jedes Sims lässt sich begehen, besetzen, benutzen. Die offene Höhenentwicklung – linke Seite unten der Weg vom Untergeschoss mit Hausanschlussraum bis hinauf zum Spitzboden – entspricht den „Klimazonen" des Passivhauses.

Urteil der Jury: Das Haus ist ungewöhnlich, vor allem ungewöhnlich gut. Die üblichen Erwartungen an ein Wohngebäude werden nicht erfüllt, es ist sperrig, ästhetisch unbequem und seine Wirkung ist mysteriös. Die Qualität offenbart sich erst bei näherer Betrachtung.

Die übliche Erfüllung der funktionalen und planungsrechtlichen Erfordernisse gelingt ungezwungen und endet nicht in zwanghafter Zurschaustellung. Die spröde Fassade aus üblicher Dachpappe verleiht durch ihre intelligente Anwendung der Erscheinung eine eigenständige Noblesse und Eleganz, die Gliederung durch Einschnitte, Abschrägungen und Auskragungen verarbeitet subtil bekannte formale Elemente und durch ein entspanntes Einfügen differenzierter Fensterformate gelingt eine verstörende Harmonie.

Der skulpturale Baukörper zwingt der Umgebung keine Dominanz auf und weckt das Interesse an seinem Innenleben. Dessen konsequente monomaterielle Ausführung und Ebenen übergreifende Verschränkung offener Raumstrukturen führt zu einem organischen Nutzungsgefüge wohltuender Einfachheit.

Paul Kahlfeldt

Die Wohnküche ist mit dem Balkon durch eine raumhohe Glasschiebetür verbunden; wenn die Witterung es erlaubt, lässt sich der Wohnraum hier ins Freie erweitern.

Björn Martenson, Sonja Nagel, Jan Theissen, D-Stuttgart

„Der mit knappem Budget realisierte, elementierte Holzbau für sechs Personen birgt im Inneren ein differenziertes und spannungsvolles Raumgefüge, das mit geringem Aufwand in zwei separat erschlossene Wohneinheiten geteilt werden kann."

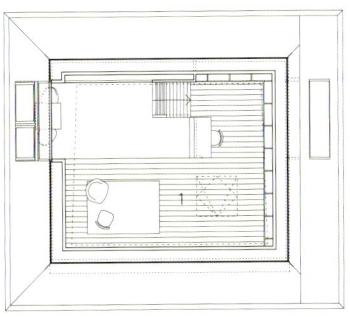

Dachgeschoss M 1:200

1 Spielen und Arbeiten

Gebäudedaten

Grundstücksgröße: 365 m²

Wohnfläche: 138 m²

Zusätzliche Nutzfläche: 35 m²

Anzahl der Bewohner: 6

Bauweise: Massivholzbau / Holzelementbau

Heizwärmebedarf: 14,4 kWh/m²a

Primärenergiebedarf: 31 kWh/m²a

Baukosten: 310.000 Euro

Baukosten je m² Wohn- und Nutzfläche: 1.820 Euro

Fertigstellung: 2010

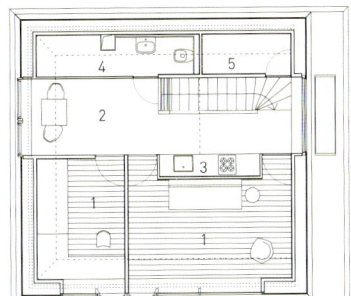

2. Obergeschoss M 1:200

1 Kind
2 Wohnflur
3 Kochen / Wandschrank
4 Bad
5 Abstellraum

1. Obergeschoss M 1:200

1 Kind
2 Schlafen
3 Bad

Lageplan

Erdgeschoss M 1:200

1 Wohnen
2 Arbeiten
3 WC
4 Hauswirtschaft
5 Kochen
6 Balkon

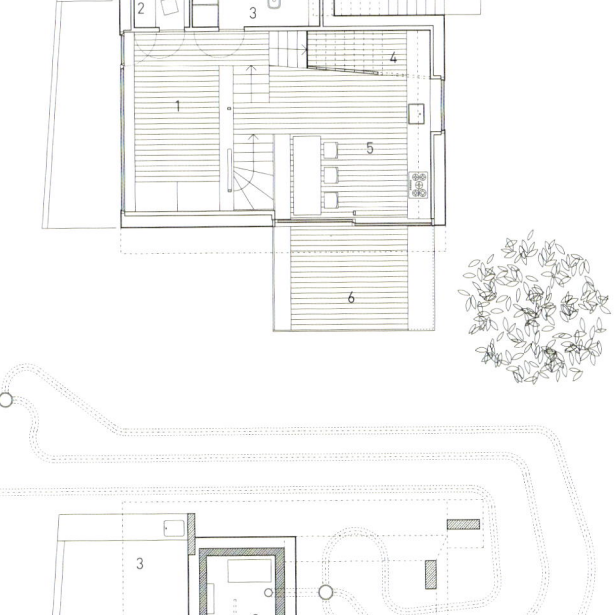

Schnitt M 1: 200

Untergeschoss M 1:200

1 Eingang
2 Hausanschlussraum
3 Außenküche

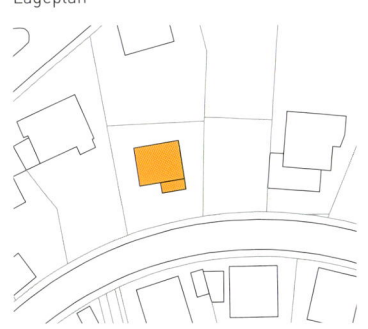

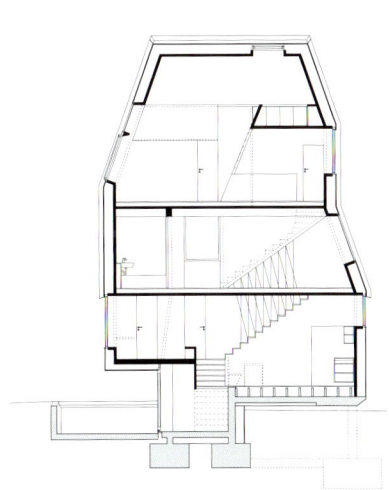

Schneider & Schneider Architekten

Wohnhaus mit Pferdestallungen im Mittelland

Auszeichnung

Das Anwesen entstand auf den Grundmauern einer Reiterliegenschaft aus den Sechzigerjahren. Es bildet das Rückgrat für das weit in die Ebene reichende Grundstück, das zur Pferdehaltung genutzt wird.

Das lang gestreckte, an landwirtschaftliche Bauten erinnernde Gebäude mit seinen nach außen drängenden Giebeln wird von den zur Mitte hin flach abfallenden Dachflächen in Wohnhaus und Pferdestallungen mit vorgelagerten Paddocks geteilt, neben dem Durchgang zur Koppel fügt sich als drittes Bauteil die Sattelkammer ein.

Das Wohnhaus zeigt schon an der Fassade die versetzten Grundrissebenen, die eine bis unter den First reichende Treppenhalle verbindet. Die höhere Lage des Wohnbereichs mit der Küche und den Schlafzimmern gibt Gelegenheit, den Auslauf der Pferde zu verfolgen. Hier befindet sich der Mittelpunkt des Hauses. Der Bodenbelag aus breit verfugten kleinformatigen Sterzinger Quarzitplatten und die Einbauten aus naturbelassenem Eichenholz beziehen sich auf die ländliche Umgebung.

Die Pferdeboxen sind aus Eschenholz gezimmert, darüber liegt der Heustock. Zur Weide hin springt das Stallgebäude etwa 1,5 Meter zurück, so entsteht ein Unterstand für die Pferde, den man von der Küche aus im Blick halten kann.

Das Besondere ist die Fassade des monolithisch lagernden Gebäudes. Das Wohnhaus ist als zweischalige Sichtbetonkonstruktion ausgeführt, das Stallgebäude ungedämmt einschalig. In die Schalungen wurden Form-Matrizen eingelegt, bevor der mit dunklem Kies aus

Kein Stadthaus. Der Baukörper zeigt den Sonderfall, Pferdestallungen mit einem Wohnhaus zu verbinden. Die Fassade lässt die anspruchsvollen Grundrisse ahnen.

dem Vierwaldstätter See gemischte und mit Farbpigmenten versetzte Beton eingefüllt wurde. Nach dem Ausschalen wurde die äußerste Schicht mit einem Hochdruckwasserstrahl um einige Millimeter abgetragen. Das ergab statt der glatten Zementoberfläche eine raue Struktur, die den eingeschlossenen Kies aus der Umgebung zeigt. Den Ausblick aus den Fenstern betonen breite, bronzefarbene Aluminium-Laibungen, die wie Bilderrahmen in der strukturierten dicken Betonhaut stecken.

Für das mit einer Wärmepumpe beheizte Haus, das den Minergie-Standard erfüllt, wurden ausschließlich ökologisch und baubiologisch geprüfte, hochwertige Materialien verwendet.

Leben mit Pferden: Wohnebene und Küche liegen ein halbes Geschoss höher, um den Auslauf der Tiere beobachten zu können.

Der Bodenbelag aus breit verfugten Sterzinger Quarzitplatten und die Einbauten aus Eichenholz orientieren sich am regionalen Baumaterial.

Die Podesttreppe ist ein eigener, fast intimer Raum, von dem sich die Wege verteilen (oben). Der Medienraum liegt gefangen hinter dem Essplatz; zu ihm führen einige Stufen hinunter (links).

41

Die Betonfassade betont durch ihre Oberflächenbehandlung den monolithischen Charakter des Gebäudes. Der dunkle Zuschlag stammt aus der Region, er ist zusätzlich eingefärbt.

Nach dem Ausschalen wurde der Beton mit einem Hochdruckwasserstrahl behandelt, das ergab die narbige „Elefantenhaut".

Urteil der Jury: Der Entwurf stellt eine vorbildliche Lösung für eine funktionale Verbindung der Nutzungen – Wohnen und Pferdehaltung – im landwirtschaftlichen Kontext dar. Die differenzierte, fast skulpturale Ausgestaltung des Gebäudekörpers verknüpft in gelungener Weise den monolithischen Eindruck mit der Landschaftsgestaltung und -bebauung. Ein konsequenter Umgang mit Sichtbeton in besonderer Oberflächenstruktur verleiht dem Ensemble sein charakteristisches Aussehen. Die Verwendung von ausschließlich ökologisch und baubiologisch geprüften Materialien zeugt vom nachhaltigen Ansatz. Seine vorbildliche Ausführung sowie die hohen Qualitätsstandards finden im Inneren des Gebäudes ihre Fortsetzung. Das Wohnhaus erreicht den Schweizer Minergie-Standard.

Thomas Kaczmarek

Beat Schneider und Thomas Schneider, CH-Aarau

„Wohnbau und Pferdestallungen werden in einem architektonisch konsequent ausformulierten Gebäude zusammengefasst."

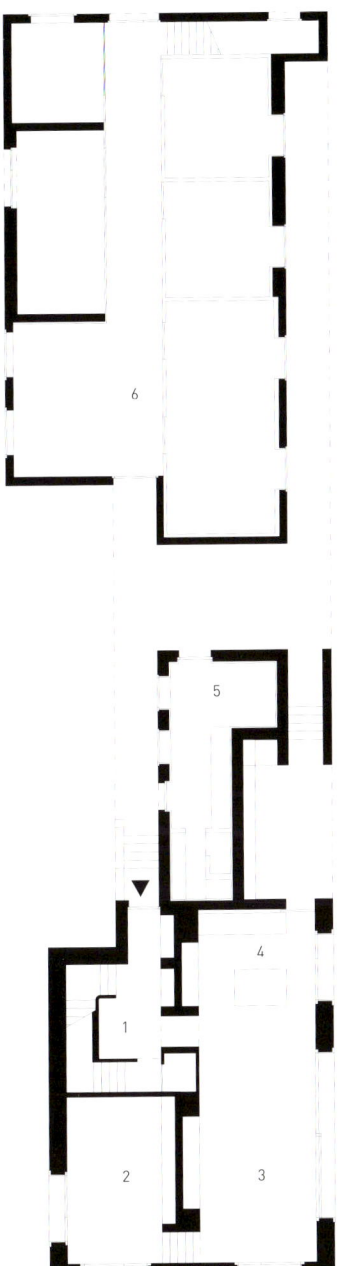

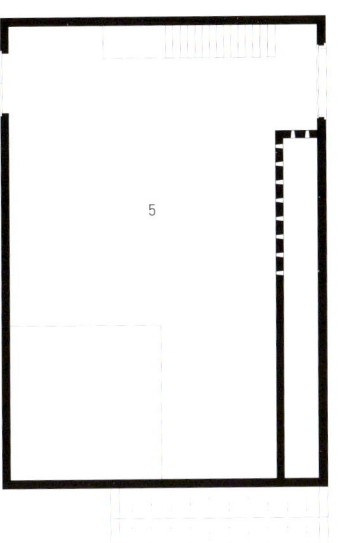

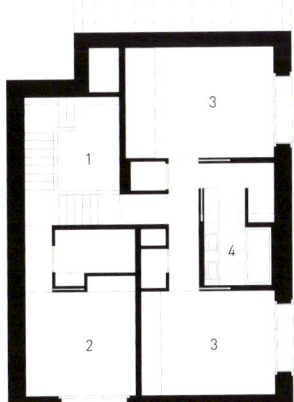

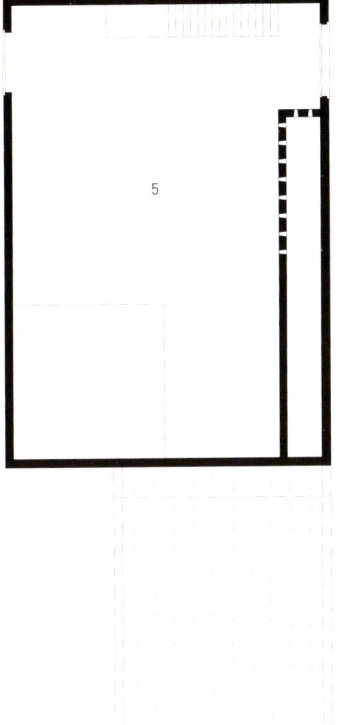

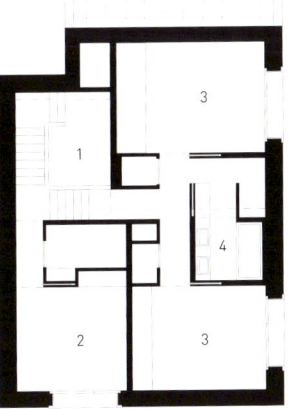

Lageplan

Gebäudedaten

Grundstücksgröße: 16.735 m^2

Wohnfläche: ca. 160 m^2

Zusätzliche Nutzfläche: ca. 230 m^2

Anzahl der Bewohner: 2

Bauweise: massiv (Sichtbeton)

Heizwärmebedarf: 56,39 kWh/m^{2}a

Fertigstellung: 2009

Erdgeschoss M 1:250

1 Eingang / Treppenhaus
2 Medienraum
3 Wohnen / Essen
4 Kochen
5 Sattelkammer
6 Stallungen

Obergeschoss M 1:250

1 Treppenhaus
2 Gast
3 Schlafen
4 Bad
5 Stallungen

Schnitt ohne Maßstab

Titus Bernhard
Haus aus Stein in München

Anerkennung

Eine Villa ist heute kein besonders stattliches Haus mit hierarchischem Grundriss mehr, auch Zimmer für Köchin, Kindermädchen, Chauffeur und Gärtner braucht kaum jemand. Im Unterschied zu einem gängigen Einfamilienhaus lässt sich aber in einer Villa ein besonderes Wohnerlebnis verwirklichen.

Ausgehend vom Vokabular der klassischen Moderne haben die Architekten die Bauaufgabe „phänomenologisch" gelöst, das heißt, sie reagierten in einem dialektischen Prozess auf die konkreten Herausforderungen der Situation. Das Haus besitzt also keine konventionelle Kubatur, die von einem Steildach abgeschlossen und irgendwie auf das Grundstück gestellt wird, sondern es setzt sich als freier Baukörper mit der Topografie auseinander, was die Qualität der inneren Wegeführung erklärt.

Eine besondere Schwierigkeit bot der Nordhang, der über zwei Geschosse überwunden werden musste, um die annähernd horizontale Gartenebene zu erreichen. Daraus entstand das Leitmotiv des sich in gegenläufigen Winkeln den Hang hochstaffelnden Hauses. Die tragenden Wände sind aus Stahlbeton, der außen an den Decken ablesbar bleibt und das sicher Lagernde des Bauwerks betont. Die raue Bruchsteinverkleidung mit ihren unregelmäßig gestoßenen Riemchen wirkt wie lose geschichtet, die minimalen Fugen bleiben offen, als handle es sich um eine Gartenmauer. Diese Steinfassade reicht stellenweise bis in den Innenraum, was die Verbindung zum Garten betont und einen reizvollen Gegensatz zur strengen weißen Geometrie der Innenwände bildet.

Die Organisation des Hauses gliedert sich trotz der komplexen Raumfolgen in klar ablesbare Zonen, die zunächst von additiven Grundmodulen von 7,80 auf 7,80 Metern ausgehen. Der Lichtführung kommt eine besondere Bedeutung zu. Seitenlicht von Süden und Westen sowie Oberlichter auf den Nord- und Osttrakten sorgen kalkuliert für diffuses Licht und Schatten. Die filigranen dunklen Fensterprofile, die die großzügigen Glasscheiben einfassen, bilden einen grafischen Kontrapunkt zur ruhenden Schwere des massiven Baukörpers.

Vorherige Seite: Der dreigeschossige Baukörper entwickelt sich aus der Topografie des Nordhangs. Die Fassade aus grauem Gneis um- schreibt einen Block mit Aussparungen und Öffnungen. Die Lagerfugen sind kaum zu sehen, es wirkt das Bild bruchrau geschichteter Steine.

Entsprechend der überaus großzügigen Fläche kann man entscheiden, wo und wie man gerade wohnen möchte. Es sind Zonen, die aus additiven Modulen entstehen.

Besonderer Wert wurde auf die Tageslichtführung gelegt. Licht kommt gerade, beiläufig, gefiltert, als Streiflicht oder indirekt. So entsteht ein plastischer Raum.

Der Naturstein der Fassade (oben rechts) setzt sich innen fort. Zusammen mit den raumhohen Fenstern verbinden sich innen und außen, privat und öffentlich.

Auch hier gilt, wie in den meisten Architektenhäusern, die Grundregel, mit wenigen Materialien und Details auszukommen.

Am Eingang beginnt der skulpturale Weg durch das Haus. Er wird von Flächen begleitet, die sich manchmal nur näherungsweise zu Volumen fügen. Das ansteigende Grundstück scheint alles in Bewegung gesetzt zu haben.

Die Treppe vom Erdgeschoss ins Obergeschoss (rechts) ist nicht bloß eine notwendige Erschließung, hier lässt sich das Bildungsprinzip des Hauses erfahren.

Titus Bernhard, D-Augsburg

„Es entsteht eine Durchgängigkeit in der Formen- und Materialsprache, bei der die Grenze zwischen innen und außen, privat und öffentlich kaum mehr wahrnehmbar wird."

Obergeschoss M 1:250

1 Zugang
2 Schlafen
3 Bad
4 Terrasse
5 Loggia

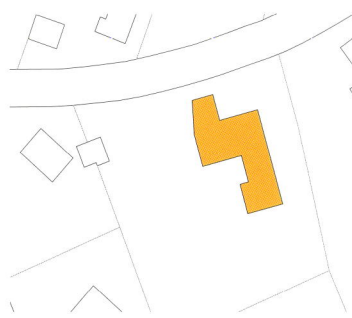

Lageplan

Gebäudedaten

Grundstücksgröße: 3.320 m²

Wohnfläche: 821 m²

Zusätzliche Nutzfläche: 216 m²

Anzahl der Bewohner: 4 + Gäste

Bauweise: massiv

Fertigstellung: 2009

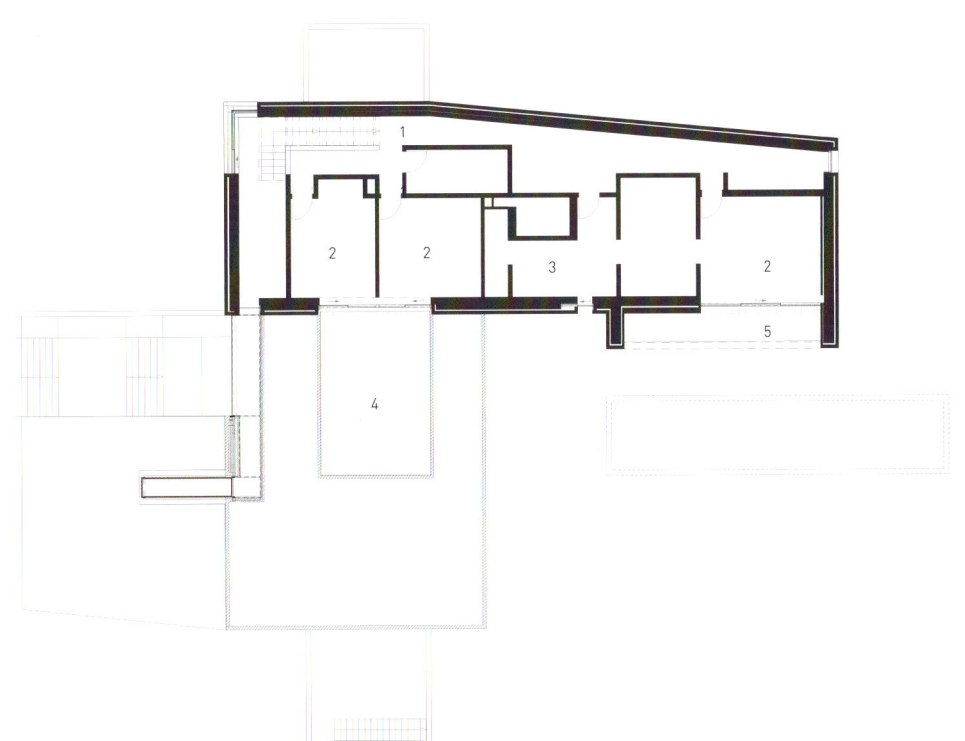

Erdgeschoss M 1:250

1 Zugang
2 Zugang Schlafbereiche
3 Wohnen
4 Terrasse / Freibereich
5 Kochen
6 Pool

Untergeschoss M 1:250

1 Eingang
2 Zugang Wohnebene
3 Wellness
4 Au-pair-Wohnung
5 Gast
6 Tiefhof

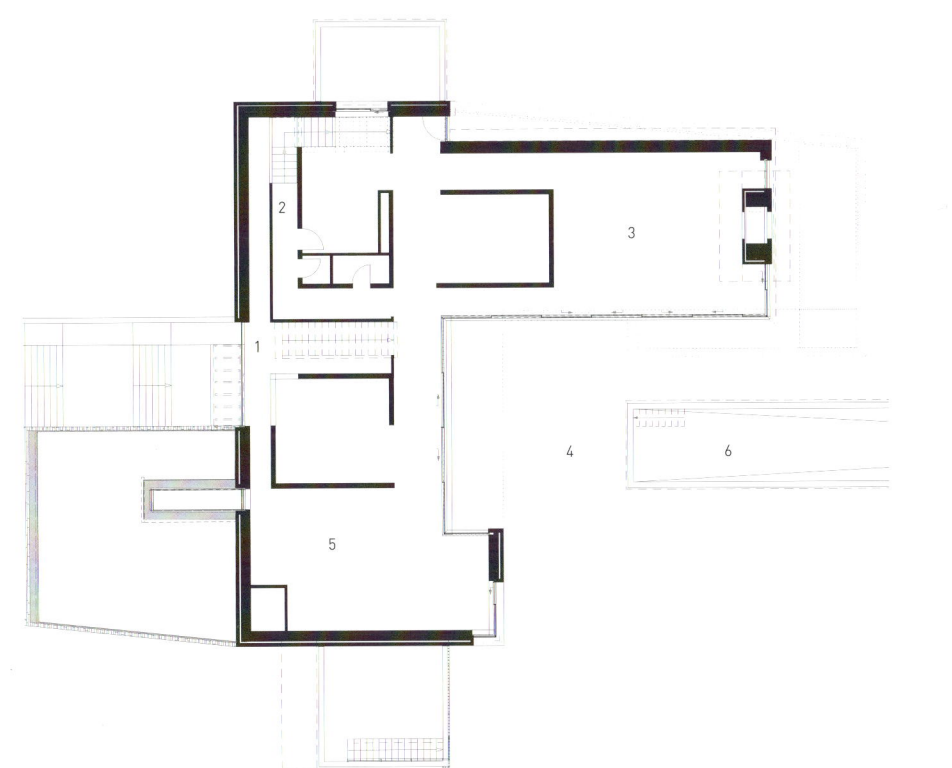

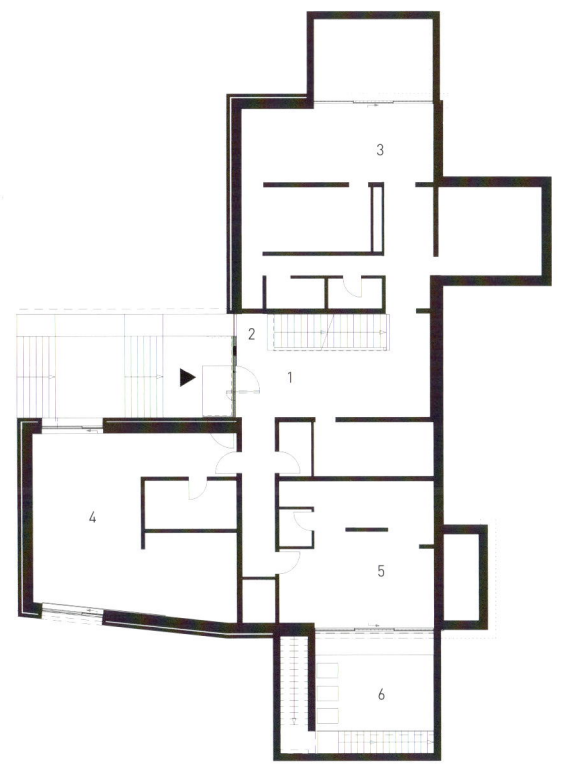

Wacker Zeiger Architekten

Haus für zwei Parteien in Hamburg-Blankenese

Anerkennung

Das Haus in Hamburg-Blankenese steht auf einem Hanggrundstück oberhalb der Elbe. Es ersetzt ein Zweifamilienhaus aus den Dreißiger-Jahren. Das abfallende Gelände ergab unterschiedliche Höhen für den als flach gedeckter Kubus aufragenden Baukörper. Zwei gut nutzbare Dachterrassen in den geschützten Gebäudewinkeln vermitteln in der Vertikalen, der Luftraum über dem Essplatz lässt auch innen die Höhenentwicklung spüren.

Das Tragwerk ist je nach statischer Anforderung aus Stahlbeton, Mauerwerk oder Kalksandstein errichtet. Nach außen folgt nach Wärmedämmung und Hinterlüftung eine Vormauerung aus alten Abbruchziegeln, deren gealterte Farbigkeit dem Haus eine warme, zeitlose Fassade gibt. Die großen Holz-/Alufenster sind außen bündig als scharfkantige Flächen eingesetzt, sie unterbrechen den rauen Ziegelteppich spannungsvoll als glänzende Flächen und lassen die Außenwand wie eine Membran wirken.

Der Grundriss besteht aus zwei gegeneinander verschobenen Rechtecken, diese Figur wird durch die im Dachgeschoss eingeschnittenen Dachterrassen noch betont. Die Innenwände (zum Teil als Leichtbau-Ständerkonstruktion) sind weiß verputzt, der tragende Sichtbeton blieb unbehandelt. Im Eingangsbereich und in der Küche empfängt ein strapazierfähiger Zementestrich, sonst ist Riemchenparkett verlegt.

Die Gartenanlage schließt mit Terrassen, Stufen und Beeten an die Geometrie des Hauses an. Der östliche Teil mit seinen großen Bäumen bleibt in seinem Charakter gewahrt, die schmalen, eher schattigen Flächen vor der Nord- und Südseite erhalten einen niedrigen Bewuchs, nach Westen, zur Straße hin, folgen halbhohe Sträucher.

Nicht nur die Abbruchsteine, auch die Architektursprache lässt sich wie eine leise Hommage an die Baugeschichte lesen.

Je nach Blickrichtung wirkt die gegliederte Kubatur als großes oder kleines Haus. Die Übereckverglasung ersetzt den klassischen Erker.

Innen ergibt sich eine spannende Balance zwischen Ordnung und Labyrinth. Durchblicke und Terrassen, kleine Niveausprünge, eine Galerie und die wechselnde Lichtführung machen neugierig auf das Wohnen.

Die tragenden Materialien ändern sich je nach statischer Anforderung, sichtbar bleiben weiße Wände, Beton und Böden aus Zementestrich oder Riemchenparkett.

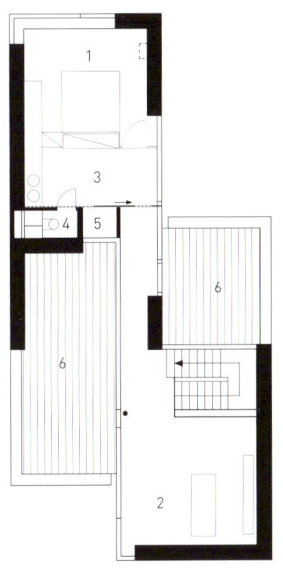

2. Obergeschoss M 1:250

1 Schlafen
2 Arbeiten
3 Ankleide
4 WC
5 Dusche
6 Terrasse

Angelika Wacker und Ulrich Zeiger, D-Hamburg

„Es entsteht einerseits eine spannungsvolle Baufigur, andererseits ergeben sich gut nutzbare Dachterrassen."

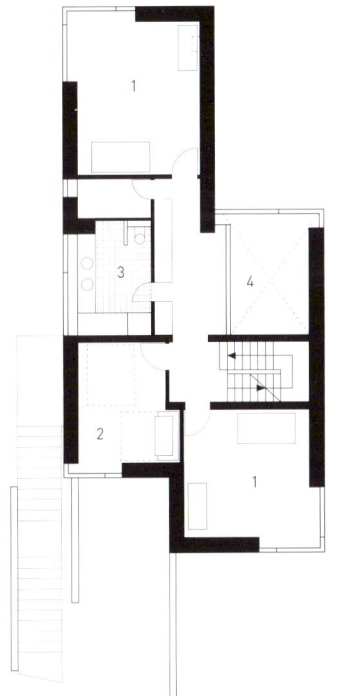

1. Obergeschoss M 1:250

1 Kind
2 Zimmer / Gast
3 Bad
4 Luftraum

Gebäudedaten

Grundstücksgröße: 697 m²

Wohnfläche: 318 m²

Zusätzliche Nutzfläche: –

Anzahl der Bewohner: 4

Bauweise: massiv

Heizwärmebedarf: 61,85 kWh/m²a

Primärenergiebedarf: 75,71 kWh/m²a

Baukosten: 735.000 Euro

Baukosten je m² Wohn-
und Nutzfläche: 2.311 Euro

Fertigstellung: 2009

Lageplan

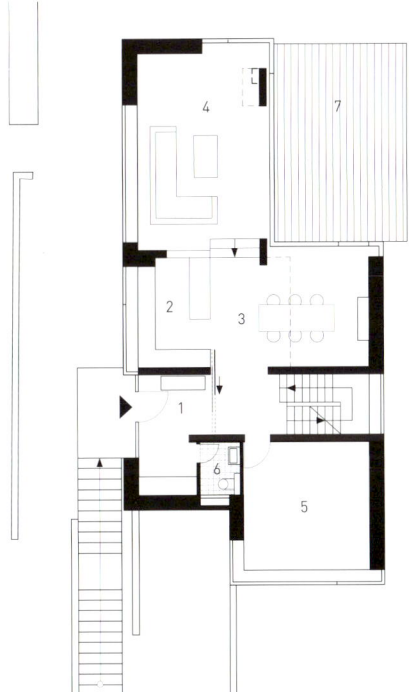

Erdgeschoss M 1:250

1 Eingang / Flur
2 Kochen
3 Essen
4 Wohnen
5 Zimmer
6 WC
7 Terrasse

Schnitt M 1:250

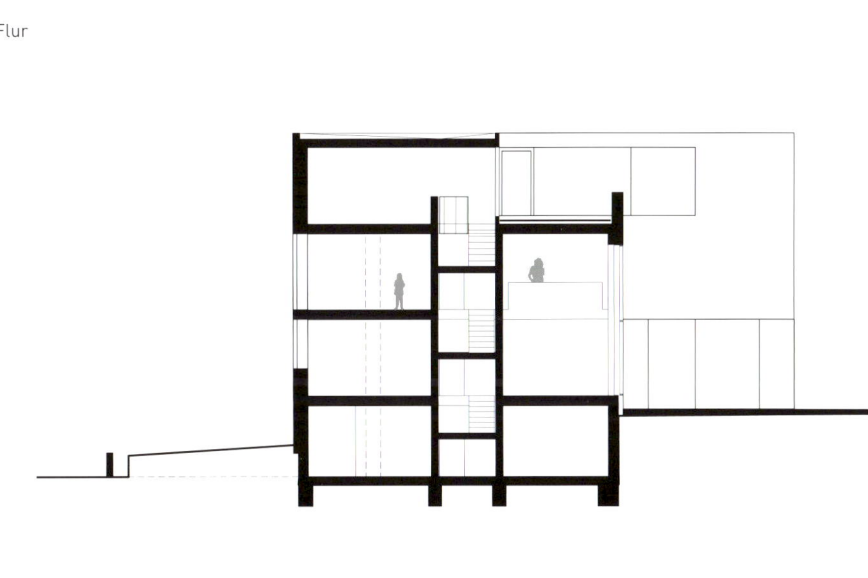

Nuyken von Oefele Architekten mit Jürgen Stoppel

Haus aus Holz in der Bodenseeregion

Anerkennung

Ein Holzhaus, das nicht den populären Bildern der horizontal schraffierten Kiste entspricht: Bestimmend war der Wunsch der Bauherrin, dass ihr neues Zuhause eine vergleichbare Atmosphäre wie ihr altes Haus bieten sollte.

Die Architekten fanden daraufhin für dieses moderne Haus auf einer Streuobstwiese am Bodensee eine traditionelle Ordnung. Abgesehen vom angebauten Carport besitzt es einen geschlossenen Umriss, der auch Zugang, Loggien und Balkone einbezieht. Ein flaches Walmdach liegt als affirmative Geste über dem zweigeschossigen Baukörper. Er steht wie ein feines Möbel, eine herrschaftliche Kommode. Wider Erwarten sind seine klassisch geordneten Fassaden nicht geputzt, sondern vollständig aus Lärchenholz gezimmert, was das Haus auf den ersten Blick wie ein Modell wirken lässt. Tatsächlich dienen Vordach und horizontale Bänder als Wetterschutz und folgen einer konstruktiven Logik. Alles ist „aus einem Guss".

Die kompakte Form, die gute Wärmedämmung und die dreifach verglasten Fenster sorgen für einen geringen Energieverbrauch, unterstützt von einer kontrollierten Lüftung mit Wärmerückgewinnung. Eine kleine Gastherme und ein zentraler Kaminofen ergänzen die Heizmöglichkeit an kalten Tagen.

Nur die Außenwände sind lastabtragend, innen lässt der stützenfreie Raum Gelegenheit zur leichten Veränderung, was auf eine langfristige Akzeptanz des Hauses zielt. Zum privaten Mittelpunkt mit dem Kamin gelangt man in einer schneckenartigen Bewegung. Der Weg vom eher geschäftlichen Bürobereich in den Wohnraum verengt sich, das Licht lenkt und begleitet.

Auf den ersten Blick ein „ordentliches" Haus, das die Erwartungen der Bauherrin nach Atmosphäre und Bequemlichkeit erfüllt. Aber es zeigt auch die Ambition der Architekten, Konstruktion und Ornament logisch zu verbinden.

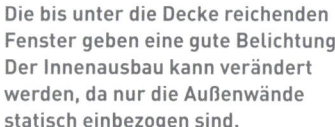

Die bis unter die Decke reichenden Fenster geben eine gute Belichtung. Der Innenausbau kann verändert werden, da nur die Außenwände statisch einbezogen sind.

Die horizontalen Bänder an den Brettstößen sind Wetterschutz und Ausdruck der konstruktiven Logik. Aber man akzeptiert sie auch gern als Schmuckleisten, die die Fassaden wie ein großes Möbel zusammenhalten.

Zwei Loggien und ein Vordach mit angeschlossener Garage verbinden das Haus mit dem Garten. Es ist keine städtische Architektur, sondern ein unverwechselbarer Beitrag zum Bauen auf dem Land.

Clemens Nuyken, Christoph von Oefele und Jürgen Stoppel, D-München

„Tragend sind bei diesem Haus nur die Außenwände. Das Innenleben kann leicht veränderten Anforderungen des Lebens angepasst werden."

Gebäudedaten

Grundstücksgröße: 1.150 m²

Wohnfläche: 160 m²

Zusätzliche Nutzfläche: 111 m²

Anzahl der Bewohner: 2

Bauweise: massiv (Keller), Holzbauweise (Erdgeschoss und Obergeschoss)

Heizwärmebedarf: 36 kWh/m²a

Primärenergiebedarf: 35,7 kWh/m²a

Fertigstellung: 2010

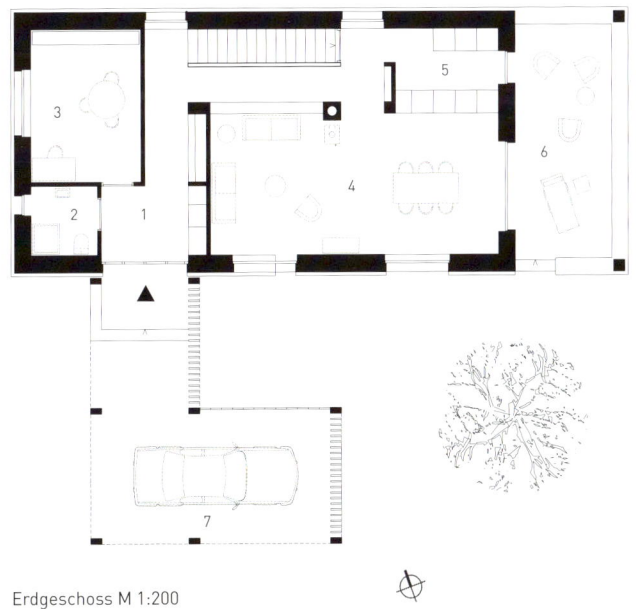

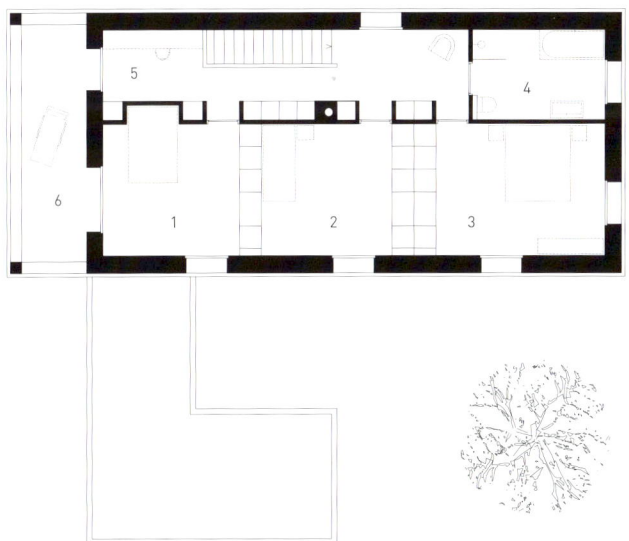

Erdgeschoss M 1:200

1 Eingang/Flur
2 WC / Dusche
3 Arbeiten
4 Wohnen / Essen
5 Kochen
6 Terrasse
7 Garage

Obergeschoss M 1:200

1 Gast
2 Kind
3 Schlafen
4 Bad
5 Flur
6 Balkon

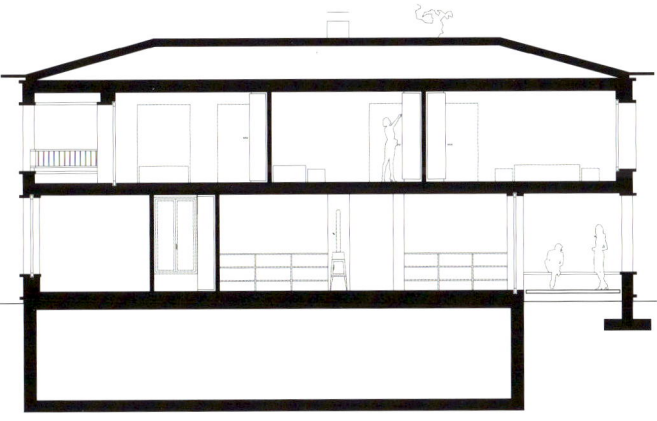

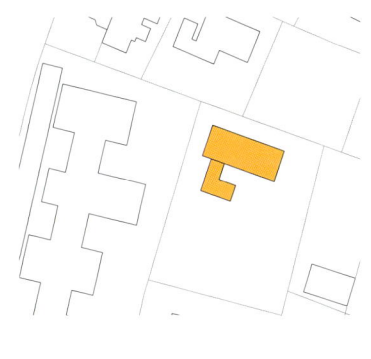

Schnitt M 1:200

Lageplan

Alexander Brenner Architekten

Zwei Häuser für zwei Schwestern in Kirchheim

Anerkennung

Wenn ein Bauherr einen Architekten mit der Planung seines Hauses beauftragt, erhält er im glücklichen Fall genau das, was er sich vorgestellt hat. Worauf der Architekt keinen Einfluss hat, ist die Umgebung, die vorhandenen oder später in unmittelbarer Nachbarschaft entstehenden Gebäude. Sie beeinträchtigen nicht nur unwillkürlich die Wohnqualität, weil der ambitionierte Bauherr ihre vielleicht grobe Durchschnittlichkeit immer im Blick haben muss, sondern schmälern auch den Wert seines Domizils.

Was für ein Glück also, wenn es etwas mehr sein darf, wenn der Architekt wie hier in Kirchheim gleich zwei Häuser nebeneinander bauen kann. Die Bauherrschaft sind die Familien zweier Schwestern, für die benachbart auf einem 1800 Quadratmeter großen Grundstück diese beiden Einfamilienhäuser errichtet wurden. Da sie an einer lauten Straße liegen und die heterogene Nachbarbebauung ausgeblendet werden sollte, orientierte sich der Architekt am Motiv einer „klösterlichen Anlage". Dazu umfriedete er die beiden Häuser mit einer Mau-

er, die aber nicht fremd und hermetisch das Grundstück abschließt, sondern durch ihre Staffelung die körperhaft verschränkte Hausarchitektur vorwegnimmt.

Auch zwischen den beiden Gebäuden trennt eine Mauer, hier von einem Wasserbecken begleitet, als landschaftliche Zäsur die privaten Gärten der beiden Familien. Und obwohl ihre Häuser sich durch Kubatur und Ausrichtung unterscheiden, um jeweils ein unverwechselbares Zuhause zu umschreiben, spielen die innere Organisation und die

Zweifellos orientieren sich die beiden zusammen errichteten Häuser am Repertoire der klassischen Moderne. Ausführlicher wird das winkelförmige Haus (im Lageplan rechts markiert) auf den folgenden Seiten gezeigt.

Im Winkel des Hauses liegt eine nach Südwesten gerichtete Terrasse. Eine umlaufende Gartenmauer sorgt hier zur Straßenseite für Privatheit.

Das Erdgeschoss bietet einen offenen Grundriss. Zum Kamin hin ist der Raum um zwei Stufen abgesenkt, um gegenüber dem Essplatz eine Zonierung anzudeuten.

In Gegenrichtung schließt die Küche an, deren Oberflächen so detailliert sind, dass haustechnische und konstruktive Elemente das Wohnen nicht stören.

außen ablesbare Tektonik mit den gleichen Elementen, die eine strukturelle Verwandtschaft der Bauwerke zeigen. Sie bilden ein Ensemble, sie gehören zusammen, so wie die beiden Familien, wenn sie mögen, auf dem straßenseitig gelegenen Hof sich begegnen und gemeinsam etwas unternehmen können.

Die beiden weißen Häuser, zweifellos einer klassischen Moderne zuzurechnen, lassen sich als Skulpturen lesen, als grafisch modellierte Zweckbauten, die erlebt und bewohnt werden wollen. Was sich außen

durch die sichtbaren Fugen zwischen den einzelnen Baukörpern und Elementen zeigt und wie bei einem Steckspiel eine scheinbar reversible Fügung statt unauflösbarer Schwere andeutet, setzt sich innen durch die offenen, durch Stufen oder Deckenaussparungen modellierten Grundrisse fort: funktionale Anmut.

Ein Glücksfall, wenn auch das Nachbarhaus eine passable Ansicht bietet. Zwischen beiden Häusern deutet ein schmales Wasserbecken eine Grenze an. Ein Hof zur Straßenseite dient als gemeinsamer Freiraum.

Alexander Brenner, D-Stuttgart

„Die ruhigen, ungestörten Oberflächen im Innenraum, die klaren Formen und die Überlagerung der einzelnen Körper sowie die Außenform sind das Ergebnis einer büroeigenen ‚Denkkultur‘, die Architektur, Innenraum-, Möbel- und Lichtplanung bis hin zur Gartengestaltung als Ganzheit betrachtet.“

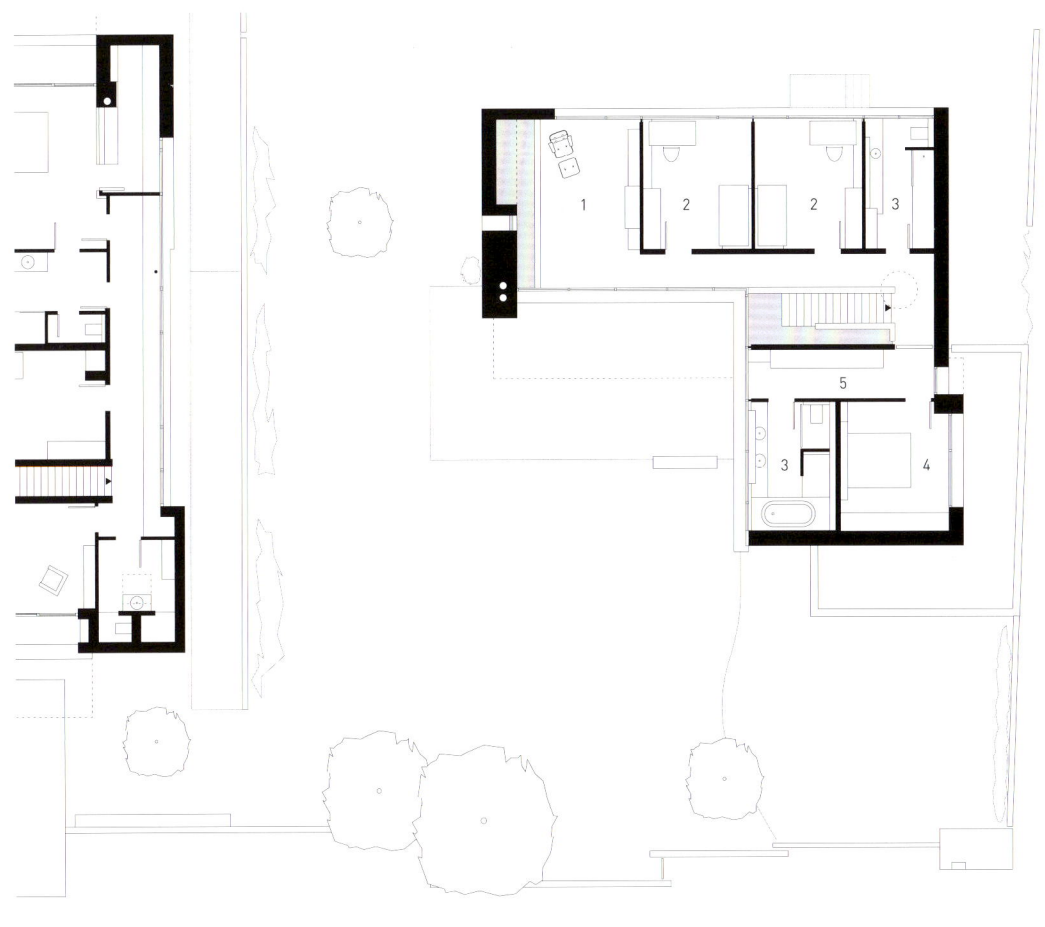

Obergeschoss M 1:250

1 Bibliothek
2 Kind
3 Bad
4 Schlafen
5 Ankleide

Gebäudedaten (rechtes Haus)

Grundstücksgröße: 746 m²

Wohnfläche: 230 m²

Zusätzliche Nutzfläche: 102 m²

Anzahl der Bewohner: 3

Bauweise: massiv (Beton / Ziegelmauerwerk)

Heizwärmebedarf: 21 kWh/m²a

Primärenergiebedarf: 33 kWh/m²a

Baukosten: 540.000 Euro

Baukosten je m² Wohn-
und Nutzfläche: 1.626 Euro

Fertigstellung: 2009

Erdgeschoss M 1:250

1 Eingang/Flur
2 WC
3 Lager
4 Wohnen
5 Essen
6 Kochen
7 Terrasse
8 Garage
9 Hof

Lageplan

neutardschneider architekten

Einfamilienhaus bei München

Anerkennung

Ein Neubau in einem Münchner Wohnviertel. Er steht in zweiter Reihe in einem weitläufigen Garten mit alten Bäumen, scheint als monolithischer weißer Kubus unvermittelt aus dem Boden zu wachsen. Die Fenster sind zu großformatigen Öffnungen zusammengefasst, sie orientieren sich nach Süden und Westen zu den Bäumen. Den Eingang erreicht man entlang der fensterlosen Ostwand, eine silbern schimmernde Stahltür, nur durch eine Betonstufe markiert, betont den hermetischen Eindruck.

Der Grundriss entspricht der strengen Ordnung der Fassaden. Er gliedert sich in drei Zonen. Nach der Erschließung mit dem offenen Treppenhaus folgen die dienenden Räume, danach die Wohnräume im Erdgeschoss, im Obergeschoss reihen sich darüber die Schlafräume.

Lichtführung, Materialwahl und Oberflächen entsprechen der puristischen Architekturhaltung. Der introvertierte Eingangsbereich wird nur von Oberlichtern erhellt. In den Aufenthaltsräumen dagegen öffnet sich das Haus mit großen kastenartigen Fensterelementen aus Eichenholz, die auch als Sitzbank dienen. Die Scheiben sind festver-

glast, öffnen kann man eine massive Klappe, innen ist sie aus Eichenholz, außen mit eisenglimmerndem Blech verkleidet.

Alle Räume sind von wenigen Materialien bestimmt, unbehandelte Sichtbetonwände und Zementestrichböden sollen die bewusste Raumwahrnehmung unterstützen. In den Wohnräumen setzt sich der Minimalismus fort, doch weiße Wandelemente, weiche Vorhänge und Eichenholzböden ergeben eine wärmere Atmosphäre.

Ein kleiner weißer Kubus, der aus dem Boden zu wachsen scheint. Der Eingang an der Ostseite sagt unmissverständlich, dass man hier vor einer privaten Tür steht.

Alle Bauteile stoßen scharfkantig aufeinander, es gibt weder Fliesen noch Sockelleisten, die Türen sind an bündig in der Wand liegende Blockzargen angeschlagen, die Einbauschränke ohne Griffe gefertigt – alles soll zu Ruhe und Konzentration beitragen.

Bei Bedarf kann im Erdgeschoss eine barrierefreie Wohnung einge-baut werden, notwendige Anschlüsse sind bereits vorgesehen. Das Energiekonzept basiert auf hoch gedämmten Außenwänden, einer Grundwasserwärmepumpe und kontrollierter Wohnraumlüftung mit Vortemperierung. Beheizt werden Boden- und Wandflächen, eine solare Unterstützung kann nachgerüstet werden.

Im Innern setzt sich die flächige Strenge der Fassade räumlich fort. Neben Sichtbeton, weißen Wänden und Eichenholz mildern Vorhänge und Polstermöbel die ordnende Geometrie.

Die wenigen Materialien lassen die Räume umso bewusster erleben. Es gibt nur geschlossene Flächen, Körper oder unmittelbare Öffnun-gen, teilweise festverglast.

Die Reduktion verzichtet auch auf Fliesen oder Sockelleisten. Alles ist bündig und präzise detailliert, ohne Stürze, Fugen oder Griffe: Ein Haus, das Ruhe gibt.

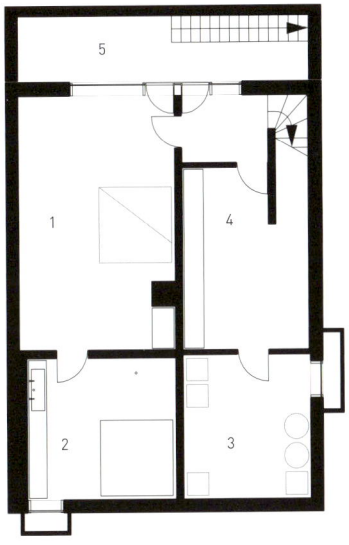

Untergeschoss M 1:200

1 Gast
2 Bad / Sauna
3 Technik
4 Lager
5 Lichthof

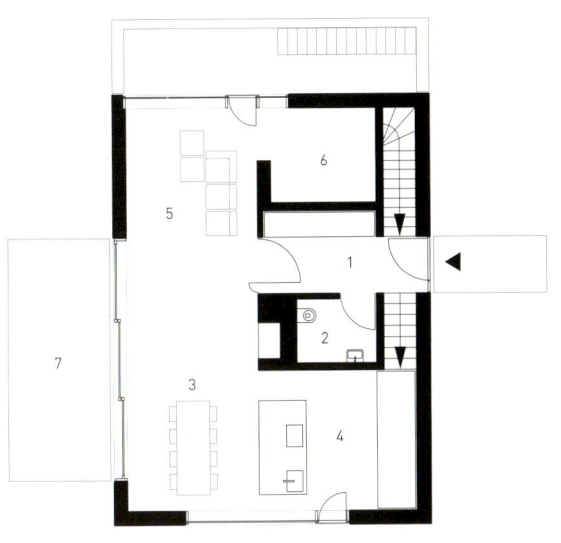

Erdgeschoss M 1:200

1 Eingang / Flur
2 WC
3 Essen
4 Kochen
5 Wohnen
6 Bibliothek
7 Terrasse

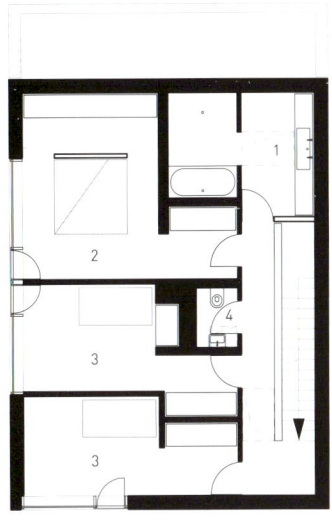

Obergeschoss M 1:200

1 Bad
2 Schlafen
3 Kind
4 WC

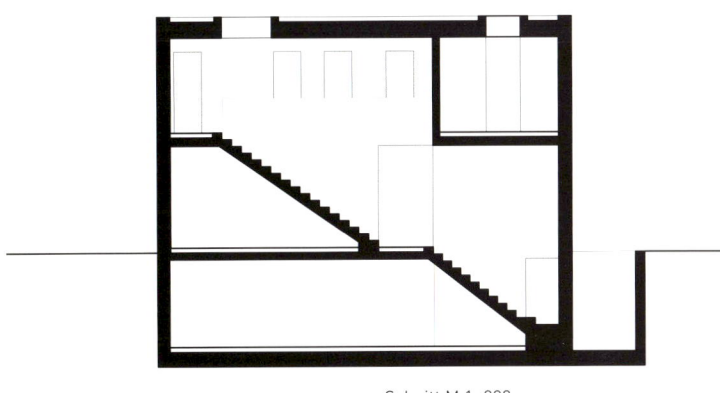

Schnitt M 1: 200

Philipp Neutard und Babette Schneider, D-München

„Durch die Reduktion der Materialien auf Beton, weiße Flächen und Eichenholz, durch den Verzicht auf Elemente wie Fliesen oder Sockelleisten, durch die präzise Detaillierung aller Einbauten (...) und die Verwendung hochwertiger Materialien entsteht so eine ruhige und angenehme Atmosphäre im Haus."

Gebäudedaten

Grundstücksgröße: 700 m²

Wohnfläche: 190 m²

Zusätzliche Nutzfläche: 35 m²

Anzahl der Bewohner: 3

Bauweise: massiv (Stahlbeton + Dämmung)

Heizwärmebedarf: 56,2 kWh/m²a

Primärenergiebedarf: 53,6 kWh/m²a

Baukosten: 380.000 Euro

Baukosten je m² Wohn- und Nutzfläche: 1.689 Euro

Fertigstellung: 2010

Lageplan

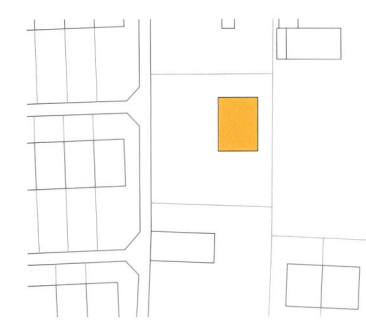

archibaldbüro
Katrin Oggesen

Holzhaus auf schmalem Grund am Schwielowsee

Anerkennung

Auf dem langen schmalen Grundstück direkt am Schwielowsee sollte ein umweltfreundliches Holzhaus mit dem Charakter eines Feriendomizils gebaut werden. Zur Straße zeigt sich das Gebäude unter seinem flachen Walmdach als geschlossene Kiste mit zurückgesetztem einladendem Eingang, zur Seeseite löst es sich in eine verglaste Holzskelettkonstruktion auf. Durch einen übereck herausgedrehten Vorbau und die großen Glasflächen hat man einen Panoramablick über 180 Grad. Wenn man die Falttüren zur Seite schiebt, fühlt man sich wie im Freien. Das Dach des Vorbaus dient im Obergeschoss als großer Balkon. Die Innentreppe wiederholt den 30-Grad-Winkel des Bibliothekserkers und des Eingangs.

Das Haus ist in Massivholzbauweise errichtet, die tragenden Wände und das Dach kommen als kreuzweise verleimte Fichtenbretter aus dem Schwarzwald. Die Oberfläche ist geschliffen, Astlöcher sind verpfropft. Zwar gibt das Holz in den Innenräumen eine behagliche Atmosphäre, damit sie aber nicht rustikal wirkt, sind alle Einbauten wie Türzargen, Schränke und Regale kantig und weiß lackiert ausgeführt.

Durch eine Holz-Beton-Verbunddecke kann das Erdgeschoss fast stützenfrei bleiben. Gedämmt wurde mit gepressten Holzfasern. Die Fassade ist mit einer weiß geölten Rhombusverschalung aus Fichtenleisten verkleidet. Da man Verblechungen um die Öffnungen vermeiden und der Fassade eine Schmuckform geben wollte, wurden die erforderlichen Wetterschenkel nach jeder vierten Leiste als horizontale Schraffur um die gesamte Fassade geführt. Die Fenster mit besonders schmalen Profilen öffnen nach außen.

Eine Garage wird als Schuppen und Kellerersatz benutzt. Hier dienen die aussteifenden Kantholz-Rauten gleichzeitig als Rankhilfe.

Insgesamt wurden 60 Tonnen Holz verbaut, das während seiner Vegetationszeit ca. 110 Tonnen CO_2 gebunden hat. Beheizt wird mit einer Luft-Wasser-Wärmepumpe, zusätzlich gibt es einen Kamin als Raumteiler zwischen Ess- und Wohnbereich.

Vorherige Seite und rechts: Ein Haus mit zwei Ansichten, der ruhigen, geschlossenen zur Straße und der bewegten, offenen zum Garten. Die bandartige Gliederung der Holzverschalung vervielfältigt die Wetterschenkel der Öffnungen, sie sind ohne Verblechung ausgeführt.

Durch eine Holz-Beton-Verbunddecke konnte das Erdgeschoss fast stützenfrei bleiben. Damit die sichtbaren Fichtenbretter der Decken nicht zu rustikal dominieren, sind alle geradlinigen Einbauten weiß lackiert.

Die Fenster mit ihren schmalen Profilen öffnen nach außen, die Faltflügel verbinden zur warmen Jahreszeit mit dem Garten.

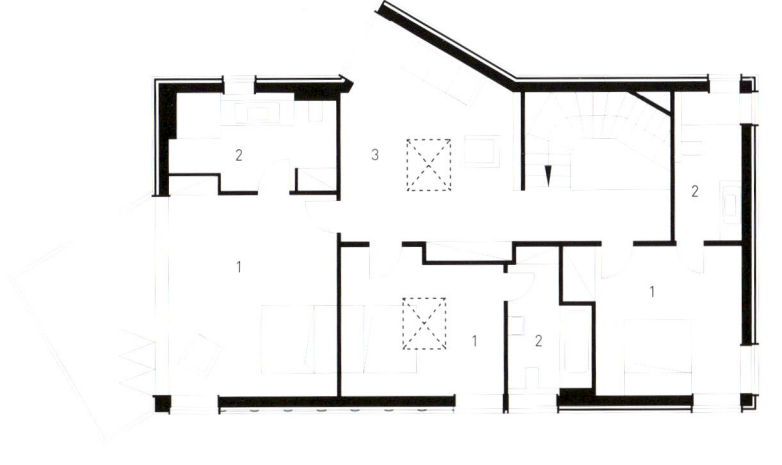

Obergeschoss M 1:200

1 Schlafen
2 Bad
3 Bibliothek

Lageplan

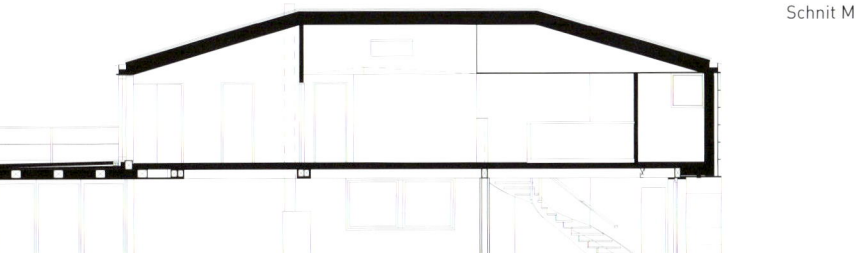

Erdgeschoss M 1:200

1 Eingang / Flur
2 Essen
3 Kochen
4 Wohnen
5 WC
6 Abstell- und Heizraum

Gebäudedaten

Grundstücksgröße: 1.500 m²

Wohnfläche: 240 m²

Zusätzliche Nutzfläche: 25 m²

Anzahl der Bewohner: 2–9

Bauweise: Holzmassivbauweise

Baukosten: 400.800 Euro

Baukosten je m² Wohn-
und Nutzfläche: 1.670 Euro

Fertigstellung: 2009

Schnit M 1:200

Katrin Oggesen, D-Berlin

„Auch wenn das Gebäude ‚nur' die Werte der Energieeinsparverord-
nung erfüllt, wird so die Umwelt deutlich entlastet."

Bembé Dellinger
Haus am Ammersee bei München

Anerkennung

Ein Haus als bewohnbare Skulptur, ein Betonwinkel, der mit seinen Schenkeln in das Grundstück ausgreift. Ein früheres Gebäude auf dem Grundstück hatte sich bereits mit der besonderen Lage auseinandergesetzt, der Neubau inszeniert nun das volle Panorama. Der Blick zum Ammersee gibt die entscheidende Orientierung, die abgewandten Seiten blenden bewusst die durchschnittlich dörflich bebaute Umgebung aus. Dazu wurden in die Außenwände 380 Acrylglaszylinder als runde Perforierung eingelassen; sie filtern das Öffentliche vom Privaten. Von außen wirken sie wie eine vertiefte rätselhafte Braille-Schrift, die die hermetische Fassade nicht vollständig abschließen möchte, von innen spiegeln die glänzenden, mit der Putzfläche bündigen Glaspunkte wie helle Lichter, die mit dem Sonnenstand die Wände pointillistisch verzaubern.

Das Erdgeschoss sehnt sich mit seinem abgesenkten Wohnbereich geradezu nach dem See, wendet sich dem gegenüberliegenden Kloster und den Bergen zu. Eine holzbelegte Freitreppe, die sich wie eine Promenade, mit der Höhe breiter werdend, an die Außenwand schmiegt, führt ins Obergeschoss. Je höher man kommt, umso freier wird der Blick. Hier oben gibt es für die beiden Bewohner einen Schlafraum mit Ankleide und Bad, außerdem eine große Dachterrasse, die sich ebenfalls zur Seeseite orientiert. Durch große Schiebetüren lassen sich diese Bereiche als eigene Kabinette oder als Großraum erleben. Der See bleibt immer im Blick. Im Untergeschoss, zum Teil im Hang versteckt, folgen Räume für Wellness, Arbeiten und Gäste.

Die Innenausstattung mit einem einfachen Materialkanon, wie den breiten, bis 13 Meter langen Eichenholzdielen, setzt die äußere Körperhaftigkeit plastisch fort, die Schiefwinkligkeit des Grundrisses macht jeden Weg zu einem räumlichen Erlebnis.

Keine Nachbildung der „Urhütte", sondern eine Wohnskulptur, die sich auf die besondere Lage am Seeufer gebärdenhaft einlässt, die Abseiten ausblendet und sich spätestens mit der Dachterrasse dem Gestade zuwendet.

380 Acrylglaszylinder perforieren die Außenwände, die das Öffentliche vom Privaten filtern. Neben der Küche führt eine offene Treppe nach oben, die Eichendielen geben dem weißen Ambiente „Bodenhaftung".

Die Wohnebene liegt wie eine Kommandobrücke im Zentrum des Hauses. Die geschützte Terrasse im Winkel reicht über den innenliegenden Pool, von hier führt eine breite Treppe in den Garten.

Felix Bembé, Sebastian Dellinger, D-Greifenberg

„Eine Villa für ein unternehmerisches Paar mit Gestaltungskompetenz, Neugier und Mut. Ein Haus mit komplexen Funktionsabläufen."

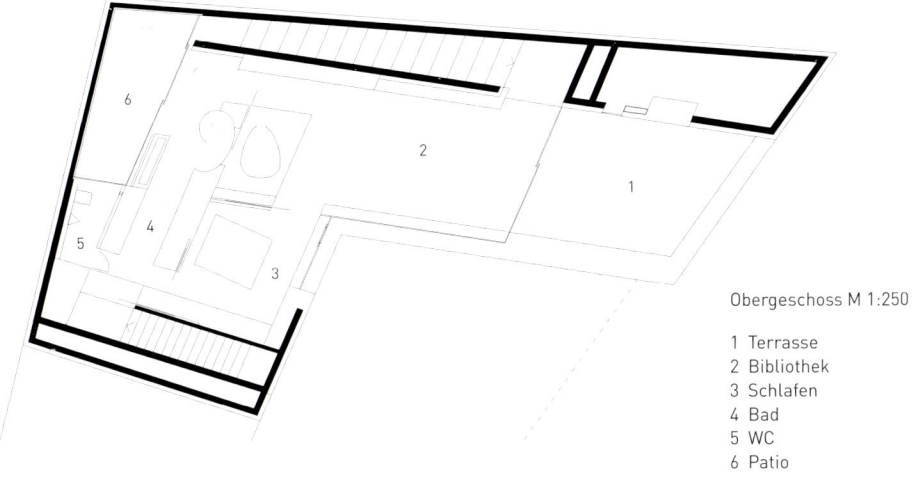

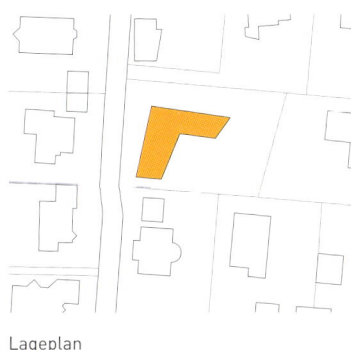

Obergeschoss M 1:250

1 Terrasse
2 Bibliothek
3 Schlafen
4 Bad
5 WC
6 Patio

Lageplan

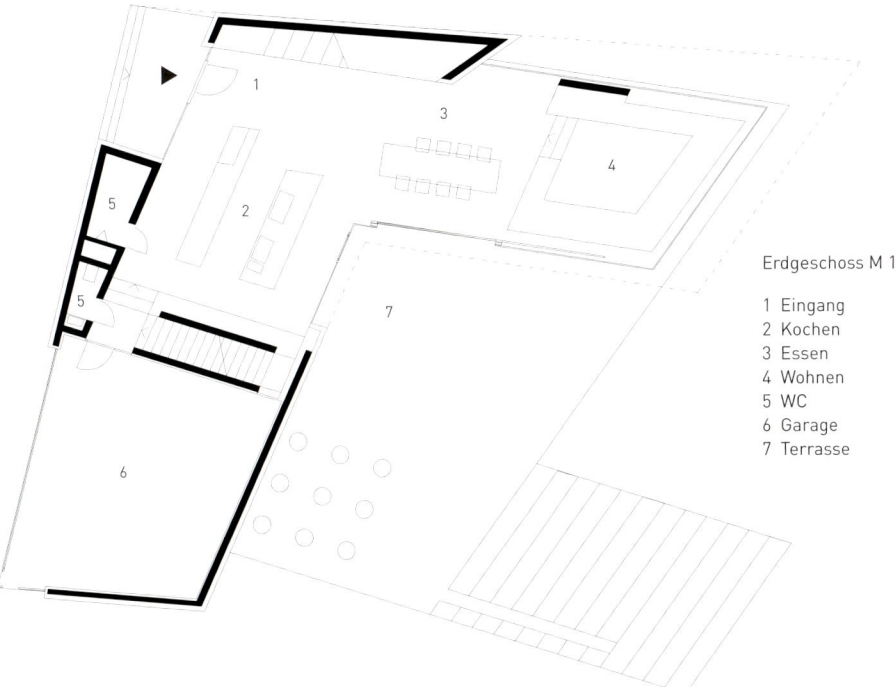

Erdgeschoss M 1:250

1 Eingang
2 Kochen
3 Essen
4 Wohnen
5 WC
6 Garage
7 Terrasse

Die Innentreppe ist an der Nordfassade ablesbar. Die Dachterrasse wird seitlich durch einen niedrig zulaufenden Stauraum geschützt.

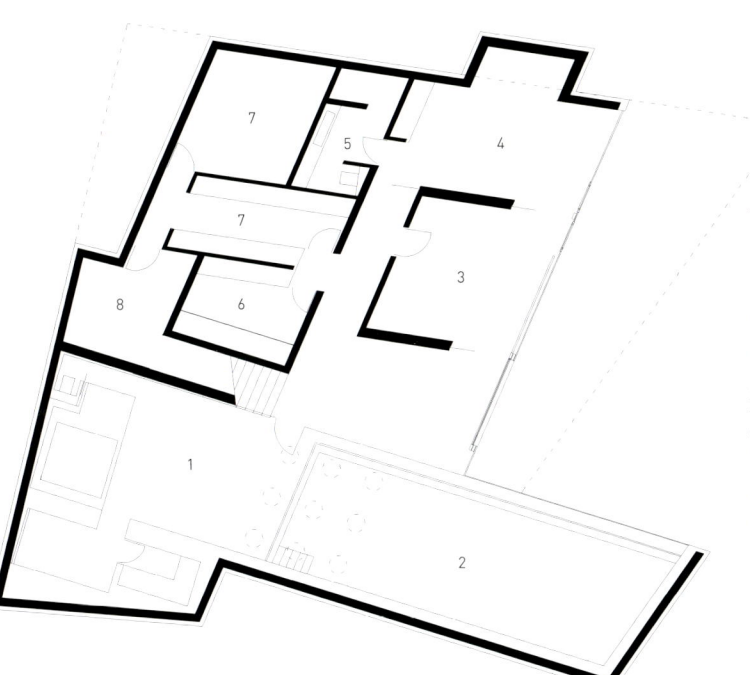

Hanggeschoss M 1:250

1 Wellness
2 Pool
3 Arbeiten
4 Gast
5 Gästebad
6 Hauswirtschaft
7 Abstellraum
8 Technik

Gebäudedaten

Grundstücksgröße: 1.100 m²

Wohnfläche: 315 m²

Zusätzliche Nutzfläche: 310 m²

Anzahl der Bewohner: 2

Bauweise: massiv (Beton)

Heizwärmebedarf: 50,6 kWh/m²a

Primärenergiebedarf: 64,4 kWh/m²a

Fertigstellung: 2009

Osterwold°Schmidt
Umbau und Erweiterung in Selb

Anerkennung

Bei diesem Haus handelt es sich um einen radikalen Umbau, der zu einer völligen Veränderung des Orts und des Wohnens geführt hat. Vorhanden war ein 1956 im Zeitkolorit errichtetes immobiles Familienerbstück. Eine junge vierköpfige Familie, nach Auslandsaufenthalten nach Selb zurückgekehrt, nutzte und bewohnte das Haus der Großeltern wie vorgefunden – es war zwar renovierungsbedürftig, aber eigentlich intakt – „wie eine Studentenbude". Der „gutbürgerliche Charakter", der dem Haus anhaftete, entsprach jedoch nicht mehr ihrem Lebensstil. Sie hatten freie Hand im Umgang mit dem Haus, jetzt ließen sich Wünsche realisieren, die die Familie schon gern früher so ähnlich umgesetzt hätte.

Durch die Vergrößerung des Grundstücks, das großzügig und idyllisch mit dem anschließenden Landschaftsraum des ausklingenden Fichtelgebirges verschmilzt, bot sich die Gelegenheit, Wohnen auf einer Ebene zu organisieren und dabei die Innenräume mit dem Garten zu verbinden und in Beziehung zu setzen. Dazu gehört jetzt auch das Untergeschoss, das mit inneren Höfen (Patios) neue Nutzungsqualitäten für Gäste, Arbeiten und Wellness gewinnt.

Die Höfe spielen für die Gliederung der Wohnebene innen und außen eine entscheidende Rolle, weil dadurch maßgeblich die Funktionen Essen, Wohnen, Eltern- und Kindbereich definiert werden: Sie trennen und verbinden gleichermaßen, sodass eine spannungsvolle Balance zwischen innen und außen entsteht.

Das Haus ist zwar ein radikaler Umbau. Dennoch scheint es nicht hemmungslos in die Gegenwart zu flüchten. Es lagert wie auf einer Platte, gerahmt von schützenden Scheiben, zwischen denen man von den Terrassen in den Garten treten kann.

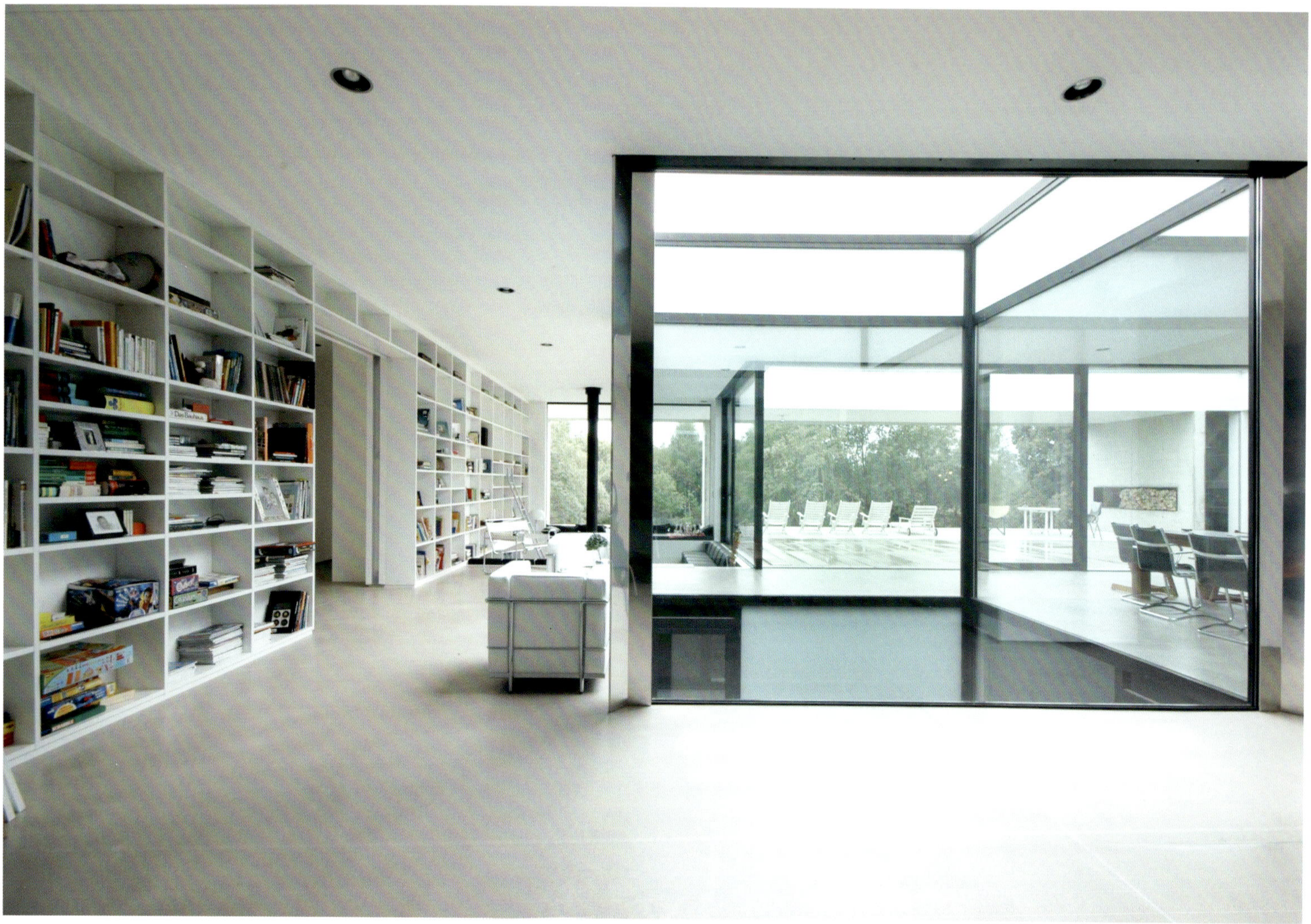

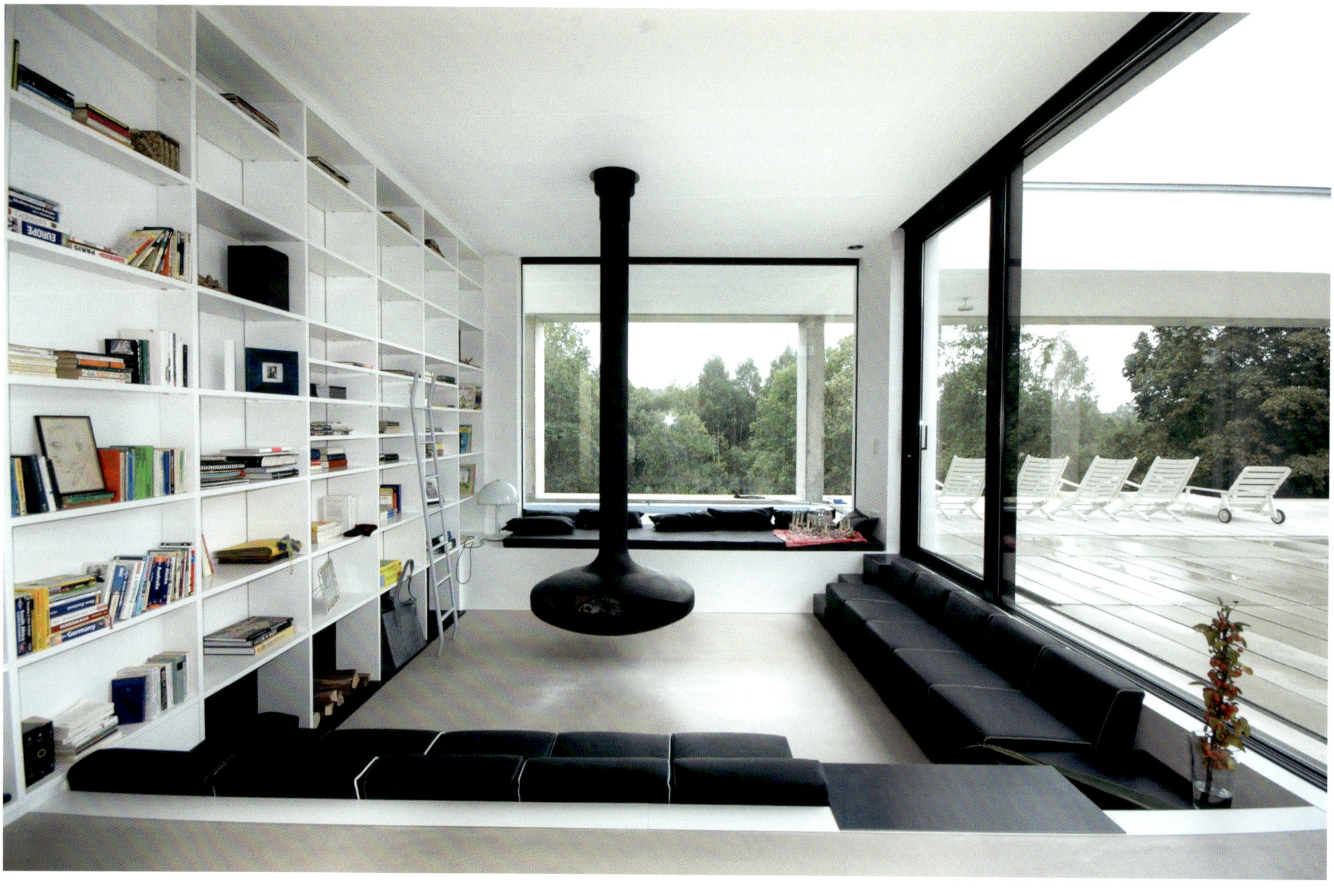

Auch im Innenraum setzt sich das Spiel mit dem Freiraum fort (links oben). Zwei Patios holen Licht in die Tiefe des Gebäudes und ins Untergeschoss. Bis auf Arbeits- und Gästezimmer ist das Wohnen auf einer Ebene organisiert.

Zentrum der Bibliothek (links unten), die die gesamte Seitenwand begleitet, ist ein von der Decke hängender Feuerplatz.

Die Kücheneinrichtung entspricht der kubischen Architektur des Hauses. Für Topfgucker gibt es am hellen Ende des Tresens einen Essplatz mit Hockern.

Das Wohnen orientiert sich vornehmlich nach Süden und Westen, wobei die großen Dachüberstände das passive energetische Konzept unterstützen. Solarkollektoren auf dem neuen Flachdach (ursprünglich war das Haus von einem Walm behütet) sorgen für Wärme. Der freizügige Umgang mit Fläche soll jedoch nicht als verschwenderischer Umgang mit Ressourcen verstanden werden. Es wurden vornehmlich einfache, nachwachsende, natürliche oder recycelfähige Rohstoffe verwendet, die Ausstattung des Hauses ist reduziert, sie konzentriert sich auf das Wesentliche, auf solide Materialien und Wirtschaftlichkeit.

Das Bad erhält Tageslicht durch
einen vitrinenartigen Patio. Auch
hier stehen keine Möbel herum, die
Einbauten sind maßgeschneiderte
Architekturelemente.

Matthias Schmidt und Antje Osterwold, D-Weimar

„Mit der Fertigstellung des Umbaus ist eine maßgeschneiderte Hülle
für die sich wandelnden Bedürfnisse der Bewohner entstanden – ein
neuer Rahmen für das Alte, ein verbindliches Zusammenwachsen
und schöne Aussichten."

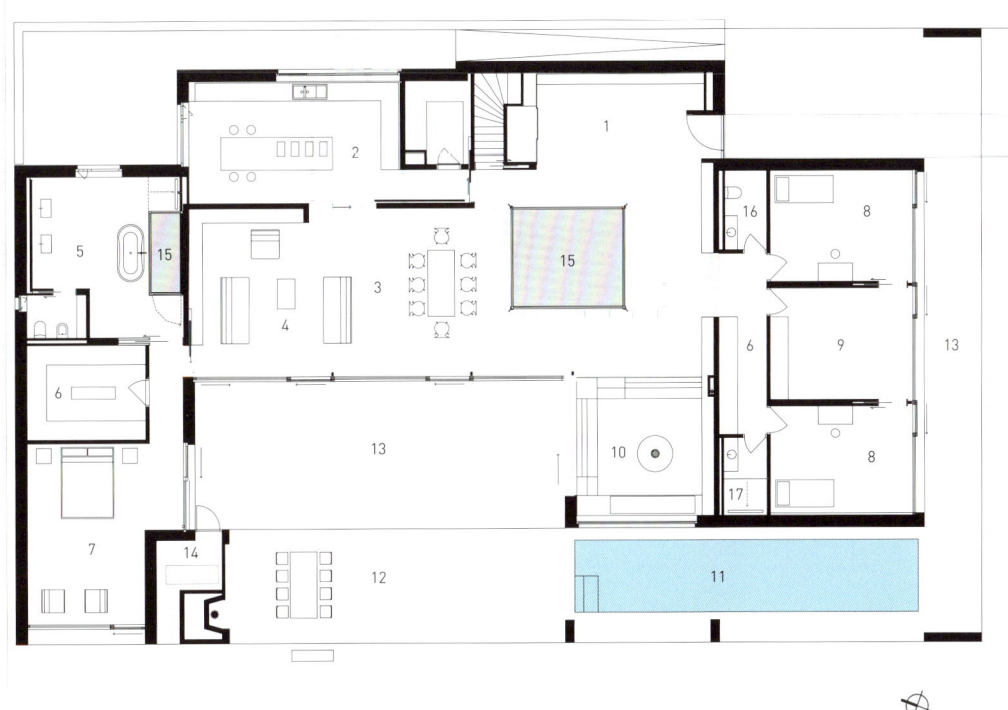

Gebäudedaten

Grundstücksgröße: 3.690 m²

Wohnfläche: 550 m²

Zusätzliche Nutzfläche: 92 m²

Anzahl der Bewohner: 4

Bauweise: massiv

Heizwärmebedarf: 55 kWh/m²a

Primärenergiebedarf: 150 kWh/m²a

Baukosten: 721.500 Euro

Baukosten je m² Wohn-

und Nutzfläche: 1.124 Euro

Fertigstellung: 2008

Erdgeschoss M 1:250

1 Eingang / Flur
2 Kochen mit Speisekammer
3 Essen
4 Wohnen
5 Bad
6 Ankleide
7 Schlafen
8 Kind
9 Audio / Video
10 Bibliothek
11 Pool
12 Terrasse überdacht
13 Terrasse offen
14 Abstell / Grill
15 Patio
16 WC
17 Dusche

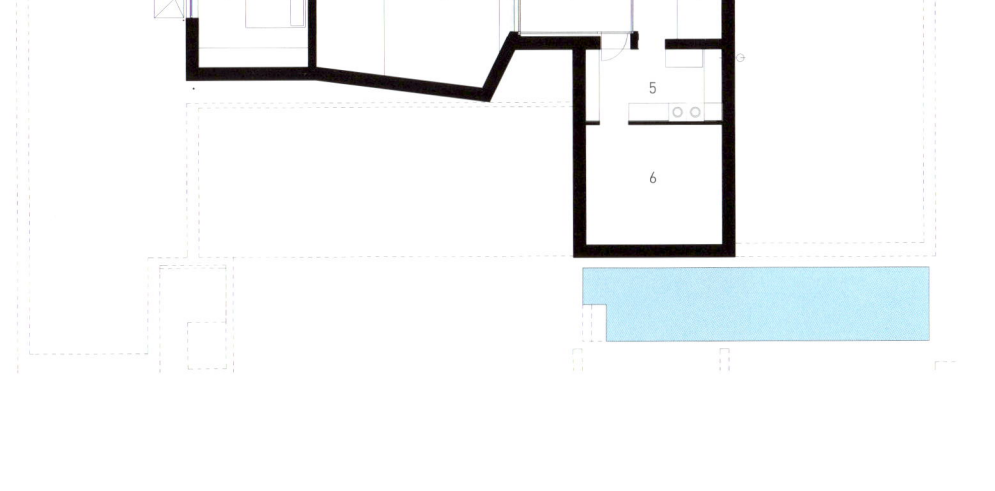

Untergeschoss M 1:250

1 Flur
2 WC
3 Weinlager
4 Abstellraum
5 Hausanschluss
6 Pooltechnik
7 Patio
8 Sauna / Fitness
9 Gast
10 Arbeiten
11 Gästebad
12 Technik
13 abgesenkter Hof

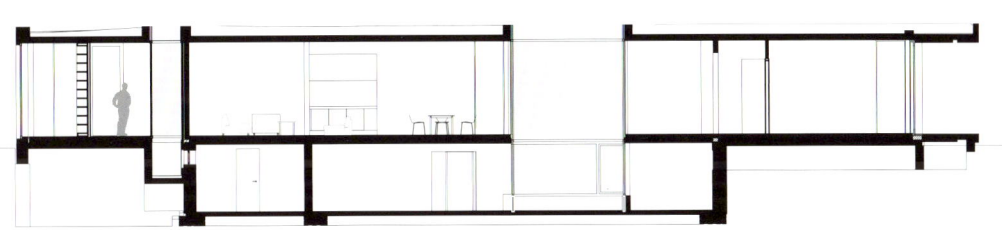

Schnitt M 1:250

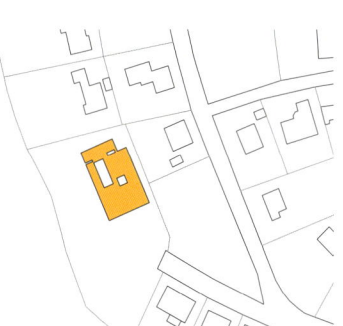

Lageplan

Atelier Lüps
Haus am Ammersee bei München

Anerkennung

Das Baugrundstück liegt in einem Abschnitt des Seeufers von historischer Bedeutung. Hier legten die Boote der Wallfahrer an, die über den Ammersee zum Kloster Andechs unterwegs waren. An diese Landestelle erinnert in unmittelbarer Nähe des Grundstücks die sogenannte Weiße Säule. Auch der Name des Ortsteils Wartaweil geht auf die Begebenheit zurück: „Wart a Weil" beschieden die Fährmänner den Pilgern, wenn sie sich bis zur nächsten Passage in Geduld fügen mussten.

Dieser besondere Hintergrund sollte das Erscheinungsbild des Hauses, das einen Vorgängerbau ersetzt, über die rein funktionalen Anforderungen hinaus bestimmen. Direkt am Seeufer gelegen, bildet es eine Landmarke. Trotz der privaten Nutzung ist es aber auch ein Artefakt in der Parklandschaft, das sich nach außen mitteilt. Seine Kubatur reagiert auf die Topografie des Hanggrundstücks, das in einer keilartigen Gegenbewegung aufragende, abgesetzte Pultdach weist wie ein Trichter zur Hauptattraktion, dem See. Die drei eingeschnittenen Loggien mit ihren gläsernen Brüstungen betonen dieses Motiv.

In bewusstem Kontrast dazu verbindet sich der erdfarbene Sockel durch seine Steinverblendung mit der Umgebung. Er lagert, zeigt solide Schwere. Darüber öffnet sich umso großzügiger das Wohngeschoss als spiegelnde Zäsur unter dem hohen weißen Dach, es bietet einen ungestörten Ausblick auf das Panorama mit der barocken Dießener Klosterkirche am anderen Ufer. Von der Landseite, der Zufahrt am höchsten Punkt des Grundstücks, ist nur das helle Dachgeschoss zu erkennen, es könnte ein Segel auf dem See sein.

Es ist ein Privathaus, aber es steht an einem historisch geprägten und topografisch ausgezeichneten Ort. Deshalb soll es sich nicht verstecken, sondern auch den Spaziergängern und vom See aus ein ästhetisch interpretierbares Zeichen sein.

Die tragende Konstruktion besteht aus Stahlbeton, die außen gedämmten Fassaden sind mit Muschelkalkriemchen verkleidet oder weiß geputzt, darüber liegt das Holzbalkendach mit weiß beschichteter Alu-Doppelstegdeckung. Die Fenster sind dreifach verglast. Innen dominieren natürliche Ausbaumaterialien, Solnhofer Jura, Räuchereiche, gespachtelte Wände. Eine Wärmepumpe mit 80 Zentimeter tief in den Boden reichenden Sonden heizt das Haus, sie wird ergänzt durch einen zentralen Grundofen, der, mit eigenem Holz befeuert, zur ländlichen Atmosphäre beiträgt.

Die Basis ist mit Muschelkalkriemchen verkleidet, das Dachgeschoss ragt wie ein weißes Segel darüber, säuberlich getrennt von der Zäsur der rundum verglasten Wohnebene.

Die Fenster sind dreifach verglast. Auch die übereck geführte Terrasse hat gläserne Brüstungen. Der Ausblick zum gegenüberliegenden Ufer mit der Dießener Klosterkirche ist unbezahlbar.

Wolf-Eckart Lüps und Mauritz Lüps, D-Schondorf

„Nicht die nutzbringenden Eigenschaften bestimmen allein das Erscheinungsbild des Hauses."

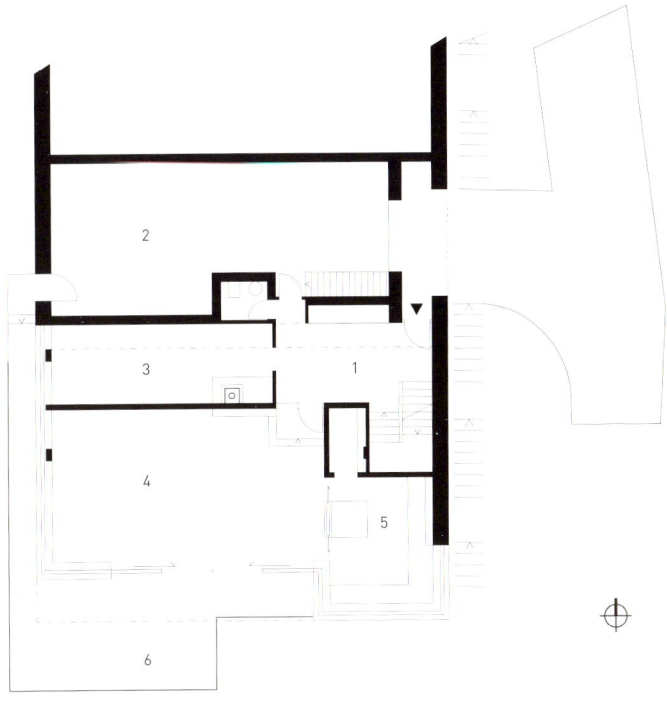

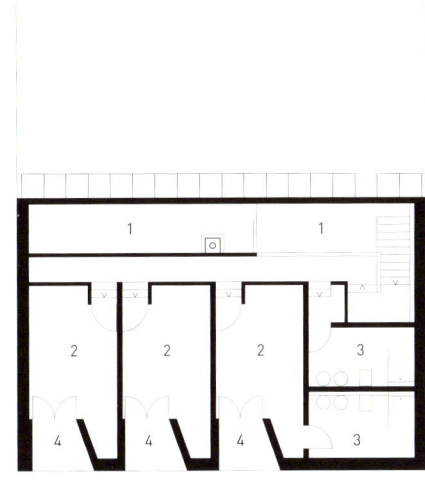

Erdgeschoss M 1:250

1 Eingang / Flur
2 Garage
3 Bibliothek
4 Wohnen / Essen
5 Kochen
6 Terrasse

Obergeschoss M 1:250

1 Luftraum
2 Zimmer
3 Bad
4 Balkon

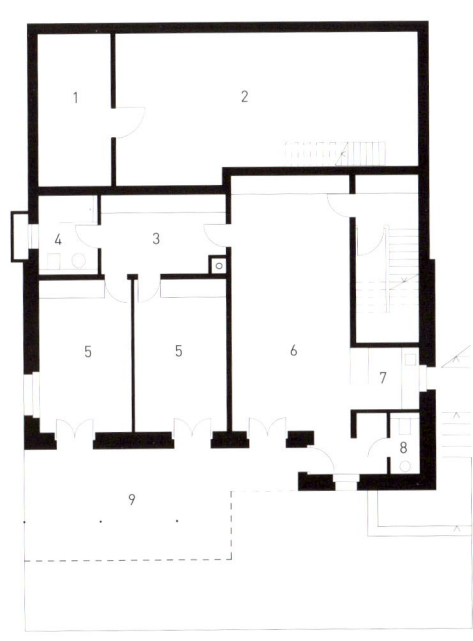

Untergeschoss M 1:250

1 Technik
2 Abstellraum
3 Ankleide
4 Bad
5 Zimmer
6 Aufenthalt
7 Kochen
8 WC
9 Terrasse

Gebäudedaten

Grundstücksgröße: 3.758 m²

Wohnfläche: 323,22 m²

Zusätzliche Nutzfläche: 106,52 m²

Anzahl der Bewohner: 5–6

Bauweise: massiv (Stahlbeton),

Vormauerung aus Muschelkalk,

Dach in Holzkonstruktion

Heizwärmebedarf: 14 kWh/m²a

Primärenergiebedarf: 21,5 kWh/m²a

Fertigstellung: 2009

Schnitt ohne Maßstab

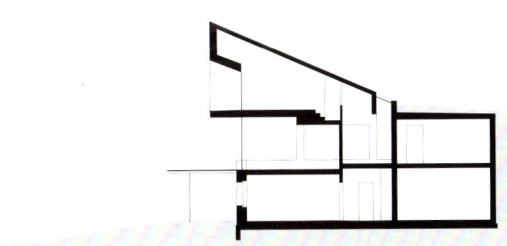

Lageplan

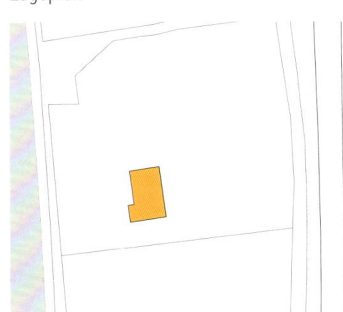

denzer & poensgen
Wohnhaus mit Atrium in Perl, Saarland

Anerkennung

Regelmäßige Formen waren schon immer eine Herausforderung für Architekten, vor allem das Quadrat, zeigt es doch den größten Gegensatz zur gewachsenen Natur und regt zu Teilung, Addition und Störung an. Hier wurde ein Wohnhaus im saarländischen Dreiländereck auf einem Hanggrundstück mit Blick ins Moseltal nach seiner strengen Geometrie entwickelt. Die besondere Herausforderung war, Räume für den privaten Rückzug im Innern zu ermöglichen und gleichzeitig attraktive Ausblicke herzustellen.

Ein quadratischer Grundriss auf 14,50 × 14,50 Metern bildet die Basis des Konzepts. Damit war es möglich, die geforderte Wohnfläche von 190 Quadratmetern auf zwei Ebenen unterzubringen und mit einer gebäudehohen Aussparung einen besonderen Außenraum in dem kubischen Baukörper vorzusehen. Dieser Innenhof schafft einen großzügigen Auftakt zum Garten, er setzt sich mit einer kleinen Allee bis zur Gartenlaube fort. Diagonal zu diesem Hof liegen innerhalb des Volumens zurückgesetzt der Eingang und ein Stellplatz, eine Stütze betont die Hauskante, die klare Form des Kubus wird nicht gestört.

Von hier betritt man das Foyer und sieht in die öffentlichen Bereiche des Hauses. Küche und Essplatz öffnen sich von der einen Seite, das Wohn- und Kaminzimmer von der anderen zu dem zweigeschossigen Innenhof. Im Obergeschoss befinden sich die privaten Räume der Familie. Das Elternschlafzimmer bildet mit Bad und Ankleide einen eigenen Trakt, es wird hauptsächlich über ein weiteres kleines Atrium belichtet und erlaubt so den völligen Rückzug. Vor den Kinderzimmern liegt eine Art halböffentlicher Galerieflur, der mit seinen großen Fensterflächen zum Innenhof als Wintergarten genutzt werden kann.

Das Haus birgt einen abgeschlossenen introvertierten Ort, der alle inneren Funktionen geradlinig aufeinander bezieht. Es steht als Artefakt, als erhabene Anordnung im Garten.

Vorherige Seite: Die Außenansicht zeigt, hier will man mit sich selbst zurechtkommen. Der geschützte Innenhof (und ein weiterer Patio) bieten eine ungestörte Belichtung. Denkbare Unansehnlichkeiten in der Nachbarschaft bleiben ausgeblendet.

Fast sakral mutet der noch leere Innenhof an; zum Wohnraum hält ein spiegelndes Seerosenbecken zusätzlich Distanz. Die Absenkung betont das Moment des Rückzugs.

Essplatz und Küche liegen in der Baumachse, die zu einer Gartenlaube führt. Die Panoramafenster erweitern die Innenräume um die Hoffläche, die Natur beginnt, je nach Jahreszeit, oberhalb der Stufen.

Die Schachttreppe am Eingang signalisiert, dass man hier nicht unaufgefordert in die privaten Räume laufen soll. Im Hintergrund lädt dafür der Wohnraum ein.

Ein Pfeiler ergänzt die Kubatur des Rechtkants am Eingang. Die abgerundete Hauskante leitet zur seitlich liegenden Haustür. Die gesamte Architektur konnotiert, was sie leistet – ohne Hinweisschilder.

Andrea Denzer und Georg A. Poensgen, D-Marmagen

„Die entstandene Architektur integriert die Gegebenheiten der Umgebung und erschafft in dieser einen abgeschlossenen Raum."

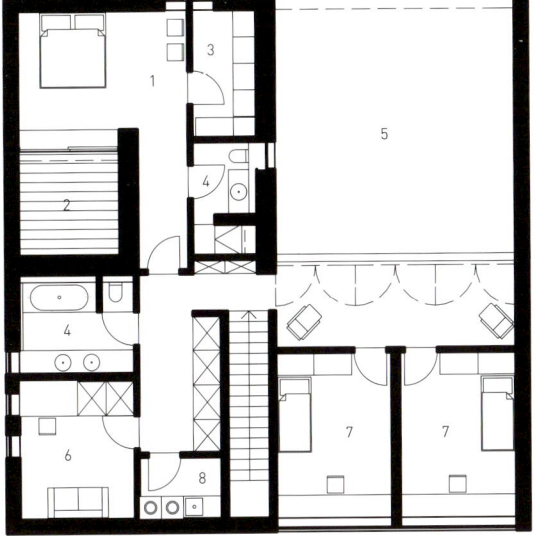

Lageplan

Obergeschoss M 1:200

1 Schlafen
2 Hof
3 Ankleide
4 Bad / WC
5 Luftraum
6 Gast
7 Kind
8 Hauswirtschaft

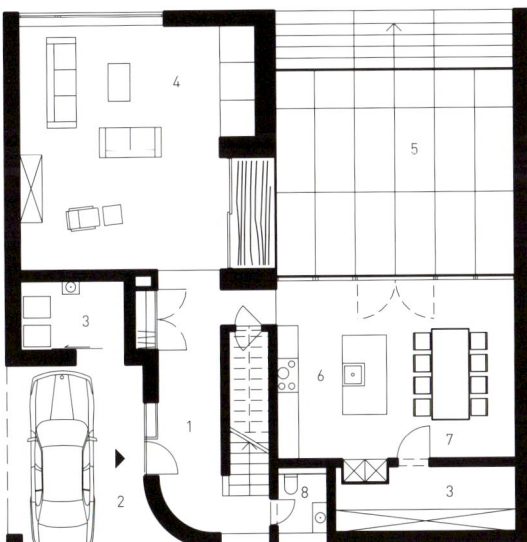

Erdgeschoss M 1:200

1 Eingang / Flur
2 Garage
3 Abstellraum
4 Wohnen
5 Wasserbecken / Atrium
6 Kochen
7 Essen
8 WC

Gebäudedaten

Grundstücksgröße: 932 m²

Wohnfläche: 210 m²

Zusätzliche Nutzfläche: 160 m²

Anzahl der Bewohner: 3

Bauweise: massiv

Heizwärmebedarf: 73 kWh/m²a

Baukosten: 603.593 Euro

Baukosten je m² Wohn-
und Nutzfläche: ca. 1.630 Euro

Fertigstellung: 2009

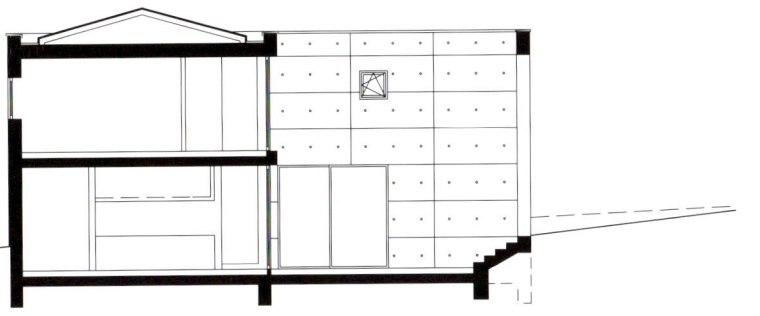

Schnitt M 1:200

Marte.Marte
Betonkubus in der Landschaft bei Feldkirch

Anerkennung

Das Wohnhaus lagert als auratischer grauer Betonmonolith in der Landschaft. Zwei Einschnitte gliedern den stumpf im kaum veränderten Hang harrenden Block, der eine als Eingangsnische in der fensterlosen Front, der andere als Zäsur für einen schmalen Innenhof, der das Bad belichtet. Talseitig nach Süden öffnet sich die harte Schale und gibt mit einer großflächigen Verglasung den Blick frei über die Wiesen auf das Bergpanorama. Eine lange flache Rampe führt von der Terrasse als inszenierte Annäherung an die Natur zu einem kleinen hölzernen Badehaus mit den Umrissen einer Urhütte, es steht auf den Fundamenten eines Stadels wie ein ironisches Aperçu.

Die Terrasse, unterhalb derer ein Teich angelegt ist, erweitert die Eingangsebene als „Freiluftzimmer". Küche, Essplatz und Wohnbereich liegen als Winkel hinter ihrer raumhohen Glasfassade, nur von einem betonierten Kaminblock funktional getrennt. Hinter der nach unten führenden Treppe schließt der Elternschlafbereich an. Diese Hauptfunktionen verbindet ein fließender Raum, Blickbeziehungen über die Diagonalen und Achsen verblüffen, sie suggerieren Größe und Weite.

Im Untergeschoss werden die Räume bestimmter, es sind Arbeits- und Kinderzimmer, Service- und Badezimmer, Sauna und Musikraum.

Materialien und Details sind von eleganter Zurückhaltung. Die glatten Sichtbetonflächen werden im Innenraum konterkariert von der optischen und haptischen Sanftheit der Weißtanne, die für Böden, Wände und Einbaumöbel verwendet wurde. Hell, einladend und heimelig antwortet der Ausbau auf die scharfe Räson der Betonkonstruktion. Zu ihr passen die robusten Tor- und Türflächen aus Weißaluminium. Die Fenster sind dagegen mit Holzrahmen ausgeführt, sie unterbrechen die festverglasten Fronten. Der kompakte Massivbau mit kontrollierter Lüftung zeigt eine sehr gute Energiebilanz.

Ein Betonhaus wie ein abgegangener Fels in der kaum veränderten Landschaft. Kinder- und Arbeitszimmer liegen im Erdgeschoss hinter der durchlaufenden Glasfront (rechte Seite oben), die lange Rampe führt vom Badehaus zur Wohnterrasse im Obergeschoss (rechte Seite unten).

Ein massiver Kamin, der zweifellos auch statisch benötigt wird, bildet die klassische Mitte des Hauses, trennt Essplatz und Wohnraum. Neben dem halbhohen Möbel führt die Treppe ins Erdgeschoss.

An den Kaminplatz schließt die Wohnterrasse mit ihrer eigenwilligen Absturzsicherung aus Flachstählen an. Den Sichtbeton ergänzen ortstypische Weißtannedielen; Holzrahmenfenster unterbrechen die raumhohe Festverglasung (rechte Seite oben).

Die Küche hat Kochstudioqualität, hier lässt sich über die offene Wohnebene die Essenszubereitung (auch für größere Gesellschaft) mitverfolgen (rechte Seite Mitte).

Das Bad im Obergeschoss wird von der Seite über einen loggienartigen Gebäudeeinschnitt belichtet (rechte Seite unten).

Stefan Marte und Bernhard Marte, A-Weiler

„Blickbeziehungen über die Diagonalen und Achsen verblüffen und suggerieren Größe und Weite. Materialisierung und Detail sind von eleganter Zurückhaltung."

Der Eingang verbirgt sich wie eine Klosterpforte in einer Zäsur an der geschlossenen Ostfassade. Rechts die kleine Loggia, die von Bad und Essplatz aus erreicht wird, im Hintergrund das Badehaus.

Erdgeschoss M 1:200

1 Kind
2 Bad
3 Sauna
4 Arbeiten
5 Lager- und Nebenräume
6 Fitness / Spielen

Obergeschoss M 1:200

1 Eingang
2 Kochen
3 Essen
4 Wohnen
5 Schlafen
6 Ankleide
7 Bad
8 Garage
9 Wohnterrasse
10 Rampe
11 Garderobe
12 WC

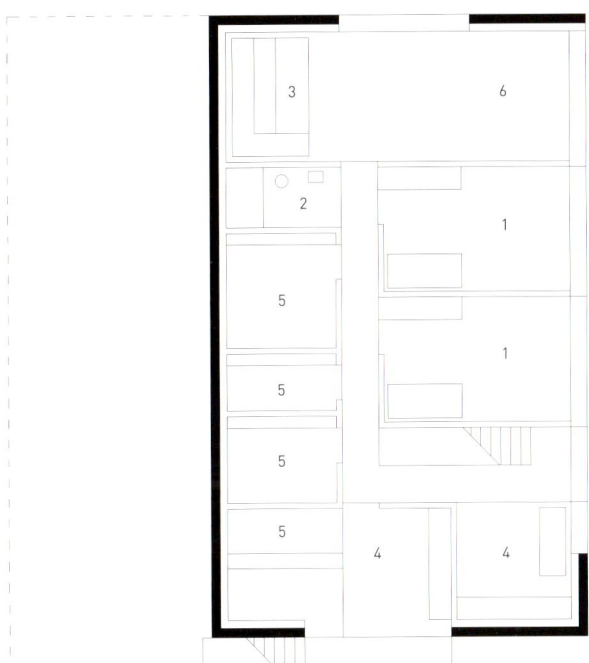

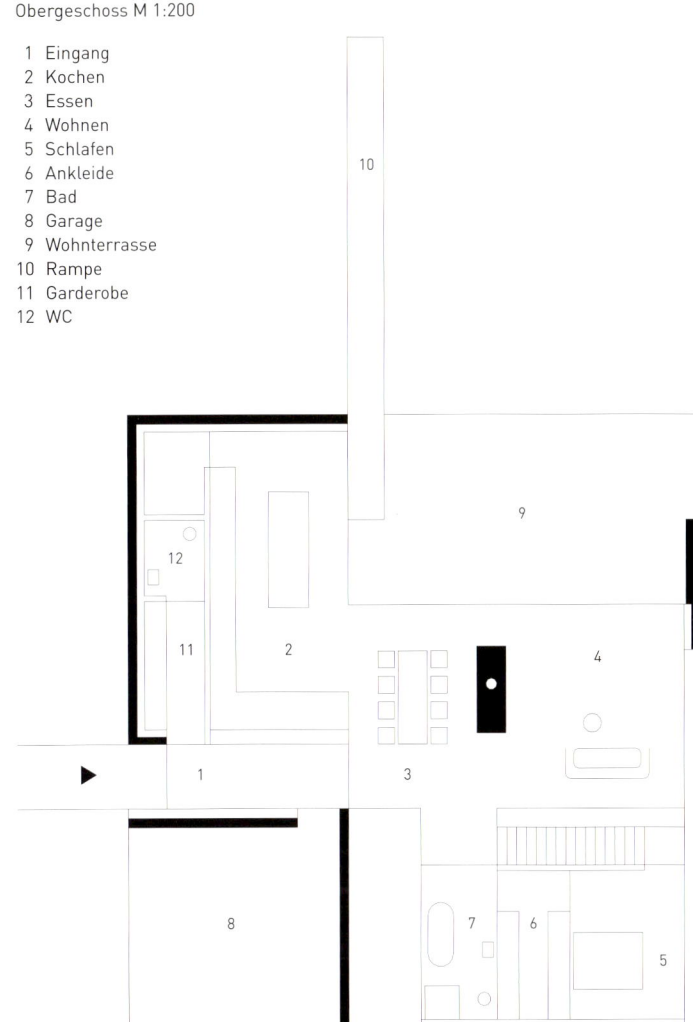

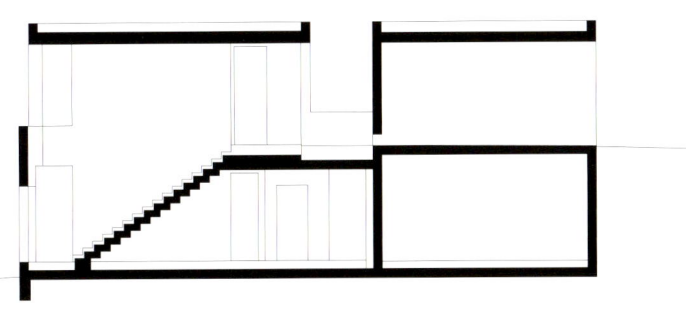

Schnitt M 1:200

Gebäudedaten

Grundstücksgröße: 1.560 m²

Wohnfläche: 243 m²

Zusätzliche Nutzfläche: 13 m²

Anzahl der Bewohner: 4

Bauweise: massiv, Sichtbetonfassade

Heizwärmebedarf: 25 kWh/m²a

Baukosten: ca. 800.000 Euro

Baukosten je m² Wohn-
und Nutzfläche: ca. 3.200 Euro

Fertigstellung: 2008

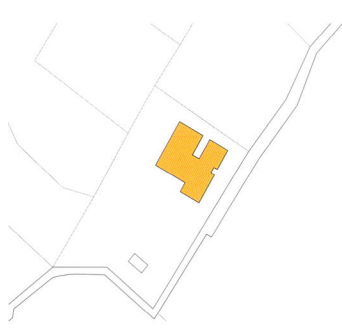

Lageplan

yes architecture
Marion Wicher
Nachhaltiges Holzhaus in Frohnleiten

Anerkennung

Nachhaltigkeit wird bei diesem Haus nicht nur auf die aktuelle Energiebilanz, auf Energiegewinnung und -verbrauch bezogen, sondern vor allem auf die Herstellung, den Unterhalt und schließlich – in ferner Zukunft – den Abbruch des Gebäudes. Berücksichtigt wurde also der gesamte Lebenszyklus von der Gewinnung der Baumaterialien bis zu ihrer Entsorgung.

Errichtet wurde das Haus auf einem betonierten Kellergeschoss deshalb in Dickholzbauweise, in anderen Gegenden bezeichnet man das Konstruktionsmaterial auch als Kreuzlagenholz (KLH) oder Cross Laminated Timber (CLT). Durch die (formaldehydfreie) kreuzweise Verleimung der Fichtenholzlamellen wird deren Schwinden und Quellen reduziert und ihre statische Belastbarkeit erhöht. Auf der Innenseite sind die vorgefertigten Elemente mit Lehm verputzt, nach außen folgt eine Hanfdämmung. Die abschließende Fassade besteht aus handgespaltenen Zedernschindeln, die nicht nur der Tradition entsprechen, sondern gleichzeitig einen Insektenschutz bieten.

Die großzügige Wohnfläche führte zu keiner massiven Behauptung in der Landschaft, vielmehr bestimmen Wohn- und Schlafbereiche als schlanke Flügel die Kubatur des Gebäudes, das sich dem Außenbereich mit freien Formen mitteilt. Zwischen den Schenkeln der Hausfigur empfängt einerseits der Eingang, andererseits liegt hier eine geschützte Terrasse.

Innen erlebt man eine funktionale Wohnskulptur. Entsprechend dem Vorsatz der Nachhaltigkeit wurden die Dielen über der Fußbodenheizung aus alten Eichenhölzern hergestellt, aber neben der Idee des Recyclings erhält das Haus dadurch auch eine ungewöhnlich warme Atmosphäre. Die Heizenergie wird mit einer Wärmepumpe aus einer Tiefensonde gewonnen. Im Garten gibt es ein naturnahes „Schwimmbiotop".

Das Haus – so versichern die Architekten – ist hundertprozentig biologisch abbaubar.

Vorherige Seite: Eine Villa, die sich mit ihren schlanken Flügeln in die Landschaft fächert. Die Architektur sieht nicht nur etwas anders als gewöhnlich aus, sie folgt – gerade wegen der verschwenderischen Größe – in jedem Detail den Prinzipien der Ressourceneffizienz.

Hinter den traditionell handgespaltenen Zedernschindeln folgt eine Hanfdämmung. Die tragenden Wände aus Mehrschichtholz erhielten innen einen Lehmputz.

Das Haus lebt vom intensiven Bezug zum Außenraum. Jedes Fenster, jeder Austritt, jede Terrasse teilt sich anders mit. Tages- und Jahreszeiten lassen sich intensiv verfolgen.

Die Küche erhält das Licht in der Frühe, von Osten. Ein glänzender weißer Tresen gibt Ruhe vor dem lebhaft gemaserten Einbauschrank, hinter dem noch eine Vorratskammer folgt.

Auf dem Boden liegen alte abgeschliffene Eichenbohlen. Die Idee des Recyclings holt auch Atmosphäre zurück, eine Fußbodenheizung sorgt für neuzeitlichen Komfort.

Gebäudedaten

Grundstücksgröße: 1.600 m²

Wohnfläche: 303 m²

Zusätzliche Nutzfläche: 67 m²

Anzahl der Bewohner: 6

Bauweise: Holzbau

Heizwärmebedarf: 36 kWh/m²a

Fertigstellung: 2010

Marion Wicher, A-Graz

„Die Nachhaltigkeit bezieht sich bei diesem Gebäude nicht nur auf die Form der Energienutzung und den jährlichen Energiebedarf, sondern auch vor allem auf die Energiebilanz der verwendeten Materialien und den Energieaufwand während der Errichtung des Gebäudes, dessen Erhalt und dessen Entsorgung."

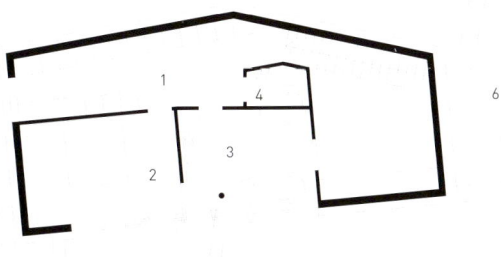

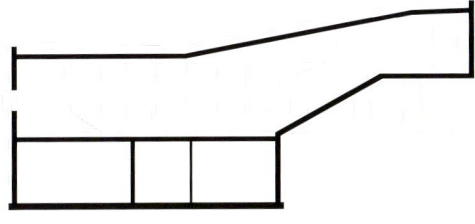

Obergeschoss M 1:250

1 Ankleide
2 Schlafen
3 Bad
4 WC
5 Terrasse
6 begrüntes Dach

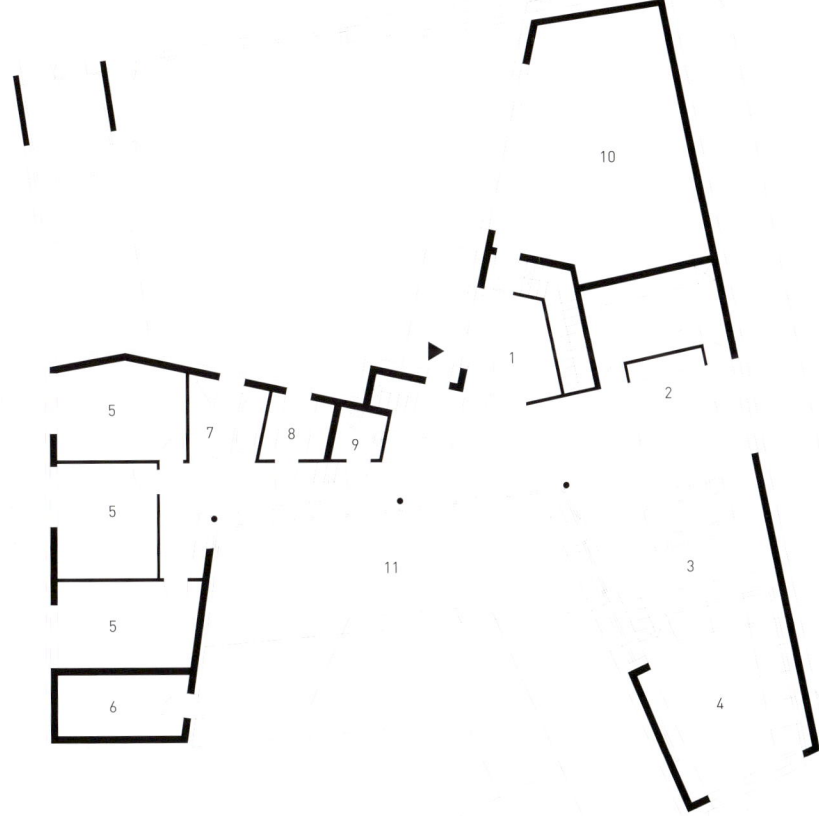

Erdgeschoss M 1:250

1 Eingang / Flur
2 Kochen
3 Essen
4 Wohnen
5 Zimmer
6 Abstellraum
7 Bad
8 Wirtschaftsraum
9 WC
10 Garage
11 Terrasse
12 Schwimmbiotop

Untergeschoss M 1:250

1 Zimmer
2 Bad
3 Abstellraum
4 Technik
5 Lager

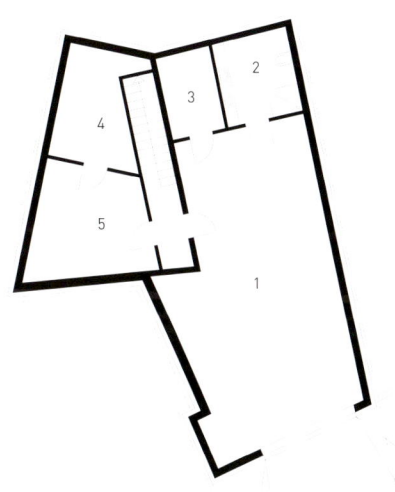

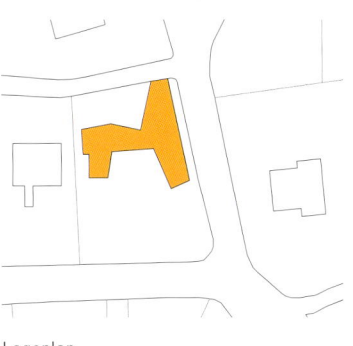

Lageplan

Benedikt Bosch
Wochenendhaus am Hang in Krumbach, Vorarlberg

Anerkennung

Die Leute in der Gegend nennen es freundlich „Bienenhus". Dieses kleine Wochenendhaus steht oberhalb von Krumbach in Vorarlberg in einer einzigartigen, exponierten Hanglage, nur umgeben von Wald und Wiesen. Nach Süden sieht man auf den Hausberg, den Hohen Ifen. Der Ausblick und die hügelige Topografie bestimmten das Raumkonzept.

Zum einen öffnet sich der simple Baukörper zu den Bergen, zum anderen orientiert er sich an der Hangneigung. Deshalb staffeln sich die kompakt organisierten Räume auf drei Ebenen entsprechend dem Gefälle und nach ihrer Funktion und Wichtigkeit. Das Erdgeschoss mit dem Eingang im Norden und der Wohnstube im Süden ist durch zwei Treppen nach oben und unten verbunden. Diese Stube mit Galerie bildet als Wohn-, Koch- und Esszimmer den Mittelpunkt des Hauses. Hier steht ein historischer Holzofen, der neben der passiven Solarenergienutzung fast den gesamten Wärmebedarf deckt. Der kastenartige Dachüberstand nach Süden minimiert die Einstrahlung der hochstehenden Sommersonne und ermöglicht dennoch solare Wärmegewinne im Winter. Die Geländeneigung wird durch das Pultdach und die hoch wärmegedämmte Holzverschalung der Fassade als Parallelverschiebung grafisch aufgenommen.

Dem Gefälle entsprechend ist das Untergeschoss in Beton ausgeführt. Die darüber liegenden Geschosse wurden als Holzständerkonstruktion mit Massivholzdecken vorgefertigt und binnen eines Tages aufgerichtet. Der Charakter des Holzhauses bleibt auch im Innern authentisch: Decken, Wände und Böden sind vollständig mit unbehandelter heimischer Weißtanne ausgeschlagen, die Dielen zusätzlich gebürstet. Im Untergeschoss liegen auf dem Boden Schieferplatten mit einer Fußbodenheizung, außerdem bleibt der Beton der Außenwände sichtbar.

Erst wirkt es wie eine optische Täuschung: Was ist hier schräg? Tatsächlich folgt nur die Brettverschalung der Hangneigung (rechte Seite oben). Die Eingangsseite mit dem schmalen Küchenfenster und den Luken der Schlafgalerie steht gerade und verlässlich (rechte Seite unten).

Die Seitenansicht könnte eine
Seilbahnstation vermuten lassen.
Der Schnitt zeigt indes, wie sich geschickt drei Ebenen in das Prisma
haben einfügen lassen.

Die Stube mit Galerie ist als Wohn-,
Koch- und Essraum der Mittelpunkt
des Hauses. Hier wird ein historischer Holzofen befeuert, zusätzlich
rechnet man mit passiver Solarenergie.

Über dem betonierten Untergeschoss folgt eine Holzständerkonstruktion. Decken, Wände und Böden sind komplett mit unbehandelter heimischer Weißtanne ausgeschlagen.

Zwar handelt es sich um ein Wochenendhaus, die Raumökonomie ist aber gleichzeitig ein Lehrstück, wie sich in kleinen Gehäusen attraktive Räume einrichten lassen.

Im Untergeschoss blieben die Außenwände aus Sichtbeton unverkleidet, der Schieferboden – hier im Bad – wird durch eine Fußbodenheizung temperiert (links unten).

Die Treppenwange am Essplatz steht wie ein Möbel. Links sieht man noch Ofen und Galerie, geradeaus geht es auf den Balkon, an den die Glasfassade erkerartig anschließt.

Gebäudedaten

Grundstücksgröße: 580 m²

Wohnfläche: 115 m²

Zusätzliche Nutzfläche: 15 m²

Anzahl der Bewohner: bis 8

Bauweise: Holzständer-Konstruktion

Baukosten: 146.000 Euro

Baukosten je m² Wohn-
und Nutzfläche: 1.120 Euro

Fertigstellung: 2010

Benedikt Bosch, D-Stuttgart

„Durch Nutzung der Solarenergie, des Holzofens und der hoch wärme-
gedämmten Gebäudehülle ist der Primärenergiebedarf zugleich minimiert. Nachhaltigkeit und Ehrlichkeit des Materials unterstreichen
somit das Konzept."

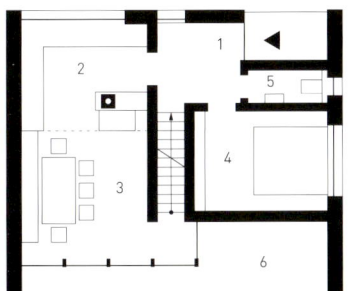

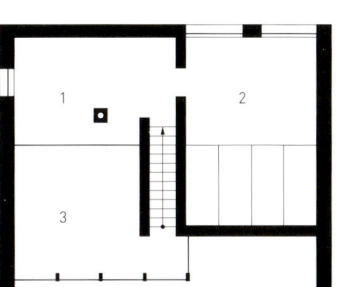

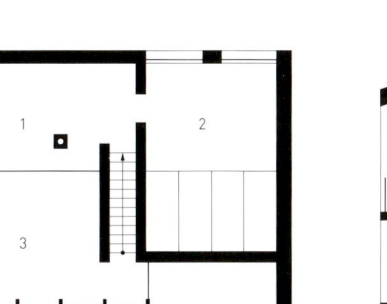

Untergeschoss M 1:200

1 Schlafen
2 Keller
3 Sauna
4 Bad
5 Veranda

Erdgeschoss M 1:200

1 Eingang / Flur
2 Kochen
3 Essen / Wohnen
4 Schlafen
5 WC
6 Balkon

Dachgeschoss M 1:200

1 Wohnen
2 Schlafen
3 Luftraum

Schnitt M 1:200

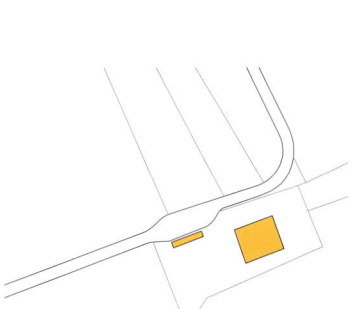

Lageplan

Hein Troy Architekten

CO$_2$-neutrales Einfamilienhaus am Wienerwaldsee

Anerkennung

Die Gestalt des Hauses reagiert auf die Einschränkungen des Grundstücks, außerdem erfüllt sie die Maßgaben höchster Ressourceneffizienz. Das Gebäude produziert über einen Zeitraum von 30 Jahren mehr Energie als für Errichtung, Transport und Betrieb in dieser Zeit verbraucht wurde. Es löscht sozusagen seinen ökologischen Fußabdruck vollständig und produziert danach einen Überschuss an Energie.

Auch die Materialwahl entspricht umweltsensiblen Kriterien. Alle Wand- und Dachelemente wurden aus heimischem Nadelholz vorgefertigt. Als Dämmstoff wurde Zellulose eingeblasen. Die raumseitige Installationsebene ist zusätzlich mit Schafwolle gedämmt. Außen ist die hinterlüftete Konstruktion senkrecht mit Fichtenleisten verschalt. Darüber hinaus wurden ausschließlich ökologisch unbedenkliche und teilweise recycelte Materialien verwendet. Eine Wärmepumpe, Komfortlüftung mit Wärmerückgewinnung und Kleinpufferspeicher sowie Photovoltaikpaneele und Solarkollektoren ergänzen das Konzept des CO$_2$-neutralen Wohngebäudes.

Durch seine Form und Orientierung kommt die Nachmittagssonne tief in das Haus. Nach Nordosten ist es nahezu geschlossen, es orientiert sich umso mehr nach Süden: Mit einem dreiseitig umschlossenen Atrium, das den Hauskörper auf eine schmale Taille reduziert, und einer Loggia im Untergeschoss reagiert die Architektur auf die Himmelsrichtung. Dazu gehört auch die auffallende Betonung des Dachs, das mit seinen dreifach gestaffelten Dachflächenfenstern zusätzlich die höhere Leuchtdichte des Zenitlichts nutzt. Die Innenräume sind mit weiß geöltem Fichtenholz ausgeschlagen, so wird das Tageslicht verstärkt. Einbauten wie Bänke, Laden und Schränke lassen den Bewohnern die Freiheit der weiteren Möblierung.

Avantgarde-Architektur: Dieses Haus wurde nicht nachträglich auf Energiereduktion getrimmt und mit der dafür notwendigen Ausrüstung behängt, sondern folgt von der Materialwahl über Orientierung und Formgebung des Baukörpers bis zur Haustechnik ressourceneffektiven Bedingungen.

Der funktional gegliederte Grundriss verbindet sich mit umweltsensiblen Kriterien. Die Ansicht zur Straße verrät noch nichts von den zu erwartenden Besonderheiten.

Auf den ersten Blick handelt es sich um ein dreigeschossiges Holzhaus, das vor allem innen eine wohnliche Atmosphäre mit unerwarteten Wegen und Raumzuschnitten verbindet.

Einbauten in den Wänden als Stauraum oder Sitzgelegenheit lassen Platz für individuelle frei stehende Möbel (rechte Seite).

Matthias Hein und Jury Troy, A-Wien

„Das Projekt zeigt, dass selbst auf – in Österreich häufig vorkommenden – schwierigen Grundstücken Gebäude ohne ökologischen Fußabdruck möglich sind."

Gebäudedaten

Grundstücksgröße: 1.292 m²

Wohnfläche: 150,4 m²

Zusätzliche Nutzfläche: 42,7 m²

Anzahl der Bewohner: 4

Bauweise: Holzelementbauweise

Heizwärmebedarf: 27 kWh/m²a

Primärenergiebedarf: 48 kWh/m²a

Fertigstellung: 2010

Lageplan

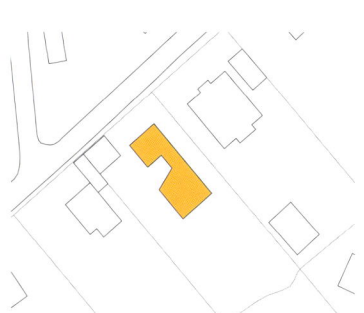

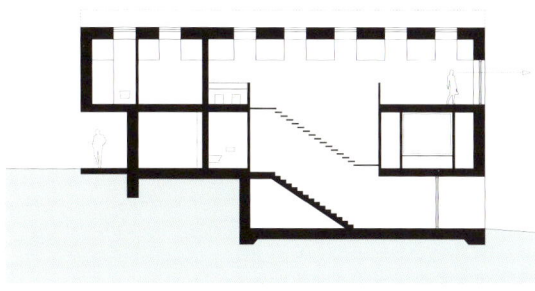

Schnitt ohne Maßstab

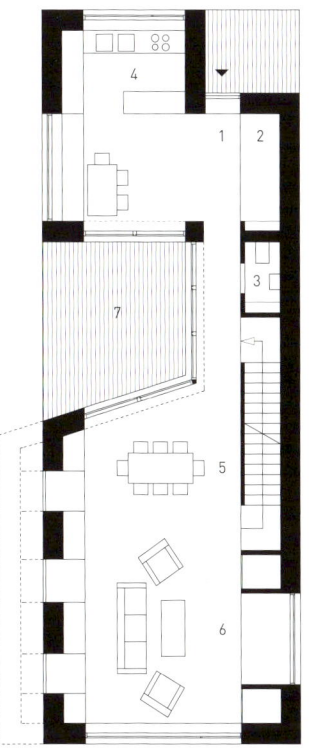

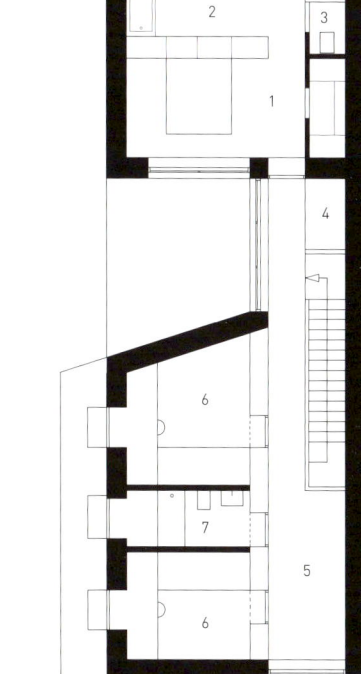

Erdgeschoss M 1:200

1 Eingang
2 Garderobe
3 WC
4 Kochen
5 Essen
6 Wohnen
7 Terrasse

Obergeschoss M 1:200

1 Schlafen
2 Bad
3 WC / Dusche
4 Arbeiten
5 Spielen
6 Kind
7 Bad

Architekten Kerschbaumer Pichler & Partner

Klimahaus als Betonskulptur in Naturns

Anerkennung

Das Haus auf einer Obstwiese ersetzt ein Einfamilienhaus aus den 1970er-Jahren. Die Landschaft sollte so wenig wie möglich durch den Neubau beeinträchtigt werden. Das wird erreicht durch einen niedrigen, zurückhaltenden Baukörper und die Verwendung dezenter, dunkler Materialien.

Die Basis bildet das Eingangsgeschoss aus wassergestrahltem Beton, eine Referenz an die regional üblichen Trockenmauern; er setzt sich in der stützenden Gartenumfriedung fort. Als Zuschlag wurde Kies aus der Region verwendet, der farblich zu den vorhandenen Mauern passt. Hier sind Musikzimmer, Gästezimmer, Weinkeller, Nebenräume und Garage eingerichtet. Darüber lagert das Fünfeck des Obergeschosses. Es hebt sich auch durch seine Faserzementtafel-Fassade deutlich ab. Zwei Treppenläufe, einmal breiter nach unten, schmäler nach oben, spielen mit dem Niveau und bereiten auf die skulpturalen Motive des Innenraums vor.

Im Wohnraum, mit Aufzugsblock und einer Bank zu einer Skulptur ergänzt, steht ein offener Kamin. Um ihn herum gruppieren sich alle Räume, die durch eine Brücke mit gläserner Balustrade über die Eingangshalle umlaufend erreichbar sind. Die Anordnung der Fenster folgt den attraktiven Ausblicken, sie werden auch an der Fassade hierarchisch behandelt. Glatte, warmgraue Wände und Decken aus Hochofenbeton und Zementspachtelböden, dazu Vertäfelungen, Böden und Einbauten aus gebürstetem Tannenholz reagieren auf die Umgebung.

Vor allem die Freibereiche suchen den Bezug zur faszinierenden Landschaft. Der zentrale Wohnraum setzt sich nach Westen mit einer überdachten Terrasse fort, von hier führen Sitzstufen in den Garten.

Ein großes, energiesparendes Haus, das sich tief in eine Obstwiese duckt. Der geschlossene Baukörper und die dunkle Fassade tragen ebenfalls zur Zurückhaltung bei.

Wenn die raumhohe Verglasung geöffnet ist, wird der Innenraum zum Außenraum. Auf der Nordseite faltet sich die Fassade zu einer aussichtsreichen getäfelten Sitznische.

Das Haus ist als Klimahaus A+ mit Wohnraumlüftung und hochgedämmter Gebäudehülle ausgeführt. Die Restenergie wird umweltfreundlich über eine von Erdsonden gespeiste Wärmepumpe geholt, die Stromversorgung unterstützen ins Dach integrierte Photovoltaikpaneele. Wasser wird über Kollektoren erwärmt. Mit deren Überschuss kann im Sommer das Schwimmbecken beheizt werden.

Man betritt das Haus fast unauffällig unter dem auskragenden Erdgeschoss. Der wassergestrahlte Beton mit Kieszuschlag aus der Region setzt die typischen Trockenmauern fort.

Im Zentrum der Wohnebene steht eine massive Betonskulptur mit Aufzug und Kamin; daran schließt eine beheizbare Ofenbank an.

Größe und Lage der Fenster entsprechen der Attraktion des Ausblicks (rechts). So entsteht eine lebhafte Hierarchie der Öffnungen auch an der Fassade.

Im Untergeschoss dominiert der Beton, nur wenige Einbauten aus gebürstetem Tannenholz dienen als verborgene Funktionsmöbel (links Mitte). Nach oben kehrt sich das Verhältnis um – wie hier bei dem schwebenden Küchenessplatz.

Den Rundgang durch die Hausland-
schaft um den Kamin und den Luftraum der Treppe schließt eine Brücke. In die flankierende Bibliothek
kommt zusätzlich Licht von oben.

In den Bädern darf es farbig werden.
Auch hier sieht man wie auf einen
Monitor durch eine rahmenlose Verglasung, daneben ein Öffnungsflügel
aus Tannenholz.

Karl Kerschbaumer, Harald Pichler, I-Brixen

„Das Wesen der Landschaft soll durch den Bau so wenig als möglich
beeinträchtigt werden. Dies wird durch den niedrigen, zurückhaltenden Baukörper und durch die Verwendung dezenter Materialien mit
Ortsbezug erreicht."

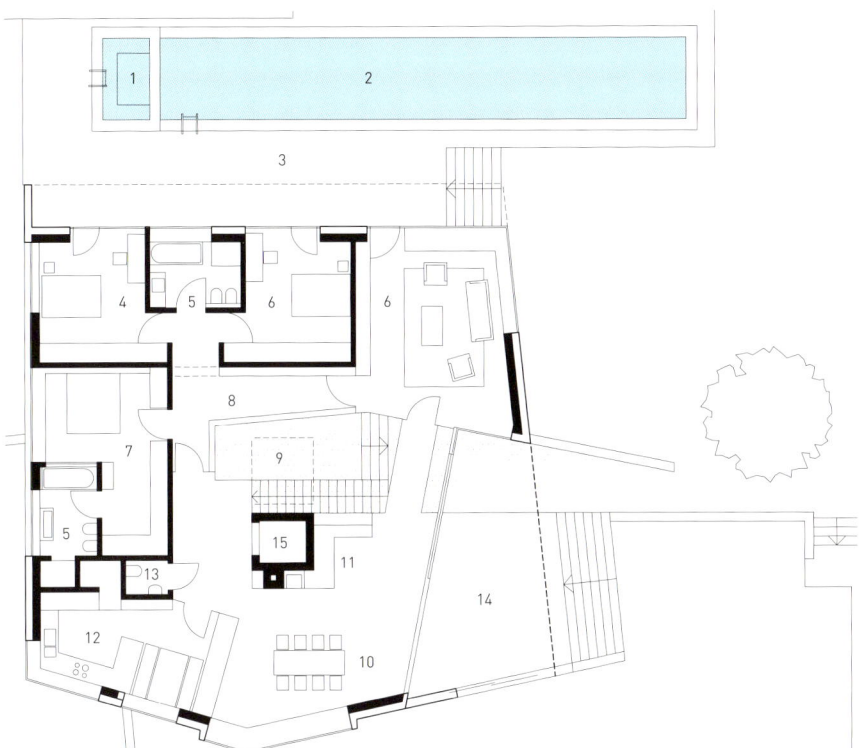

Erdgeschoss M 1:200

1 Whirlpool
2 Pool
3 Terrasse
4 Zimmer
5 Bad
6 Wohnen
7 Schlafen
8 Bibliothek
9 Luftraum
10 Essen
11 Ofen
12 Kochen
13 WC
14 Terrasse
15 Aufzug

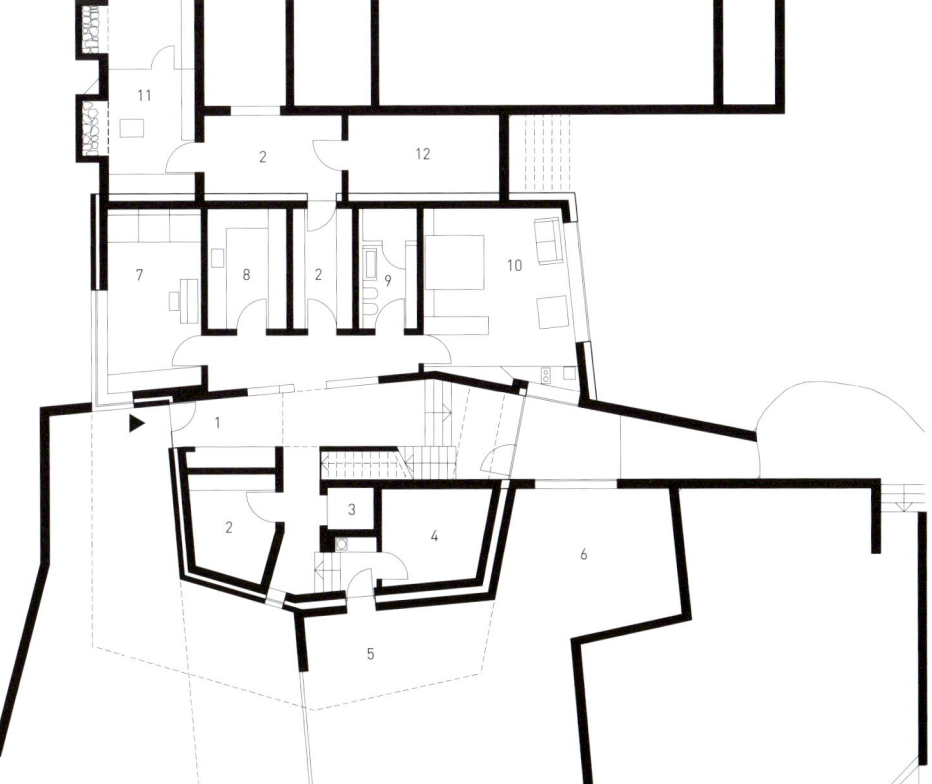

Untergeschoss M 1:200

1 Eingang / Flur
2 Abstellraum
3 Aufzug
4 Technik
5 Garage
6 Fahrräder
7 Musikzimmer
8 Hauswirtschaft
9 Bad / Dampfbad
10 Gast
11 Weinkeller
12 Technik Schwimmbad

Gebäudedaten

Grundstücksgröße: 1.700 m²

Wohnfläche: 263 m²

Zusätzliche Nutzfläche: 95 m²

Anzahl der Bewohner: 4

Bauweise: massiv (Ortbeton)

Heizwärmebedarf: 28 kWh/m²a

Primärenergiebedarf: 6,4 kWh/m²a

Fertigstellung: 2009

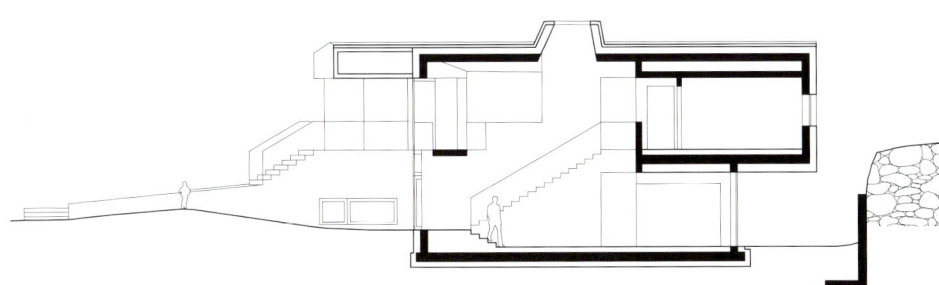

Schnitt ohne Maßstab

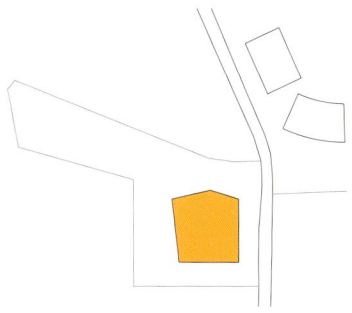

Lageplan

Carsten Blankenhorn
Umnutzung einer Werkstatt im Hinterhof in Düsseldorf

Der rasche Blick der Passanten durch die Toreinfahrt des Vorderhauses gibt nur eine leise Ahnung vom eingefügten Loft und verrät nichts von neuem Leben im Hinterhof. Kritiker des Typs „Einfamilienhaus" sollten sich ruhig dennoch weiter hineinwagen. Denn hier wurde mitten in der Düsseldorfer Innenstadt ein altes Werkstattgebäude von 1896 umgenutzt und ausgebaut – ein Glücksfall für das Leitmotiv Nachverdichtung/Umnutzung/städtisches Wohnen.

Das nach der Kriegszerstörung erhaltene Erdgeschoss der Werkstatt mit typischer Kappendecke und tiefen Fensterlaibungen wurde mit einer Stahl-Holz-Konstruktion aufgestockt. Nachdem die Hofüberdachung aus den 1970er-Jahren und die Hälfte der Pflasterfläche entfernt waren, konnte nach einer Teilung des Grundstücks vom Vorderhaus die gewonnene Fläche völlig neu interpretiert werden. Mit dem sanierten Untergeschoss und einer gläsernen Brücke, die das neue Obergeschoss mit einem „Schwalbennest" auf dem rückwärtigen Anbau des Vorderhauses verbindet, ergaben sich fast 300 Quadratmeter Wohnfläche. Spannend ist dabei, wie sich durch die räumliche Durchdringung Wohnfunktionen, Erschließung, Belichtung und Gartenflächen zu einem Architekturkonglomerat zusammengefunden haben. Es zeigt, dass gerade Einschränkungen zu ungewöhnlich abwechslungsreichen Häusern führen können.

In den Innenräumen wurde der ehemalige Gewerbecharakter durch „rohe" Materialien wie Estrichboden, freigelegte Backsteinwände, Sichtbeton, Industrieparkett und eine Stahltreppe weiterinterpretiert. Auch der graue Dämmputz entspricht der unedlen Umgebung, die durch die geschickte Anordnung der Zubauten weitgehend ausgeblendet wird: Man ist sein eigenes Gegenüber. Die begrünten Dachflächen eignen sich für eine Photovoltaik-Anlage oder eine zusätzliche Terrasse.

Ein hermetischer Innenhof, der nicht nur umgebaut, sondern auch umbaut wurde. So ergibt sich eine Rundumsicht, und man kann sich aussuchen, was man im eigenen Haus gern im Blick haben möchte.

Im Erdgeschoss liegen Wohnen, Essen, Kochen als großzügige Bereiche nebeneinander. Später ließe sich dank der doppelten Eingangstüren (im Grundriss auf der linken Seite) ein Appartement mit eigenem Bad abtrennen, Anschlüsse sind bereits vorgesehen, das Treppenfenster würde dann geschlossen.

Küche und Essplatz lassen sich mit der geöffneten Glasschiebetür zum Hof erweitern (oben). Unter dem als „Schwalbennest" im Obergeschoss angefügten Arbeitsplatz gibt es sogar einen gedeckten Sitzplatz (vorherige Seite).

Der Hinterhof vor dem Umbau: Die Interpretation des Werkstattareals zu einem Lofthaus ist ein bemerkenswerter Beitrag zum Thema Nachverdichtung und Umnutzung für das Wohnen in der Stadt.

Im Erdgeschoss gibt es kein Gästebad, es liegt im Untergeschoss. Auf
der oberen Ebene ist ein großer,
von oben belichteter Nassraum
als Enklave in den Schlafraum
eingeschrieben.

Wand- und Bodenbelag aus Klein-
mosaik laufen wie ein Teppich durch
den Raum und setzen sich im Spie-
gel fort.

Andreas Knapp, Carsten Blankenhorn,
Thomas Schmalstieg, D-Köln

„Entwurfsidee war die Schaffung eines eigenen Gegenübers als
‚aufgehängtes Schwalbennest' am Anbau des Vorderhauses."

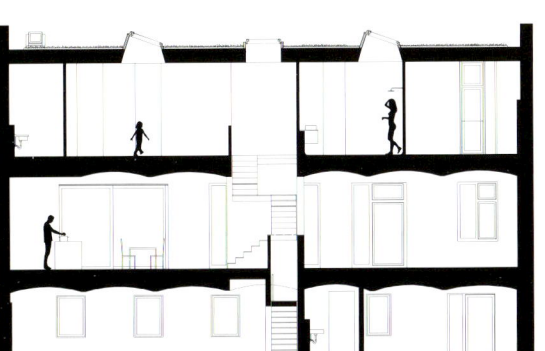

Schnitt M 1:250

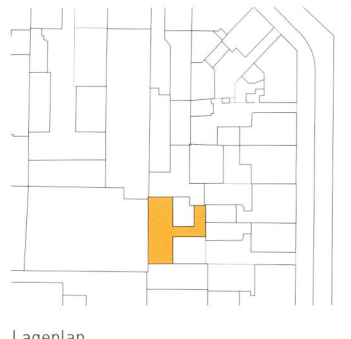

Lageplan

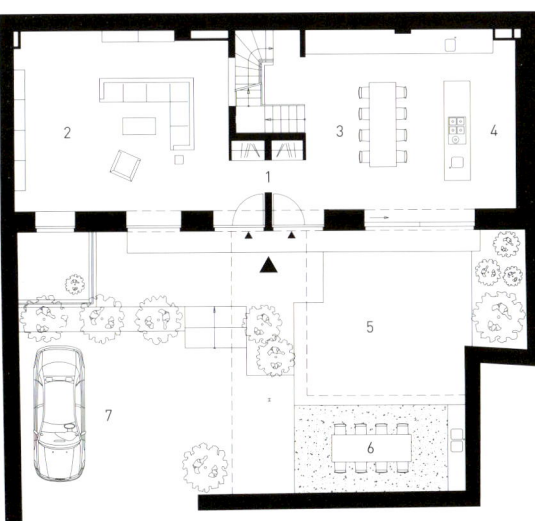

Obergeschoss M 1:250

1 Schlafen
2 Bad
3 Kind
4 Kinderbad
5 Spielen
6 WC
7 Brücke
8 Arbeiten

Gebäudedaten

Grundstücksgröße: 270 m²

Wohnfläche: 287 m²

Zusätzliche Nutzfläche: 49 m²

Anzahl der Bewohner: 4

Bauweise Aufstockung: Stahl /

Glas / Holz

Heizwärmebedarf: 46,6 kWh/m²a

Primärenergiebedarf: 82,71 kWh/m²a

Baukosten: 465.000 Euro

Baukosten je m² Wohn-

und Nutzfläche: 1.384 Euro

Fertigstellung: 2010

Erdgeschoss M 1:250

1 Eingang / Garderobe
2 Wohnen
3 Essen
4 Kochen
5 Garten
6 Terrasse
7 Garage

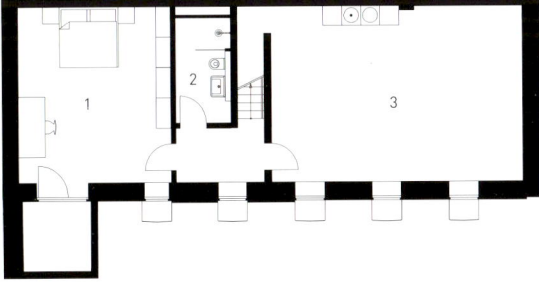

Untergeschoss M 1:250

1 Gast
2 WC / Dusche
3 Hauswirtschaft

Tillmann Wagner Architekten

Mehrgenerationen-Villa bei Potsdam

Nur selten ergibt sich die Aufgabe, für eine Großfamilie zu bauen. Doch braucht sich ein Haus für drei Generationen weder an aristokratischen Residenzen noch an pusseligen, postmodernen Stadtvillen zu orientieren.

Das Leitmotiv für das Haus auf dem schmalen Grundstück am Krampnitzsee bei Potsdam fand der Architekt in der Kunst: den bildhaften, räumlichen und kontemplativen Bezug zum See und seinen „Witterungsschleiern" (August Endell), materialisiert in einem Baukörper, zu dem ein Bild Alexander Rodtschenkos („Die Brandung") angeregt hat.

Hieraus ergab sich die zum Ufer führende große „Haustreppe". Ihre Vormauerschale besteht aus weiß überkalkten, hellen Handstrichziegeln, die in einem leicht profilierten Muster vermauert sind und von Weitem wie ein rau rechts gestrickter Pullover wirken. Die Verfugung und die Betonwerksteine für Abdeckungen, Stürze und Bänke ergeben eine Monochromie, die die Atmosphäre des weißlichen Seedunstes mit der Gebäudehülle interpretiert. Auch im Innenraum bleibt man im

Hellen: weiß geseifte Eichendielen, Travertin und hell gespachtelte Oberflächen tragen die Aura des Orts.

Zur Straße hin empfängt das hoch aufragende Gebäude mit einem trichterförmigen Haupteingang und einer zweigeschossigen Loggia. Von hier treppt es sich seewärts ab, sodass aus allen Räumen ein Ausblick auf das Wasser möglich ist. Jedes Appartement verfügt außerdem über eine eigene Terrasse. Zwischen den beiden ausgreifenden Flanken liegt im Erdgeschoss der gemeinschaftlich genutzte, überglaste Gartensaal als Mitte des Hauses. Hier schließen sich Bibliothek und Esszimmer an, die sich ebenfalls zu großen Gartenterrassen öffnen. Eine Wiesenrampe führt direkt zum See.

Über den Schlafräumen im zweiten Obergeschoss folgt mit einer Skylobby ein eher intimer Gemeinschaftsbereich. Im Untergeschoss ist ein großzügiger kreuzförmiger Wellnessbereich die Attraktion, darin ein Pool. Seine konische Form erlaubt mit einer Gegenstromanlage das Schwimmen mit Blick auf den See.

Vorherige Seite: Der Eingang entspricht städtischen Erwartungen, zwar geschlossen, aber mit einladender Geste; die Gartenfront nähert sich dramatisch dem Ufer, die Staffelung erlaubt aus jedem Wohnraum den Blick zum See.

Das Haus für eine Großfamilie mit acht Personen aus drei Generationen bietet unterm Dach eine zweigeschossige Skylobby (rechts) und im Erdgeschoss einen glasgedeckten Gartensaal (links) als Gemeinschaftsbereiche.

Tillmann Wagner, D-Berlin

„Leitmotiv der Villa auf dem schmalen Seegrundstück ist ihr intensiver, räumlicher und kontemplativer Bezug zum See und seinen ‚Witterungsschleiern'."

Der See ist das Ziel: Schwimmbecken im Untergeschoss mit Gegenstromanlage.

Nach außen schließt aber zunächst ein kleiner Teich an. Dank des Geländesprungs ist der Wellnessbereich offen zur Terrasse.

Schnitt M 1:250

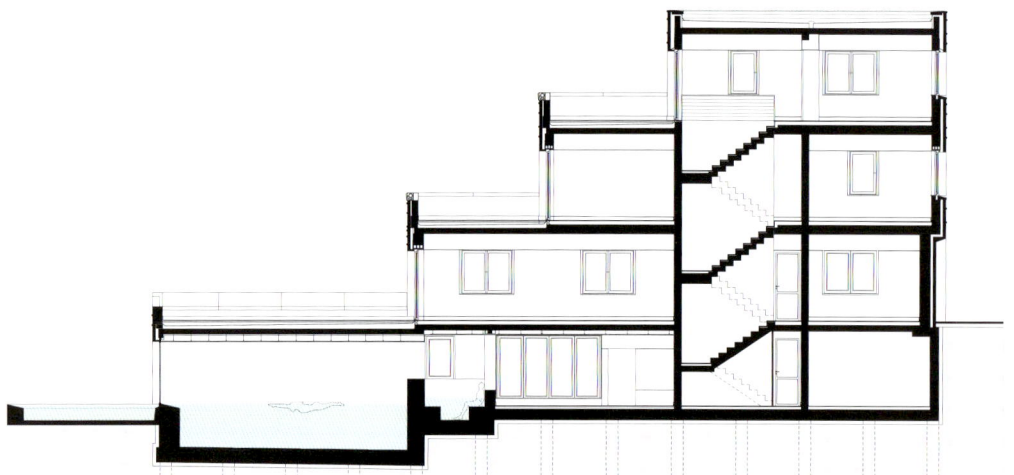

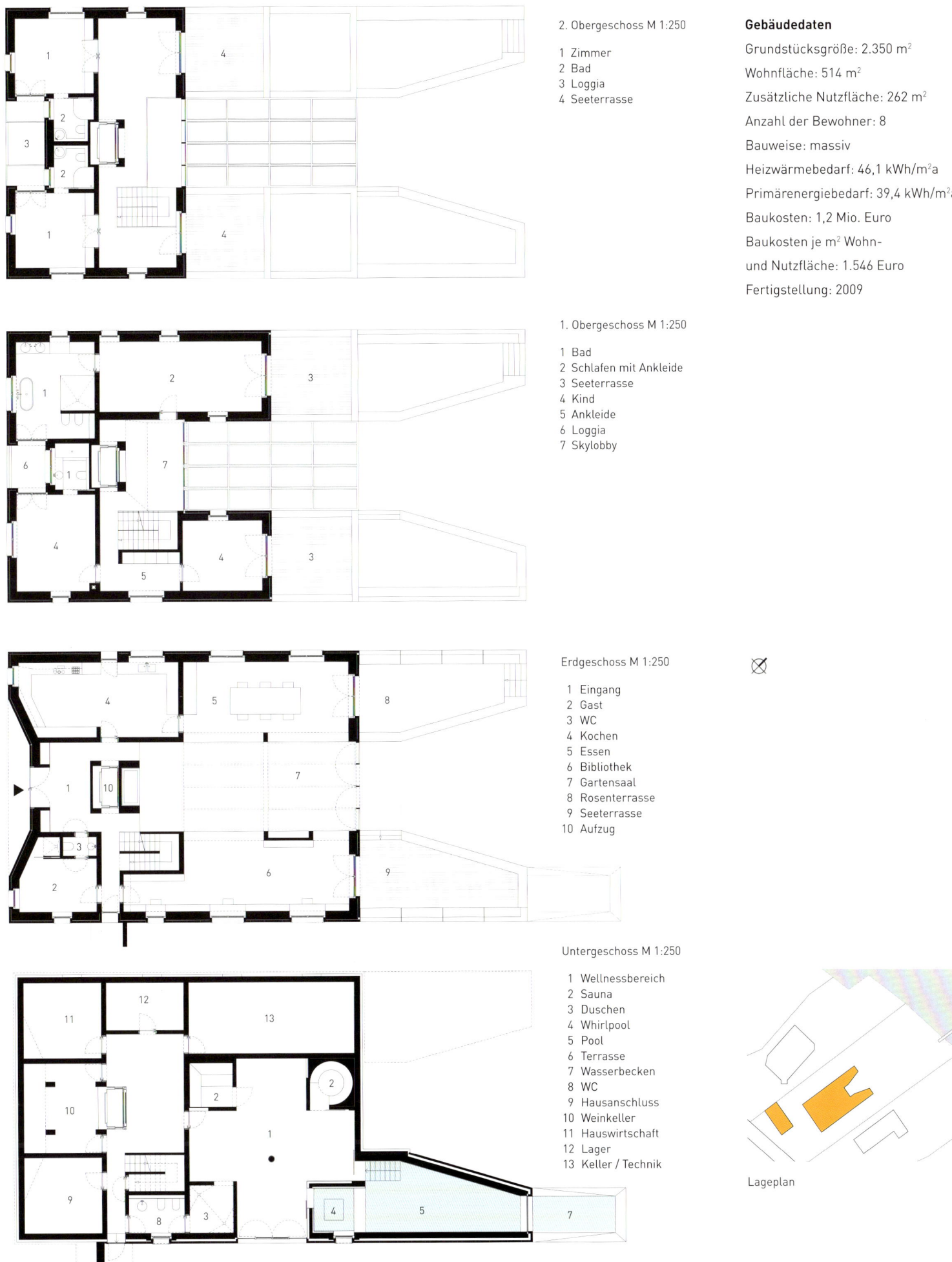

2. Obergeschoss M 1:250

1 Zimmer
2 Bad
3 Loggia
4 Seeterrasse

1. Obergeschoss M 1:250

1 Bad
2 Schlafen mit Ankleide
3 Seeterrasse
4 Kind
5 Ankleide
6 Loggia
7 Skylobby

Erdgeschoss M 1:250

1 Eingang
2 Gast
3 WC
4 Kochen
5 Essen
6 Bibliothek
7 Gartensaal
8 Rosenterrasse
9 Seeterrasse
10 Aufzug

Untergeschoss M 1:250

1 Wellnessbereich
2 Sauna
3 Duschen
4 Whirlpool
5 Pool
6 Terrasse
7 Wasserbecken
8 WC
9 Hausanschluss
10 Weinkeller
11 Hauswirtschaft
12 Lager
13 Keller / Technik

Lageplan

Gebäudedaten

Grundstücksgröße: 2.350 m²

Wohnfläche: 514 m²

Zusätzliche Nutzfläche: 262 m²

Anzahl der Bewohner: 8

Bauweise: massiv

Heizwärmebedarf: 46,1 kWh/m²a

Primärenergiebedarf: 39,4 kWh/m²a

Baukosten: 1,2 Mio. Euro

Baukosten je m² Wohn-
und Nutzfläche: 1.546 Euro

Fertigstellung: 2009

Heym Göggel Heym Architekten

Offenes Penthouse in München

Das Haus steht in einem älteren gewachsenen Stadtviertel in München-Berg am Laim. Es ersetzt ein eingeschossiges Haus mit Walmdach von 1962. Die Umgebung ist geprägt von einer Kastanienallee und den Bäumen auf dem großzügigen Gartengrundstück. Darauf reagiert der Entwurf mit seinen im Wohnbereich über zwei Geschosse reichenden Glasfassaden, selbst aus dem zurückgesetzten Penthouse lassen sich die Baumkronen noch erleben.

In Anlehnung an das gründerzeitliche Nachbarhaus sind die geschlossenen Wandflächen weiß verputzt. Dazu kontrastiert die Verkleidung aus dunkelbraun eloxierten Aluminium-Lamellen, die als zweites Motiv die zurückgesetzte Penthouse-Fassade, die Schiebeläden, Garage, Gartentor und Müllboxen bestimmen. Materialien und Details sind damit angenehm reduziert. Zwischen der raumhohen Verglasung im Penthouse lassen sich schmale Klappflügel aus Eichenholz öffnen. Als Sonnenschutz dienen die auskragenden Dachüberstände, die die kastenartige Kubatur des Hauses auflösen.

Die Funktionen folgen einer klaren Hierarchie: Im Erdgeschoss liegt der Wohnbereich, darüber die Kinderzimmer, im Dachgeschoss die Räume der Eltern. Diese Trennung wird durch die offene, in zwei Staffeln die Ebenen verbindende „Himmelsleiter" aufgehoben, sie lädt ein, das Raumkontinuum zu erleben. In der zweigeschossigen Wohnhalle teilt die massive Treppenskulptur Küchenblock und Essbereich von der Kamingruppe nebst Konzertflügel, weiter nach oben ist sie als dunkle holzverkleidete Schachttreppe fortgeführt, um den privateren Charakter zu betonen.

Die Wohnhalle wird von schlanken betonierten Rundstützen getragen, aus Beton sind auch Treppe und Kaminbank. Dazu passt der fugenlose Zementspachtelestrich. Grifflose Einbaumöbel aus lackierten MDF-Tafeln säumen die Räume mit einer puristischen Eleganz. Dem entspricht das Lichtkonzept, das unauffällig Helligkeit gibt und nicht mit Lampen dekoriert. Ein großes Holzterrassendeck und dunkle Stahlstützen begleiten vom Haus in den Garten.

Vorherige Seite: Die Straßenansicht lässt noch nicht ahnen, was das Haus bietet und wohin es sich wendet. Die Gartenseite öffnet sich dann mit der zweigeschossigen, bis unter das schlanke Vordach verglasten Wohnhalle.

Vom Eingang betrachtet kehrt sich die Erschließung des Hauses um, als sollte damit eine Schwelle des Privaten erkennbar werden. Im Erdgeschoss erreicht man zunächst die gemeinschaftliche Wohnhalle, darüber verbindet eine Galerie die privaten Zimmer der Bewohner.

Gebäudedaten

Grundstücksgröße: 1.080 m²

Wohnfläche: 280 m²

Zusätzliche Nutzfläche: 114 m²

Anzahl der Bewohner: 5

Bauweise: massiv (Beton)

Heizwärmebedarf: 56,52 kWh/m²a

Primärenergiebedarf: 61,67 kWh/m²a

Baukosten: 1.220.000 Euro

Baukosten je m² Wohn-
und Nutzfläche: 3.100

Fertigstellung: 2009

Doris Heym, D-Ottobrunn

„Die Treppen liegen in einer horizontalen Achse. Über drei Geschosse entsteht so ein vertikales Raumkontinuum."

Obergeschoss M 1:200

1 Kind
2 Luftraum
3 Galerie
4 Ankleide
5 Bad
6 Balkon

Penthouse M 1:200

1 Bad
2 Schlafen
3 Arbeiten / Ankleide
4 Dachgarten

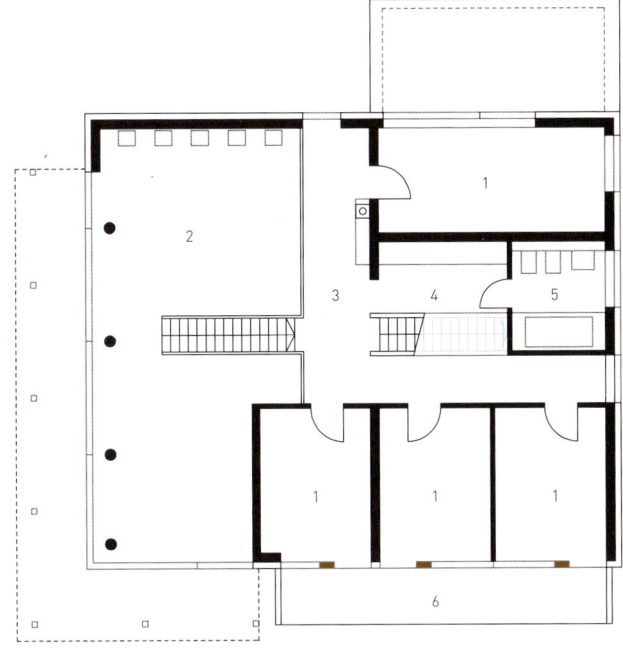

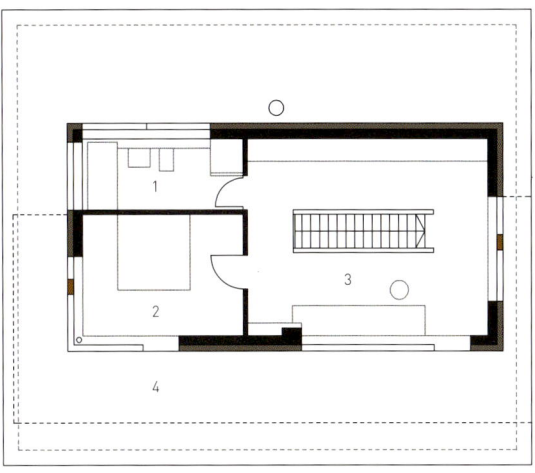

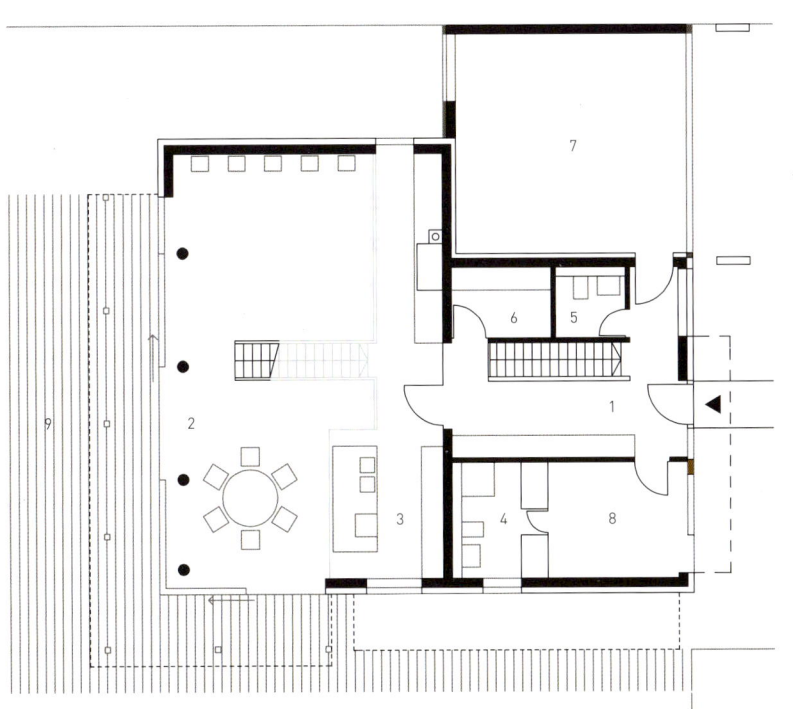

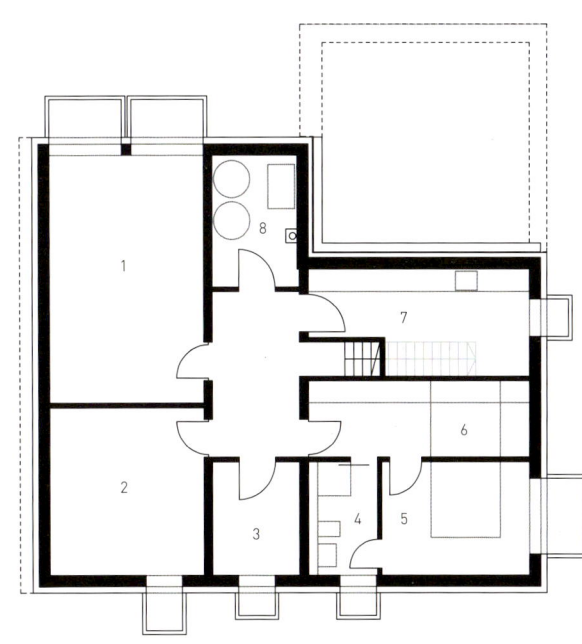

Erdgeschoss M 1:200

1 Eingang / Flur
2 Wohnen / Essen
3 Kochen
4 Bad
5 WC
6 Abstellraum
7 Garage
8 Au-pair-Zimmer
9 Terrasse

Untergeschoss M 1:200

1 Kinderspielzimmer
2 Kino
3 Abstellraum
4 Bad
5 Ruheraum
6 Sauna
7 Hauswirtschaft
8 Technik

Lageplan

Berschneider
+Berschneider

Wohnhaus am Steilhang in Neumarkt

Ein Haus, das nicht autistisch in seiner Umgebung thront, sondern sich mit einer gestaffelten Kubatur unverwechselbar damit auseinandersetzt. Das Grundstück liegt hoch über der Stadt Neumarkt in der Oberpfalz an einem steilen Hang. Die Formensprache des Hauses zeigt nachvollziehbar, wie es Halt gefunden hat.

Die Strenge der geometrischen Formen setzt sich in der reduzierten Materialsprache im Innern fort: Sichtbeton sowie Stahl und Eichenholz.

Aus allen Wohnebenen und allen Räumen kann man den uneingeschränkten Blick über das Stadtpanorama – oder den Wald – als großes Fensterbild genießen. Die gerade Innentreppe folgt dem Höhenprofil des Hangs. Als klassische „Himmelsleiter" führt sie, vorbei an den Kinderzimmern, zur Wohnebene im obersten Geschoss. Hier bietet der Blick zurück über die schachtartige Passage durch einen hohen Wandschlitz eine spannende Perspektive. Der Katarakt der höhenversetzten Baukörper erweitert sich jetzt undogmatisch noch zur Seite, um der linearen Ausrichtung eine neue Qualität zu geben.

Die Sichtbetonoberflächen sind mit handwerklicher Präzision gefertigt. Das Material erfüllt nicht nur die notwendigen statischen Voraussetzungen in der Bergsituation, es trägt auch zum Energiekonzept bei. Im Sommer hält der Beton der massiven Wände die Hitze ab, im Winter speichert er die Wärme. Zur zukunftssicheren Haustechnik gehören die Nutzung der Erdwärme mittels Sonden und Wärmepumpe, Kaminheizung sowie kontrollierte Wohnraumlüftung.

Ein Hanggrundstück als Herausforderung. Wie eine Schatulle mit aufschiebbaren Laden und Fächern scheint das Haus seine Ebenen im Gelände zu platzieren.

Von der offenen Wohnebene genießt man den Ausblick nach vier Seiten. Ein Sideboard dient als Brüstung zu den beiden oberen Treppenläufen (links).

Küche und Essplatz haben einen eigenen Balkon nach Südwesten. Von hier kann man auch das Grundstück betreten.

Selbst aus Bad und Sauna darf man unbehelligt in die Landschaft schauen.

Im Geschoss darunter liegt talseitig ein Arbeitszimmer, dessen aussichtsreiches Panorama eine gewisse Disziplin und Konzentration verlangt.

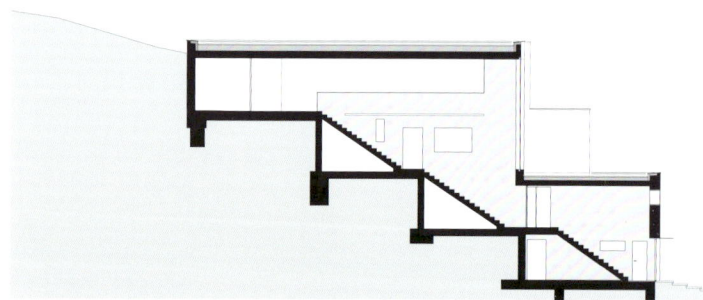

Zunächst muss man zwei nützliche
Geschosse mit Garage und Technik
überwinden, dann erreicht man die
Wohnebenen. Aber es gibt auch
einen Aufzug.

Schnitt ohne Maßstab

Gudrun Berschneider und Johannes Berschneider,
D-Pilsach / Neumarkt

„Alle Wohnebenen genießen den uneingeschränkten Blick über das
Stadtpanorama, das sich wie der Wald in allen Räumen als großes
Fensterbild zeigt."

3. Obergeschoss M 1:250

1 Terrasse
2 Wohnen
3 Essen
4 Kochen
5 Hauswirtschaft
6 WC
7 Bad
8 Schlafen
9 Ankleide
10 Aufzug

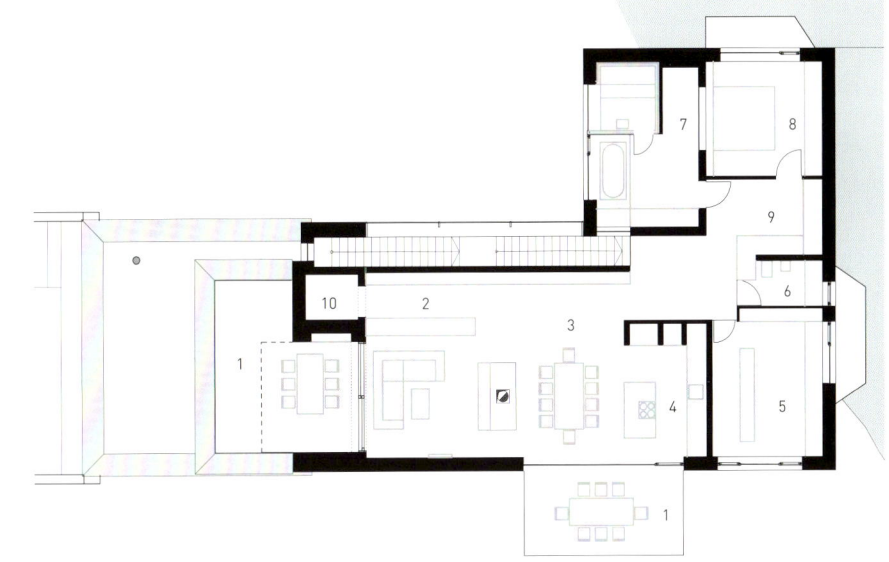

2. Obergeschoss M 1:250

1 Arbeiten
2 Kind
3 Bad
4 Aufzug

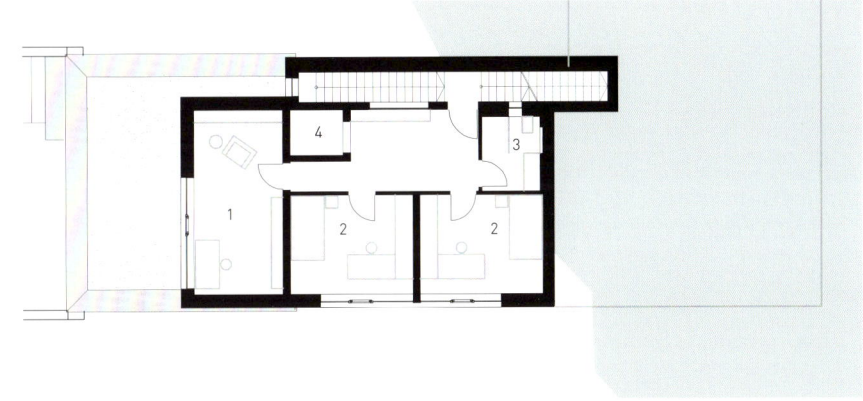

1. Obergeschoss M 1:250

1 Abstellraum
2 Technik
3 Aufzug

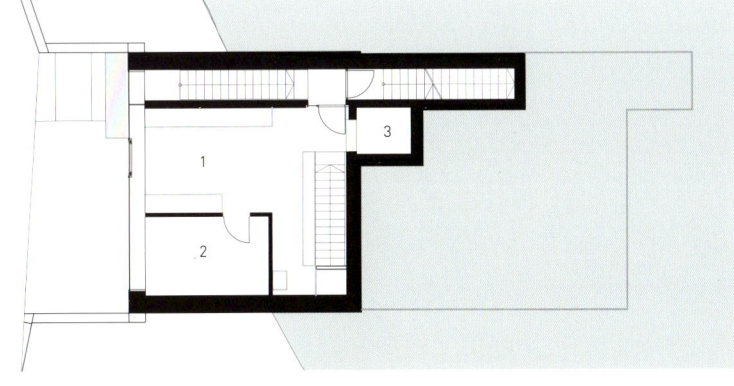

Erdgeschoss M 1:250

1 Garage
2 Aufzug
3 Müll

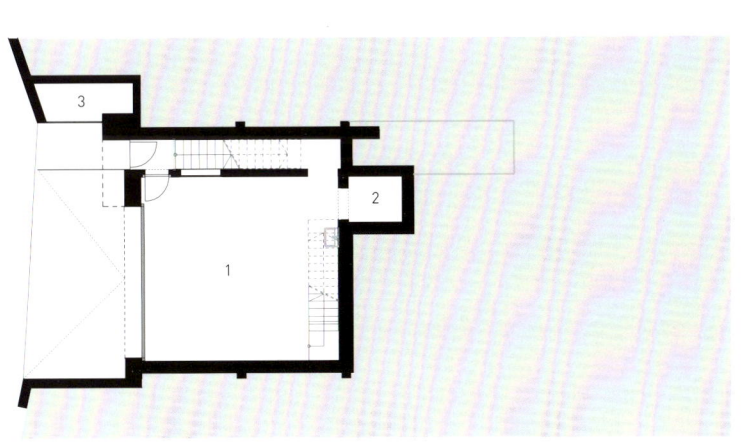

Gebäudedaten

Grundstücksgröße: 1.094 m²

Wohnfläche: 231 m²

Zusätzliche Nutzfläche: 312 m²

Anzahl der Bewohner: 4

Bauweise: Beton und Wärmedämmverbundsystem

Heizwärmebedarf: 41,32 kWh/m²a

Primärenergiebedarf: 40,74 kWh/m²a

Fertigstellung: 2009

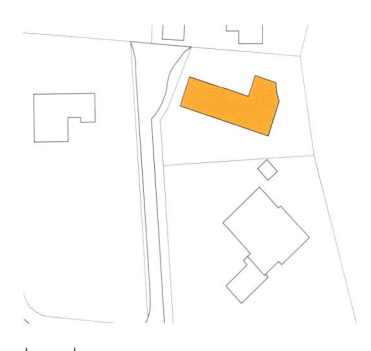

Lageplan

Atelier Fischer
Wohnen
und Arbeiten
in Würzburg

Dieses Atelierhaus verbindet Wohnen und Arbeiten auf kleinstem Raum. Ziel war, für beides die maximale Qualität bei möglichst geringen Kosten zu erreichen. Durch die Reduktion in Entwurf und Ausführung (und mit der in Eigenleistung montierten Außenschalung) lagen die reinen Baukosten bei etwa 100.000 Euro.

Der Baukörper mit den Außenmaßen 4,50 × 15,99 Meter wurde auf dem nur 9 Meter breiten Grundstück so platziert, dass klare räumliche Zonen entstehen. Im Norden liegen die beiden Stellplätze, daneben führt ein Fußweg längs des Hauses zum seitlichen Eingang.

Das Atelier ist über zwei Ebenen organisiert. Das leichte Gefälle des Grundstücks wird durch einen Stufenversatz im Arbeitsbereich aufgenommen, was bei der bescheidenen Hausgröße den Raum attraktiver macht. Bad und WC liegen zentral, nach Nordosten der Schlafraum. Garderobe, Ablagen und eine Nische für Waschbecken und Waschmaschine verteilen sich geschickt in einer mäanderartigen Wand. Platzsparende Schiebetüren trennen Bad und Schlafraum vom Flur. Der Wohnraum mit Küche, Essplatz und einem gemütlichen Kamin-

ofen befindet sich im Obergeschoss, er wird von einem um die Hauskanten greifenden raumhohen Fenster von der Dachterrasse belichtet.

Das Haus wurde in Holzrahmenbauweise in kurzer Bauzeit errichtet. Es steht auf einer Bodenplatte mit Streifenfundamenten. Die kompakte Hülle ist hoch wärmegedämmt, die Fenster sind dreifach verglast. Auf dem Boden liegen Einholz-Massivdielen.

Wenn Architekten für sich bauen, wissen sie natürlich genau, was sie brauchen. Das Atelierhaus umschreibt die für den Beruf übliche veränderliche Balance zwischen Wohnen und Arbeiten.

Kompakt wie ein Cockpit organisiert erkennt man keine Defizite. Auf der oberen Ebene erreicht man sogar eine große Dachterrasse, ein Kaminofen trennt Kochen/Essen vom Wohnbereich.

Zwei Stufen, dem Geländeverlauf geschuldet, gliedern den Arbeitsbereich unten. Eine gewinkelte Wand (siehe Grundriss) verbirgt Garderobe, Regale, Waschbecken und Waschmaschine.

Die Küche im Obergeschoss ist auf eine Zeile an der Straßenseite reduziert.

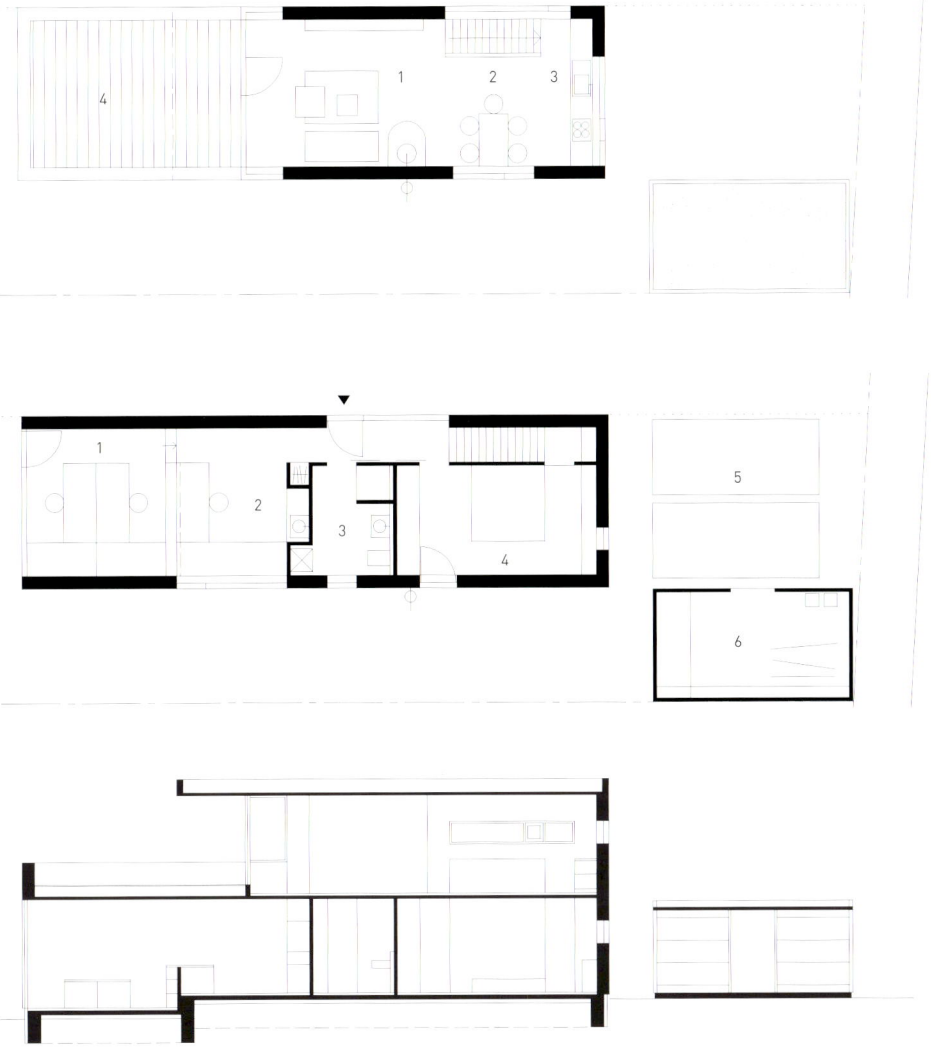

Obergeschoss M 1:200

1 Wohnen
2 Essen
3 Kochen
4 Dachterrasse

Erdgeschoss M 1:200

1 Atelier
2 Arbeiten
3 Bad
4 Schlafen
5 Stellplätze
6 Fahrräder / Müll

Schnitt M 1:200

Gebäudedaten

Grundstücksgröße: 288 m^2

Wohnfläche: 89 m^2

Zusätzliche Nutzfläche: –

Anzahl der Bewohner: 2

Bauweise: Holzrahmenbau

Heizwärmebedarf: 72 kWh/m^{2}a

Primärenergiebedarf: 85 kWh/m^{2}a

Baukosten: 108.000 Euro

Baukosten je m^2 Wohn-
und Nutzfläche: 1.213 Euro

Fertigstellung: 2010

Wolfgang Fischer, D-Würzburg

„Das Atelierhaus verbindet Wohnen und Arbeiten auf kleinstem Raum.
Ziel war es, maximale Wohn- und Arbeitsqualität für möglichst
geringe Kosten zu erreichen."

Lageplan

Schneider Architekten

Wohnhaus als Nachverdichtung in Waldenbuch

Grundstücke, die als „schwer bebaubar" gelten, haben ihren eigenen Reiz für Architekten. Meist wird die Herausforderung mit einem außergewöhnlichen Haus beantwortet, das ohne diese Schwierigkeiten niemandem eingefallen wäre. Oder es entsteht, wie hier am Rand des Schönbuchs auf einem nur umständlich erschließbaren Südhang in zweiter Reihe, ein funktional organisiertes, geradliniges Wohnhaus, das selbstbewusst mit seiner Umgebung korrespondiert.

Nur ein Steg führt von der Straße neben einer Doppelgarage zu dem winkelförmigen Gebäude; dessen talwärts auskragender Schenkel überhöht seine außergewöhnliche Lage, indem er sich dramatisch auf ein Bündel schräger Stahlrohre abstützt. Die Nordseite zum Hang und zur höheren Straßenbebauung ist als geschlossene Rückwand ausgebildet. Alle Räume orientieren sich im Wesentlichen nach Süden und Westen.

Das Haus wird auf der oberen Ebene erschlossen. Zentral liegen Küche und dienende Räume, parallel zum Hang der Wohn- und Essbereich, zum Garten hin das Elternschlafzimmer mit Bad. Loggia und begleitende Balkone wiederholen das Motiv des Abgehobenseins wie eine Erinnerung an die Eingangsebene. Im Untergeschoss folgen unter dem Wohnraum die Kinderzimmer, flankiert von einem Technik- und Lagerraum.

Das Haus wurde als vorgefertigter Pfosten-Riegel-Bau in Konstruktionsvollholz errichtet. Die Innenwände sind mit Gipsfaserplatten beplankt, sie dienen gleichzeitig als Aussteifung. Zur Wärmedämmung wurden Holzfasern eingeblasen. Nach außen folgen eine Schlagregenfolie und auf einer Lattung anthrazitfarbene Faserzementtafeln.

Auch im Innenraum wurden natürliche Materialien verwendet, etwa ein Stab-Parkettboden aus geräucherter Eiche, dazu in den Nassbereichen schwarze Schieferplatten. Beheizt wird mit einer Luft-Wasser-Wärmepumpe. Die Ausrichtung des Gebäudes, seine raumhohe Verglasung und der gleichzeitig große Dachüberstand reagieren auf den sich jahreszeitlich ändernden Sonnenstand. Eine Regenwasserzisterne versorgt den Garten und die Toiletten.

Dieter Schneider und Sabine Schneider, D-St. Georgen

„Durch die Längsausrichtung des Gebäudes nach Süden und die voll-flächigen Verglasungen wird die im Winter tiefstehende Sonne optimal ausgenutzt."

Vorherige Seite: Ein Haus mit Rück-grat. Durch die nahezu ausschließ-liche Südorientierung ergeben sich aus der beengten Hanglage keine Nachteile. Lediglich die Kinderzim-mer auf der Gartenebene reihen sich an einen langen Flur (siehe Grundriss) – vielleicht auch eine Übungsstrecke für Inline-Skater.

Der Zugang erfolgt von der Straße abwärts über eine Treppe, vorbei an einer Doppelgarage bzw. einem Lagerraum. Von hier geht es weiter auf einem schwebenden Steg, der den Sonderfall der nachträglichen Grundstücksnutzung zu inszenieren scheint.

Die fließende Wohnebene wird von einer Art Schiffsreling begleitet, der Steg verbreitert sich nach Westen zu einer Terrasse. Die Festverglasung wechselt mit weiß lackierten Öff-nungsflügeln.

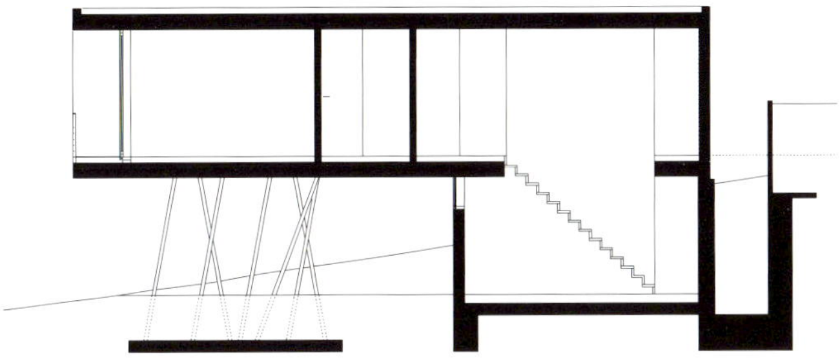

Schnitt ohne Maßstab

Gebäudedaten

Grundstücksgröße: 735 m²

Wohnfläche: 158 m²

Zusätzliche Nutzfläche: 96 m²

Anzahl der Bewohner: 2

Bauweise: teilvorgefertigter
Holzständerbau

Heizwärmebedarf: 67,47 kWh/m²a

Primärenergiebedarf: 53,42 kWh/m²a

Fertigstellung: 2008

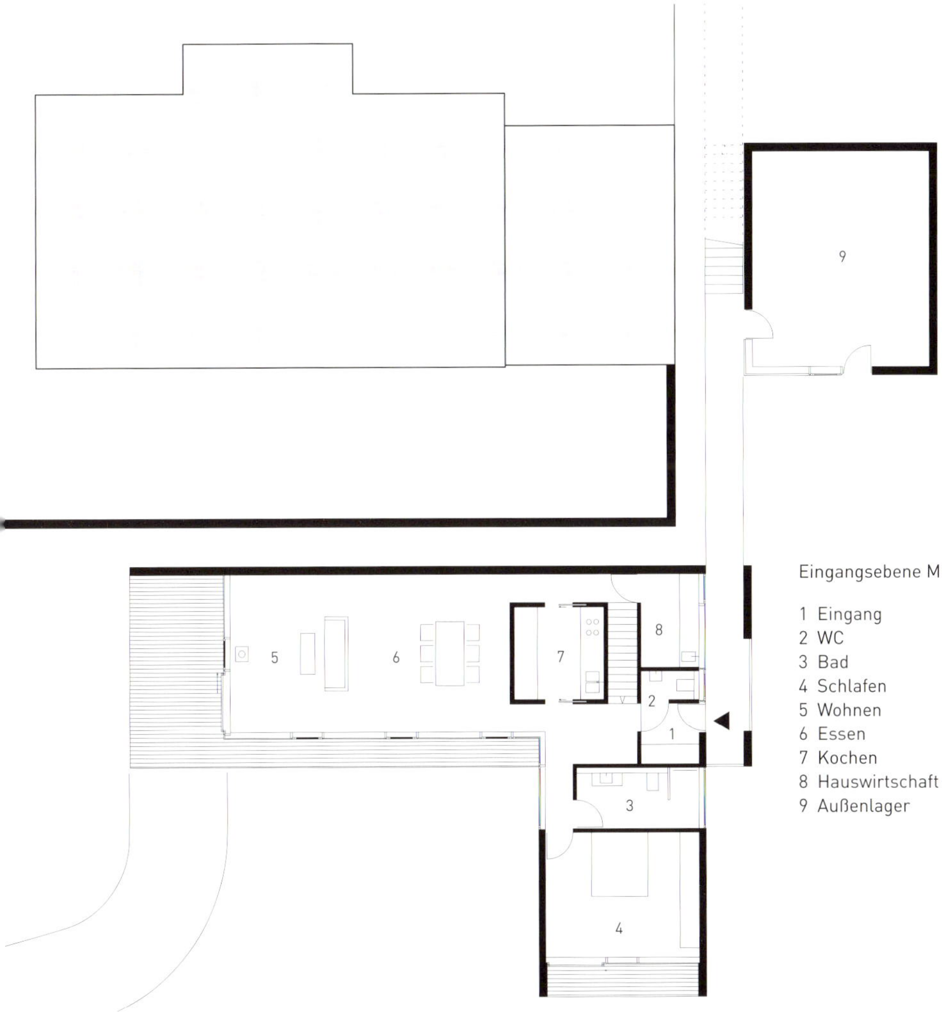

Eingangsebene M 1:250

1 Eingang
2 WC
3 Bad
4 Schlafen
5 Wohnen
6 Essen
7 Kochen
8 Hauswirtschaft
9 Außenlager

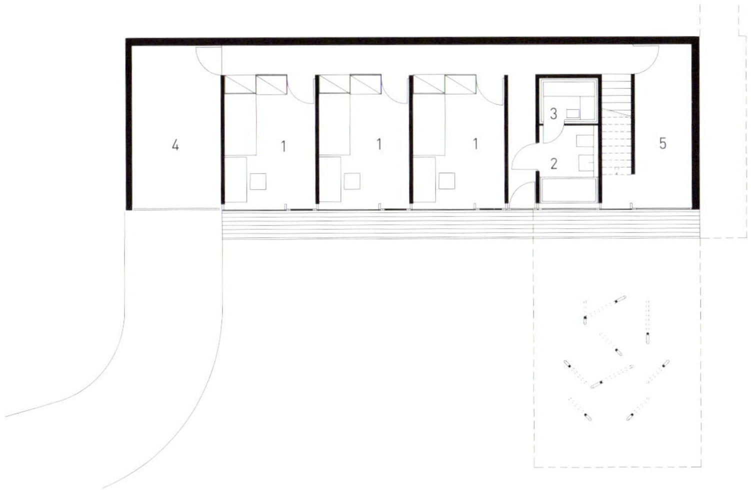

Gartenebene M 1:250

1 Kind
2 Bad
3 Sauna
4 Garage
5 Technik

Lageplan

Julia Bergmann mit Kleyer.Koblitz. Architekten

Wohnkubus mit textiler Hülle in Potsdam

Das Haus liegt direkt an der zum UNESCO-Weltkulturerbe erklärten Potsdamer Kulturlandschaft. Anstelle der ursprünglichen Gewächshäuser sollte hier eine Bebauung in einer zeitgemäßen Architektursprache entstehen.

Das neue Atelier/Wohnhaus zeigt sich als einfacher zweigeschossiger Kubus in Stahlbauweise. Es wird außen von einer teilweise verschiebbaren textilen Hülle neutralisiert. Hinter der durchscheinenden Bespannung kommt eine rote Putzfassade zum Vorschein. Je nachdem wie die Bewohner mit Licht und Ausblick umgehen, verändert sich die Außenansicht im Laufe des Tages. Bei Nacht leuchtet der Kubus und lässt das Innere erahnen. Die wandel- und erneuerbare Stoffhülle aus einem UV-beständigen Kunststoffgewebe konterkariert ironisch die Dauerhaftigkeit der Konstruktion.

Der Innenraum wird von einer an der Decke abgehängten Holzbox für die zweite Ebene bestimmt. Darunter breitet sich eine großzügige Wohn- und Arbeitshalle mit offener Küche aus, ein fahrbares Regal erlaubt spontan neue Zuordnungen. Die Fläche kann je nachdem als Wohnraum, Büro, Studio oder für Ausstellungen genutzt werden. Über eine schlanke weiße Stahltreppe erreicht man das Obergeschoss, das durch seine kleinen Kabinette eine völlig andere Qualität bietet. Im Querschnitt schieben sich offenes Volumen und umschlossene Räume wie eine Yin-und-Yang-Figur ineinander. An der Außenseite gibt es zusätzlich von außen zugängliche Nebenräume.

Das Stahltragwerk besteht aus 6 Meter hohen Profilen und darüber liegenden Dachträgern, an denen mit Stahlbändern das Obergeschoss angehängt ist. So bleibt die untere Ebene stützenlos verfügbar. Auf die Fassadenstützen ist Trapezblech montiert, darauf folgt ein Wärme-

Sensibel, fast provisorisch besetzt der textilumspannte Kubus das Grundstück an der Grenze zur Potsdamer Weltkulturerbe-Landschaft. Je nach Tageszeit verändern die verschiebbaren Stores seine Ansicht.

dämmverbundsystem mit eingefärbtem Silikatputz. Die Kragkonstruktion der auch als Klimapuffer wirkenden Schiebeelemente ist thermisch vom Tragwerk getrennt.

Innen wurde überwiegend mit Gipskarton ausgebaut. Die vorherrschende Farbe ist Weiß. Der alle Räume verbindende, mit Polyurethan beschichtete Boden bleibt fugenlos, die Dachuntersicht der Halle zeigt das weiß lackierte Trapezblech. Lediglich die Holzbox ist mit großformatigen Tafeln aus Seekiefersperrholz verkleidet. Zur Beheizung dient eine hocheffiziente leise Wärmepumpe.

Der Eindruck des Leichten setzt sich innen fort. Die privaten Rückzugsräume verbergen sich in der abgehängten Holzbox, die Wohn- und Arbeitshalle kann entsprechend den aktuellen Anforderungen flexibel interpretiert werden.

Die weiße Trapezblechdecke lässt erst gar keine falsche Gemütlichkeit aufkommen. Ein fahrbares Regal trennt Wohnen und Arbeiten – mehr oder weniger.

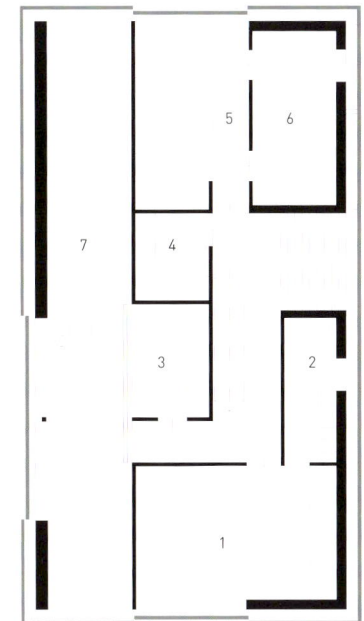

Erdgeschoss M 1:200

1 Eingang
2 WC
3 Kammer
4 Wohnen / Atelier / Essen
5 Kochen
6 Heizung / Hausanschluss
7 Schuppen
8 Terrasse

Obergeschoss M 1:200

1 Arbeiten
2 Gästebad
3 Ankleide
4 Sauna
5 Schlafen
6 Bad
7 Luftraum

Die Bäder sind blendend weiß gehalten, die Duschen bodengleich ausgeführt, es sind nur beiläufige Andeutungen. Nichts ist fest, stabil und unverrückbar.

Gebäudedaten

Grundstücksgröße: 1.500 m²

Wohnfläche: 200 m²

Zusätzliche Nutzfläche: –

Anzahl der Bewohner: 2

Bauweise: Leichtbau-Stahltragwerk, Wände mit Trapezblech und Dämmung

Heizwärmebedarf: 69,4 kWh/m²a

Primärenergiebedarf: 59,4 kWh/m²a

Baukosten: 320.000 Euro

Baukosten je m² Wohn- und Nutzfläche: 1.600 Euro

Fertigstellung: 2008

Lageplan

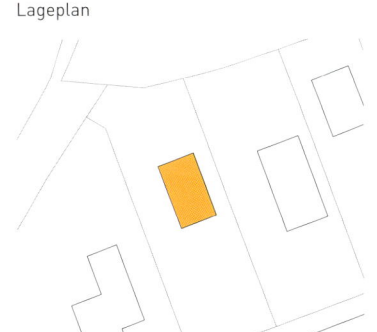

Julia Bergmann und Timm Kleyer, D-Berlin

„Textile Architektur ist eine Architektur des Unewigen und in ihrer Flüchtigkeit verdächtig unherrschaftlich – kommt sie doch weich, flagrant und destabil daher."

LHVH Architekten
Haus am See in Kreuzau

Ein kleines Haus an einem Stausee in der Eifel. Es steht in einem heterogen gewachsenen Wochenendhausgebiet aus den Sechziger-Jahren. Der Entwurf orientiert sich an der Architektursprache dieser Zeit. Vom abgerissenen Bestandsgebäude blieben nur zwei senkrecht zueinander stehende 3 Meter hohe Mauern erhalten; sie gaben die Kubatur des Neubaus vor.

Während man sich über einen Fußweg dem Haus hangabwärts nähert, hat man das extensiv begrünte, auskragende Flachdach im Blick. Zur Bergsicherung wurde eine 4 Meter hohe Gabionenwand errichtet, die schützend das erweiterte Plateau begrenzt.

Der Innenraum bietet zur Seeseite den offenen Bereich Wohnen, Essen, Kochen, hier teilt sich von zwei Seiten über dem hölzernen Terrassendeck die Landschaft durch die vollständig verglaste Fassade mit. Ein massiv gemauerter Kamin und schlanke Stahlstützen entsprechen dem Zeitkolorit der ehemaligen Bebauung. Die intimeren Räume für Schlafen, Ankleide und Bad liegen, durch raumhohe, möbelartige Schiebetüren allseitig zuschaltbar, rückwärtig gereiht.

Sie erhalten durch spielerisch auf dem Dach verteilte Lichtkuppeln zusätzlich Tageslicht.

Die reduzierte Materialsprache entspricht der ebenso konsequenten Detailkultur. Die verwendeten Materialien Holz und Stein stammen zum großen Teil vom Grundstück. Die Gabionen und Außenwandverblendungen wurden aus Grauwacke, die beim Freimachen des Geländes anfielen, hergestellt, Türen und einige Möbel sind aus abgestorbenen Bäumen gefertigt. Die Heiz- und Warmwasserversorgung übernimmt eine Wärmepumpe, die mit Seewasser gespeist wird. Durch die Fassaden- und Dachausbildung ist der Energiebedarf sehr gering.

Ein Ferienhaus, das den Platz seines abgerissenen Vorgängers einnimmt – und sich an die Architektursprache der Sechziger-Jahre anlehnt. Damals wäre die raumhohe pfostenlose Verglasung aber nicht möglich gewesen. Das Terrassendeck führt wie eine Gangway um das Haus herum.

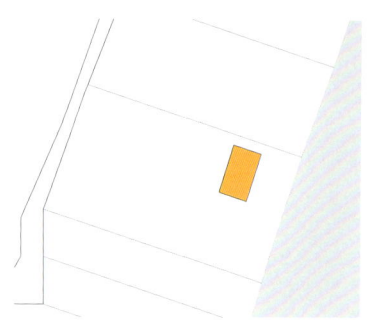

Innen teilt sich der Grundriss in zwei
Funktionsbereiche. Mit raumhohen
Schiebetüren lassen sich die Schlaf-
koje und das Bad zum Wohnbereich
(rechte Seite oben) öffnen. Türen
und Möbel sind aus abgestorbenen
Bäumen gebaut.

Lageplan

Frank Lohner, Jens Voss und Frank Holschbach, D-Köln

„Die Materialsprache folgt der konsequenten Formreduzierung
des Hauses und ergänzt die schlichte Sinnlichkeit des Entwurfs."

Gebäudedaten

Grundstücksgröße: 3.000 m²

Wohnfläche: 100 m²

Zusätzliche Nutzfläche: 50 m²

Anzahl der Bewohner: 1

Bauweise: massiv

Primärenergiebedarf: 48,8 kWh/m²a

Baukosten: 485.000 Euro

Baukosten je m² Wohn-
und Nutzfläche: 3.233 Euro

Fertigstellung: 2010

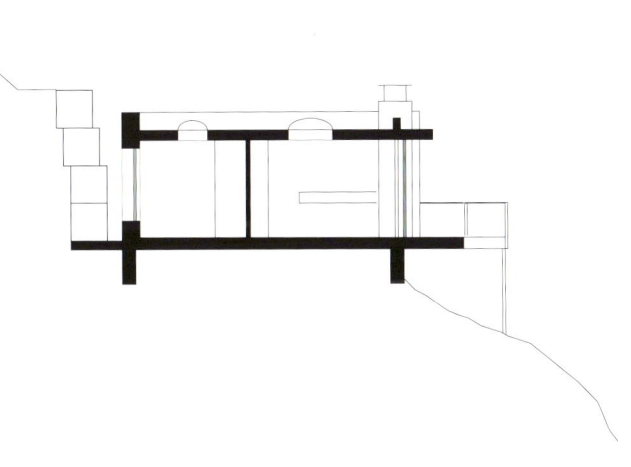

Sonst hat die Lage am See zu keinen
maritimen Anspielungen verführt.
Grauwacke, Sichtbeton, Lärchenholz, Aluminium und Stahl bilden
eine natürliche Materialpalette.
Der Kamin ist von beiden Seiten
zu befeuern.

Erdgeschoss M 1:200

1 Eingang
2 Essen
3 Kochen
4 Wohnen
5 Schlafen
6 Ankleide
7 Bad
8 WC
9 Hauswirtschaft
10 Terrasse

Schnitt M 1:200

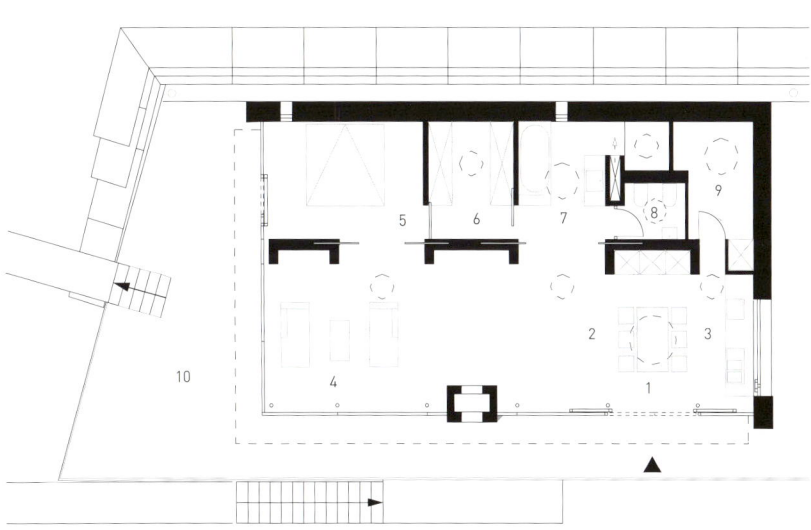

lynx architecture
Einfamilienhaus in München

Das nur 550 Quadratmeter große Grundstück liegt in einem Münchner Wohnviertel mit heterogener Wohnbebauung. In der Nachbarschaft stehen traditionelle zweigeschossige Satteldachhäuser sowie Reihen- und Doppelhäuser aus den Siebziger-Jahren. Dagegen setzt sich der dreigeschossige, klar konturierte und hermetisch wirkende neue Baukörper deutlich ab.

Die drei Wohnebenen sind außen an der horizontalen Gliederung deutlich ablesbar. Die Fassade ist im Erdgeschoss und Obergeschoss großflächig verglast oder mit Elementen aus Glasfaserbeton geschlossen. Das Zwischengeschoss ist komplett mit horizontalen Zedernholzleisten verkleidet. Vor den dahinter verborgenen schmalen Fenstern schraffieren diese Lamellen auch die aufstellbaren Klappläden, sie sind ungeöffnet kaum wahrzunehmen.

Das Moment der Abgeschlossenheit wird durch eine imposante, präzis eingefügte Eingangstür betont. Sie ist 1,60 Meter breit und schwenkt um einen zentralen Drehpunkt, als ginge es in eine Schatzkammer. Ebenfalls plan ist das Garagentor in die Betonverkleidung integriert und von außen nicht zu erkennen.

Die Innenräume gehen auf den Ebenen ineinander über, es gibt keine Gänge und Flure. Die Nutzungen werden nach oben privater. Im Erdgeschoss liegen Wohn- und Essbereich, im von außen durch die Zedernlattung abgesetzten Zwischengeschoss Büro, Gästezimmer und ein Fitnessbereich, darüber folgt die großzügige Schlafebene mit einer Dachterrasse.

Im gesamten Haus wurden nur wenige unterschiedliche Materialien verwendet, alle mit ihrer natürlichen Farbe und Oberfläche. Raumhohe Schiebetüren und überwiegend in die Decke eingelassene Leuchten erhalten die klaren Linien des Entwurfs.

Vorherige Seite unten: Ein kleines Grundstück, dafür gibt es neben Schlafraum und Bad noch eine geschützte Dachterrasse. Sie bietet dem verschlossen wirkenden Haus einen (heimlichen) Kontrapunkt zur Gartenseite.

In geschlossenem Zustand sind Läden und Garagentor (vorherige Seite oben) kaum zu ahnen. Die Geschosse lassen sich – anders als im offenen Zustand der Westfassade – dann nur durch die wechselnden Materialien erkennen.

Rechts: Der Wohnbereich ist zwar fließend angelegt, dennoch deuten Architekturelemente eine sinnvolle Zonierung an. Der hohe Container hinter dem Esstisch ist beweglich, entsprechend verändert sich die Verbindung zur Sitzgruppe.

Auch im zweiten Obergeschoss gehen die Funktionsbereiche ineinander über. Eine Flucht aus raumhohen weißen Schränken begleitet die Treppe, das Bad kann durch einen Vorhang, das Schlafzimmer durch eine Schiebetür separiert werden.

Volker Petereit und Susanne Muhr, D-München

„Im gesamten Gebäude sind nur wenige unterschiedliche Materialien verwendet. Grundsätzlich sind sie unverfälscht in ihrer natürlichen Oberfläche und Farbe eingesetzt."

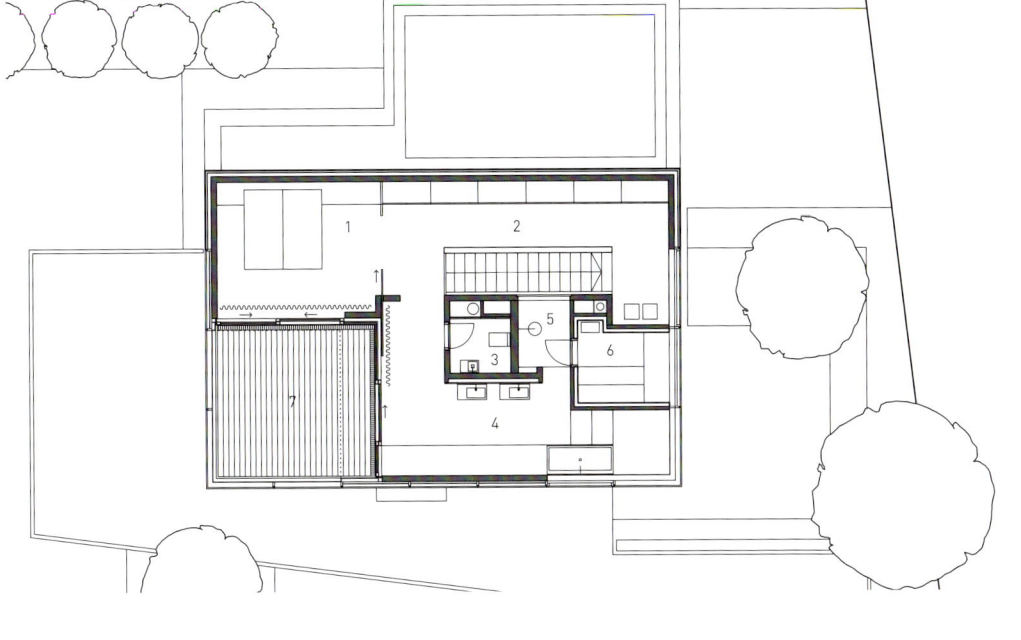

2. Obergeschoss M 1:250

1 Schlafen
2 Ankleide
3 WC
4 Bad
5 Dusche
6 Sauna
7 Balkon

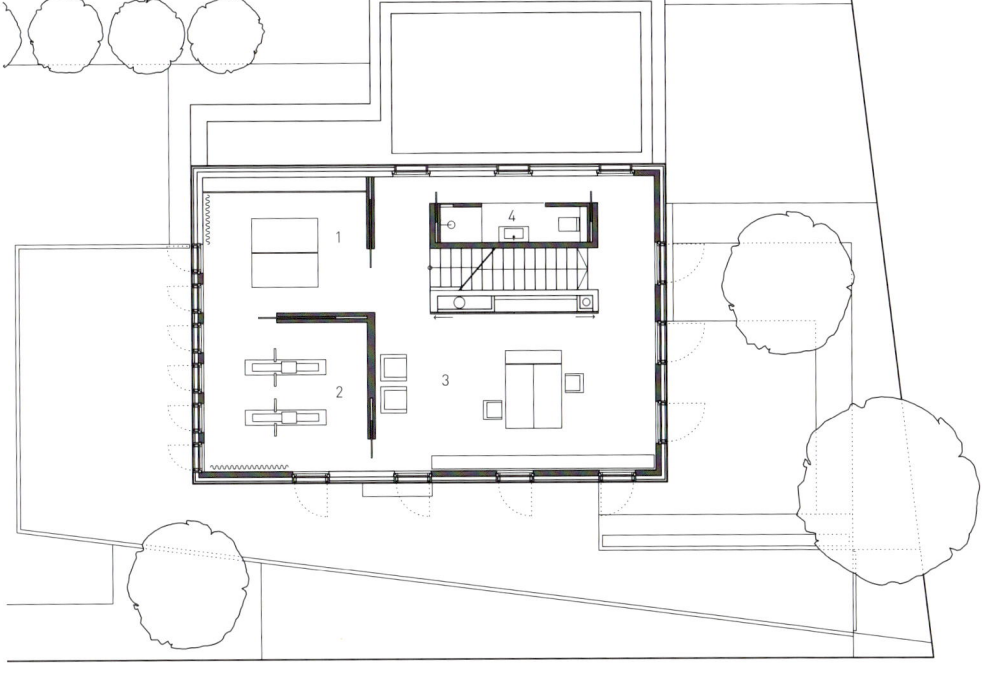

1. Obergeschoss M 1:250

1 Gast / Yoga
2 Fitness
3 Arbeiten
4 Gästebad

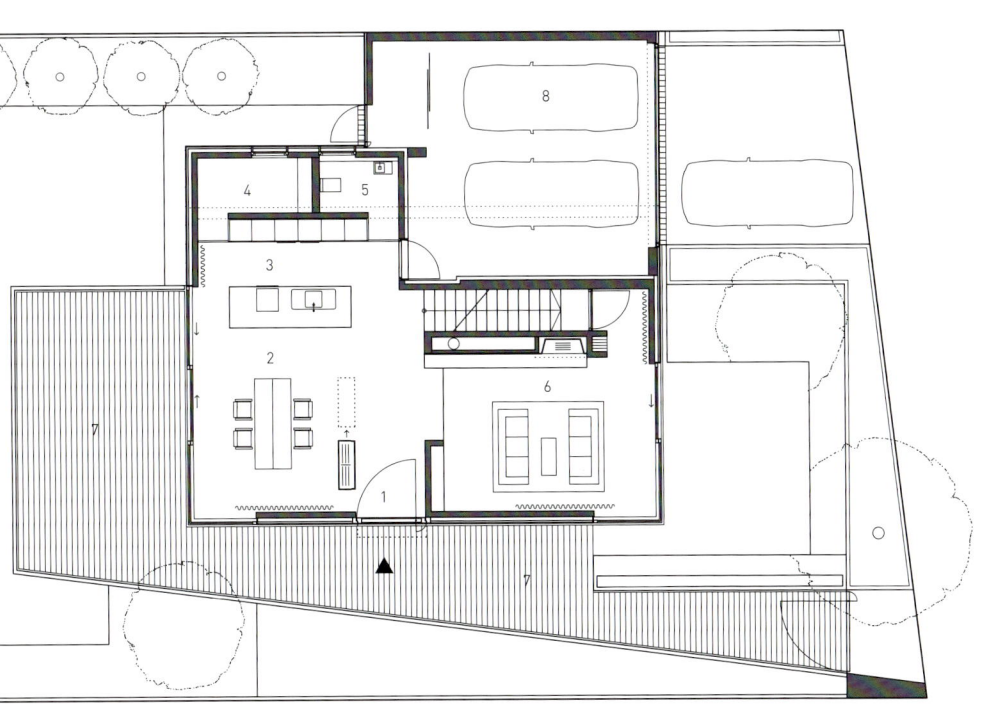

Erdgeschoss M 1:250

1 Eingang
2 Essen
3 Kochen
4 Speisekammer
5 WC
6 Wohnen
7 Terrasse
8 Garage

Gebäudedaten

Grundstücksgröße: 550 m²

Wohnfläche: 242 m²

Zusätzliche Nutzfläche: 45 m²

Anzahl der Bewohner: 2

Bauweise: Stahlbeton

Primärenergiebedarf: 58 kWh/m²a

Fertigstellung: 2008

Buddenberg Architekten
Erweiterung eines Einfamilienhauses in Düsseldorf

Schon vor Jahren hatten die Architekten im Düsseldorfer Stadtteil Derendorf das leerstehende Vorderhaus gekauft und darin ihr Büro eingerichtet. Das Gartengrundstück, eher ein privater Anteil an einer Hinterhoflandschaft, die einst mit Werkstätten und Schuppen von Kleinstbetrieben besetzt war, gehörte sozusagen als Zugabe dazu. Es wird nur durch das Vorderhaus erschlossen.

Hier errichteten die Architekten 2003 ein zweigeschossiges Wohnhaus auf 14 × 5 Metern, im Umriss den Abstandsflächen folgend. Auch das Innere respektierte die Vorschriften: zwei offene, durch einen haushohen Luftraum über dem Esstisch verbundene, ungeteilte Ebenen, im Rücken die Brandwand zum Nachbarn, die als fensterloser Funktionsriegel interpretiert wurde. Hier lagen ehemals die Schlafkojen für die beiden kleinen Töchter.

Inzwischen wurden die Kinder größer und die Bauordnung geändert. So war es möglich, dem Wohnquader im Garten noch ein Staffelgeschoss aufzusetzen. Dort gibt es nun vollwertige Kinderzimmer, ein Bad und zwei Terrassen. Außerdem wurde der Garten angelegt,

der Eingang überdacht und mit einem Mülltrennsystem ausgestattet. Die Erweiterung setzt das bisherige Konzept fort, sowohl die niedrigen Kuben für Sitzpodeste und Beete im Freien als auch der in Holztafelbauweise addierte Dachaufbau orientieren sich an der vorhandenen Architektur. Selbst die Idee des Einraums wird durch die gemeinsame Terrasse, die die beiden neuen Zimmer hauptsächlich belichtet, zitiert.

Attraktion sind die schmalen, bis ins Dach reichenden Fenster, die mit Ausblick und Einblick kokettieren. Das Farbkonzept des Bestands – anthrazitfarbiger Beton und orange lasierte Fenster und Schiebeläden aus Lärchenholz – kehrt sich auf dem Dach um.

Schon der Bau des zweigeschossigen Wohnhauses im Hinterhof eines Gründerzeitblocks war 2003 eine schlitzohrige Interpretation der Bauordnung. Nun konnten unter neuen Konditionen ebenso unkonventionell ein Dachgeschoss mit zwei Kinderzimmern hinzugefügt und der Garten angelegt werden.

Das ursprüngliche Haus folgte der Idee des „Wohnens im Einraum". Eine Deckenaussparung über dem Essplatz verbindet die beiden nicht unterteilten Wohn- und Schlafebenen.

Die fensterlose Rückwand dient jeweils als Funktionsriegel und reiht auf kleinstem Raum Abstellflächen und Sanitärkabinette nebeneinander.

Das aufgestockte Kinderhaus schließt an dieses Konzept an. Die eingeschnittene Terrasse entspricht dem Deckenloch darunter und lässt sich von beiden Seiten begehen (rechte Seite unten).

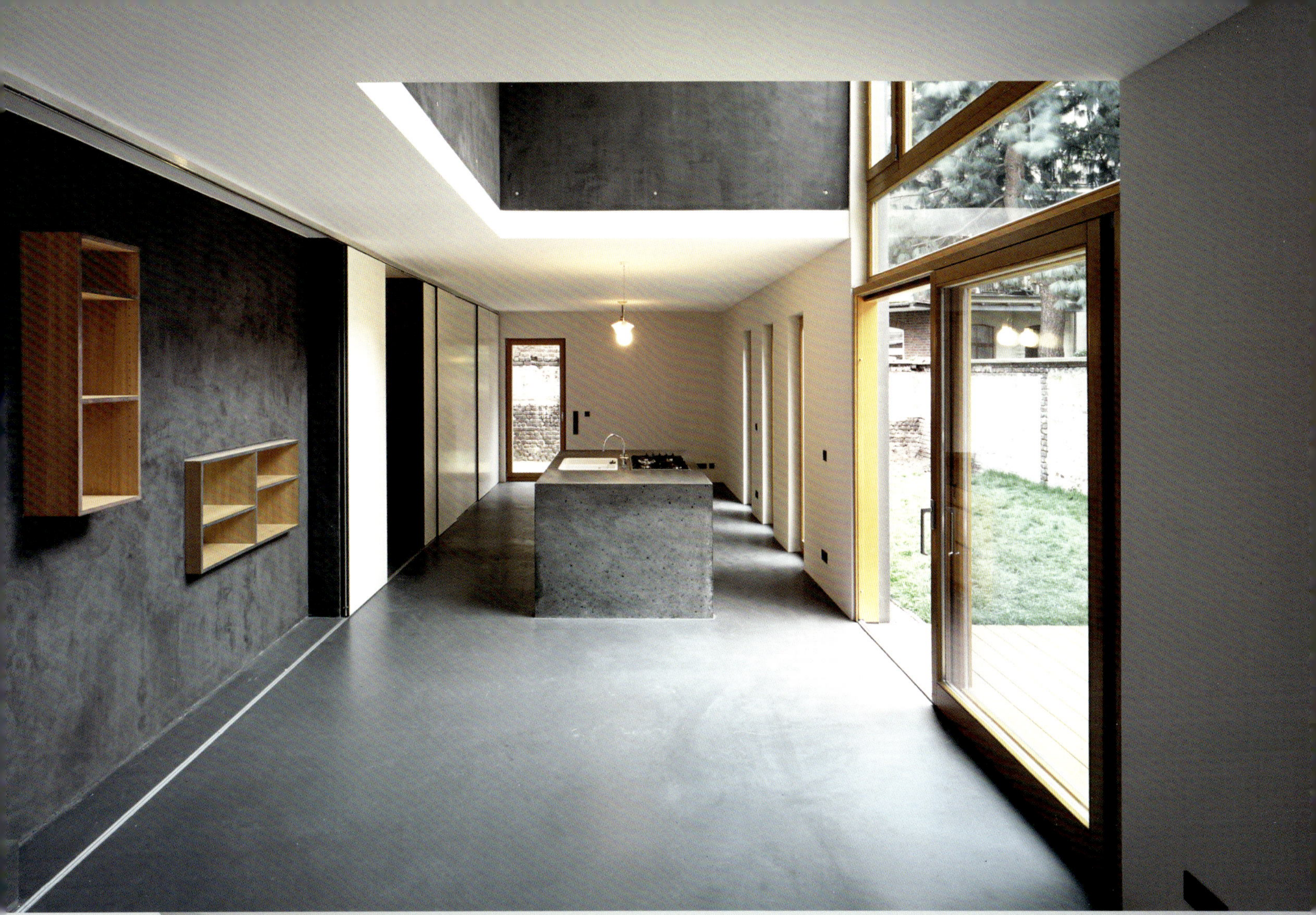

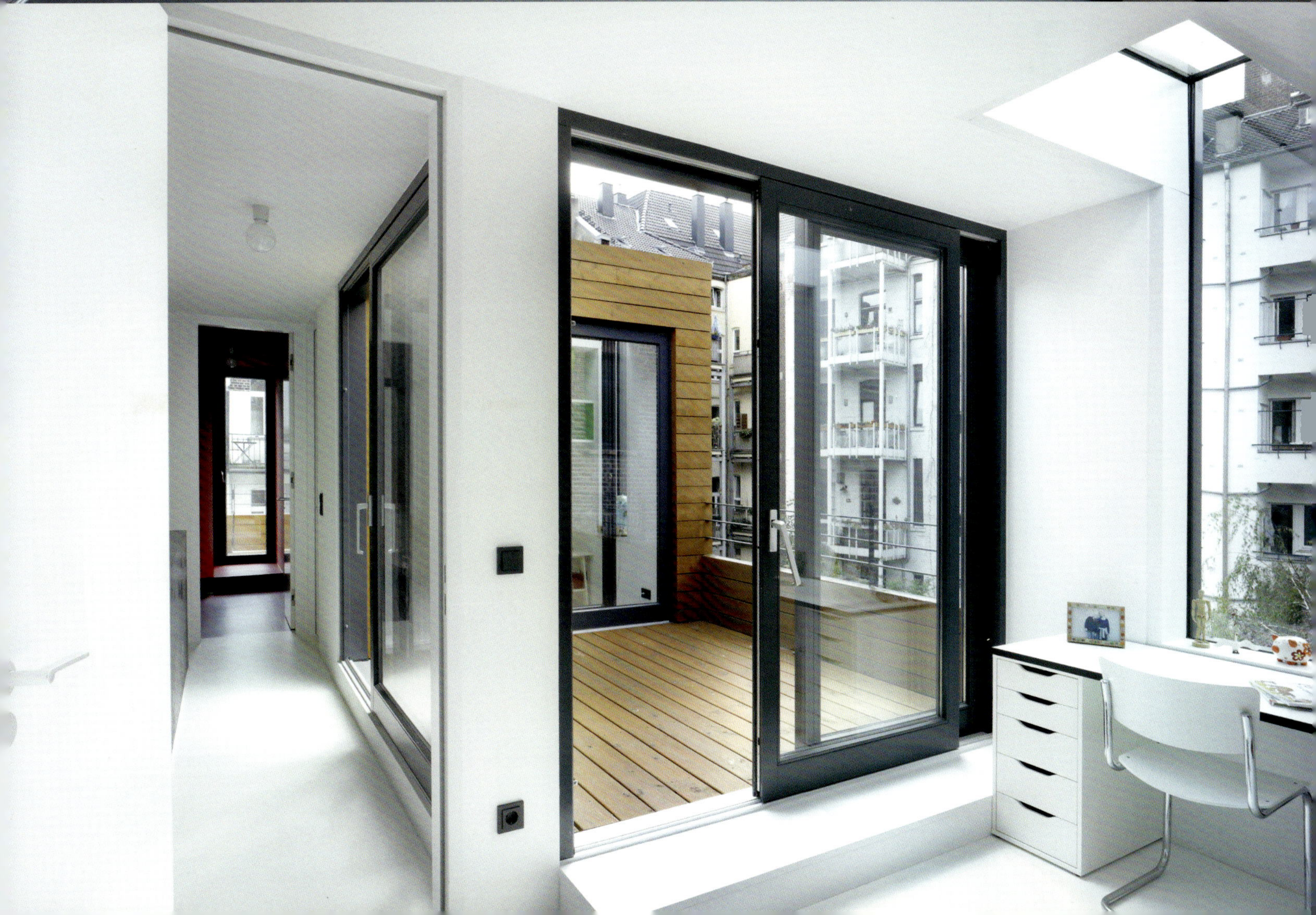

Die Treppe zum Dachgeschoss wird
sparsam im Zwischenraum der
Funktionswand fortgesetzt. Die
Außenfarbe setzt sich innen fort:
Anthrazit für Estrich, Sichtbeton
und Wandputz.

Das neue Töchterbad darf rot und
etwas breiter sein; eine schmale Tür
führt zur zweiten Dachterrasse.

Raffiniert sind die Fensterschlitze
in das Dach geschnitten. Sie setzen
den Rhythmus der Fassade fort,
bringen Zenitlicht und mildern
von außen die kubische Schwere
der Box.

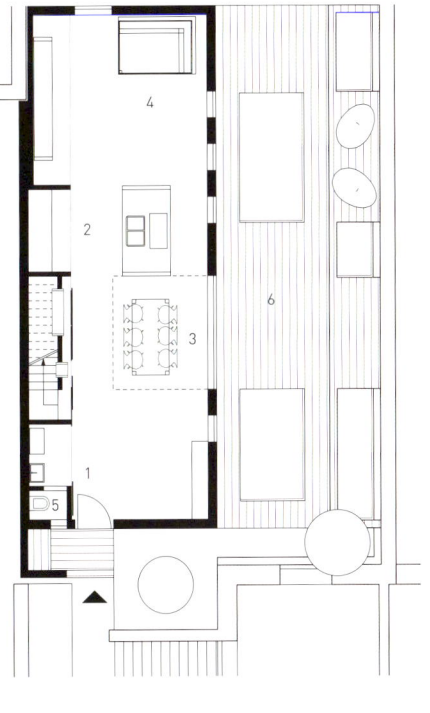
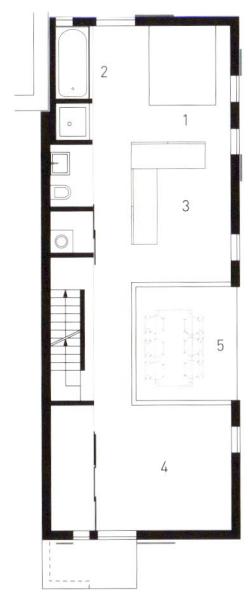
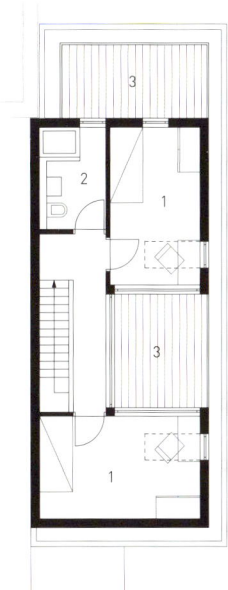

Erdgeschoss M 1:200

1 Eingang / Flur
2 Kochen
3 Essen
4 Wohnen
5 WC
6 Terrasse

1. Obergeschoss M 1:200

1 Schlafen
2 Bad
3 Arbeiten
4 Zimmer
5 Luftraum

2. Obergeschoss (Erweiterung) M 1:200

1 Kind
2 Bad
3 Terrasse

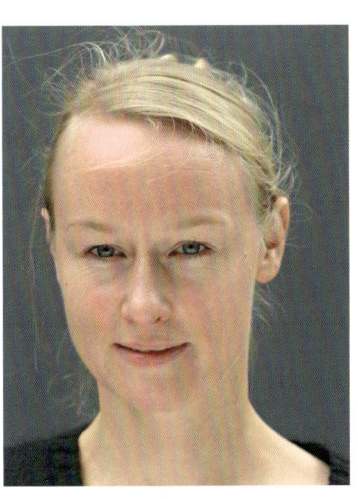

Gebäudedaten

Grundstücksgröße: 429 m²

Wohnfläche gesamt: 147 m²

+ Terrassen

Erweiterung: 50,2 m²

Zusätzliche Nutzfläche: 30 m²

Anzahl der Bewohner: 4

Bauweise (Erweiterung): Holztafelbau

Primärenergiebedarf:

ca. 95 kWh/m²a

Baukosten (Erweiterung):

130.000 Euro

Baukosten je m² Wohn- und Nutz-

fläche (Erweiterung): 2.590 Euro

Fertigstellung: 2010

Lageplan

Oliver Buddenberg und Inge Tauchmann, D-Düsseldorf

„Nach sieben Jahren Leben im Hinterhofhaus stellen sich neue Anforderungen an die junge Familie mit inzwischen zwei Kindern, das
soziale Experiment ‚Wohnen im Einraum' stößt an seine Grenzen."

Meixner Schlüter Wendt

Haus mit Garten in der Innenstadt in Frankfurt

Eine grüne Oase, mitten in der Frankfurter City. Hier bedarf es schon einer besonderen architektonischen Ambition, um zwischen den wenig attraktiven Nachbarhäusern qualitätvollen Wohnraum zu schaffen. Im Außenbereich gelingt das durch eine skulpturale Umschließung des Grundstücks, die doch keine hermetische Enklave aus dem Quartier ausschneidet, im Innern durch eine großzügige Wohnfläche von über 400 Quadratmetern.

Vorhanden war ein eingeschossiges Gebäude aus den Fünziger-Jahren, das wie ein Stumpf überbaut wurde, aber – bis auf einen erhaltenen Gewölbekeller – an dem neuen Haus kaum mehr abzulesen ist. Die weiteren Konditionen folgten den einzuhaltenden Abstandsflächen. Daraus ergab sich in zwei Schritten die Anpassung einer zunächst fiktiven Grundkubatur, die das gesamte Grundstück besetzte.

Zunächst wurde die mögliche Baumasse der städtischen Umgebung einbeschrieben, danach entsprechend der konkreten Situation und der gewünschten Funktionen und Atmosphären subtrahiert. So entstand eine grüne Oase um einen innenliegenden Garten, der durch Ein-schnitte und Durchblicke mit dem Außenraum verbunden ist. Die Fläche gliedert sich in Eingang, Vorgarten und den Gartenhof, der mit Brücken, Rampen, Treppen und Podesten die Architektur fortsetzt und, im Gegensatz zu einem Ziergarten, von der ganzen Familie inter-pretiert werden kann. Ein grüner Vorhang verwehrt bei Bedarf den Einblick.

Das Haus antwortet metaphorisch auf seine heterogene Umgebung, es ist kein traditionelles Gehäuse, das man irgendwie an die Situation angepasst hat, sondern eine fließende Raumskulptur, die auf die um-

Alles, was ein Wohnhaus braucht, wurde bei dieser Um- und Überbau-ung eines Fünziger-Jahre-Gebäudes geliefert – nur neu gemischt und geordnet, um auf die dichte Innen-stadtlage zu reagieren.

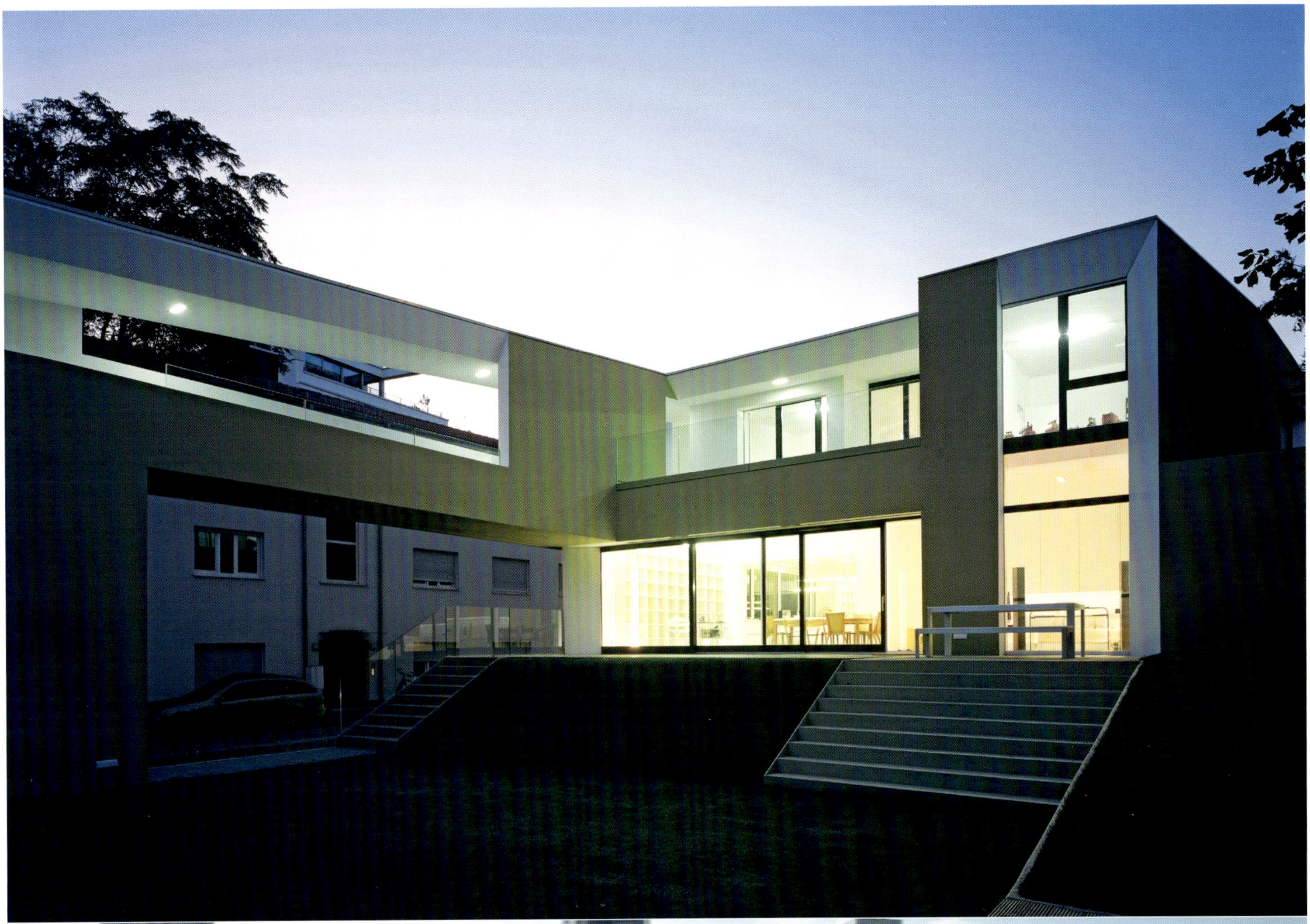

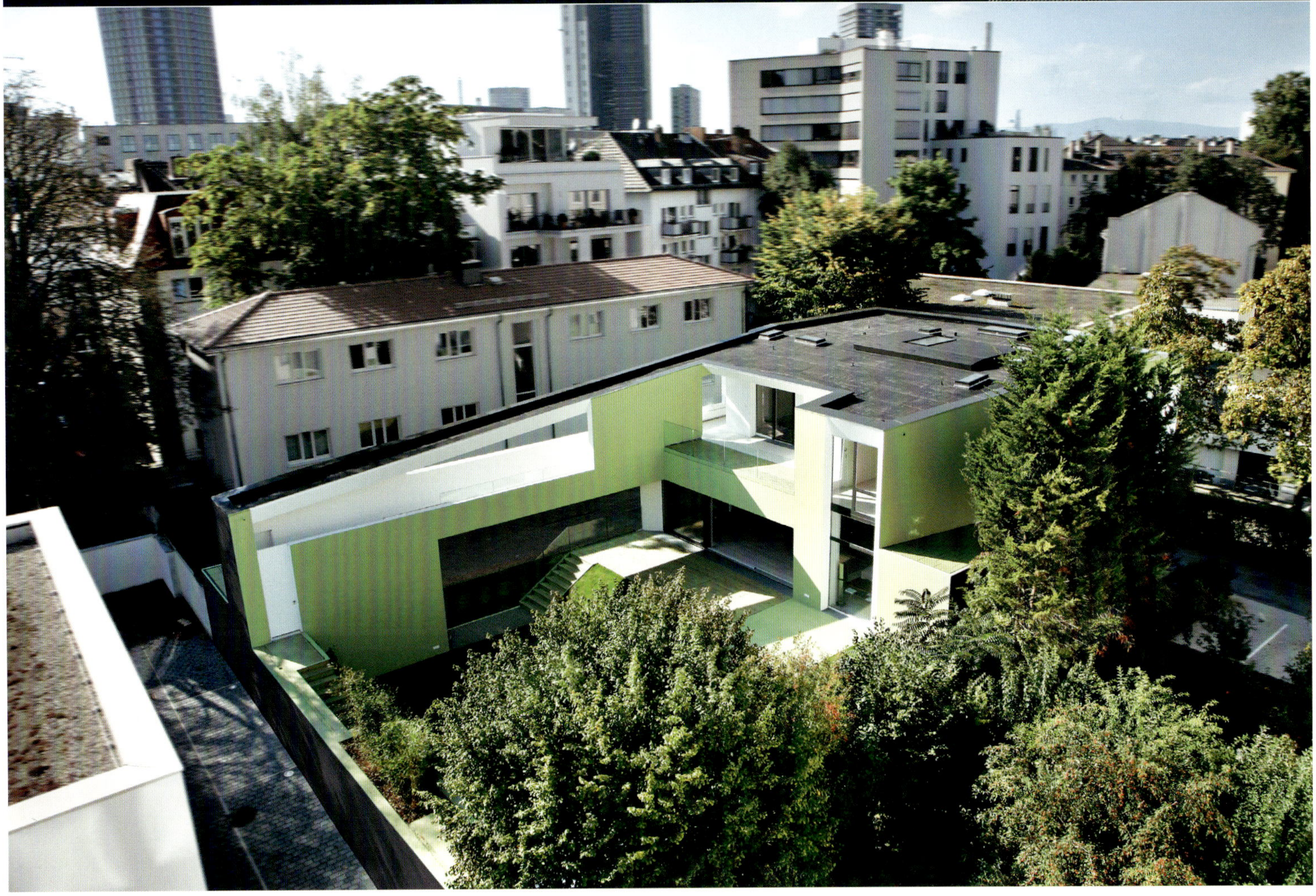

Die langgestreckte Südwestansicht mit der Brückenloggia, die von der Dachterrasse mit zwei Treppenläufen über die Garage in den Garten führt. So lässt sich das eigene Grundstück erleben (unten links).

Die Fassaden und Baukörper sind ein skulpturales Spiel mit Umschließung, Abschließung und Abtrennung (unten rechts). Dadurch wirkt das Haus noch voluminöser, als es in Wirklichkeit ist.

gebenden Gebäuderückseiten mit Öffnung oder Abschließung reagiert. So entsteht eine unverwechselbare Balance zwischen öffentlichem, halböffentlichem und privatem Raum.

Hinter der unauffälligen Eingangstür empfängt nun ebenfalls keine übliche Zimmerfolge, sondern eine Antwort auf die äußeren Architekturerlebnisse. Hier lässt sich ein Hohlraum erfahren, zum Beispiel mit einem schachtartigen Schlitz zur ehemaligen Außenwand des Altbaus. Jeder Weg ist eine Passage durch ein Raumkunstwerk.

Innen setzt sich das Spiel der Kubaturen fort. Eine verspiegelte Rückwand in der offenen Küche sorgt für weitere Mutmaßungen über Körper, Fläche, Tiefe und Leere. Hier wird Kochen zur Philosophie.

Gebäudedaten

Grundstücksgröße: 888 m²

Wohnfläche: 422 m²

Zusätzliche Nutzfläche: 137 m²

Anzahl der Bewohner: 6–8

Bauweise: massiv

Heizwärmebedarf: 42,46 kWh/m²a

Primärenergiebedarf: 67,72 kWh/m²a

Fertigstellung: 2010

Claudia Meixner, Florian Schlüter und Martin Wendt, D-Frankfurt a.M.

„Es entsteht ein Ort, an dem sich vielfältige und lebendige Interaktionen zwischen Familie und Nachbarschaft entfalten können."

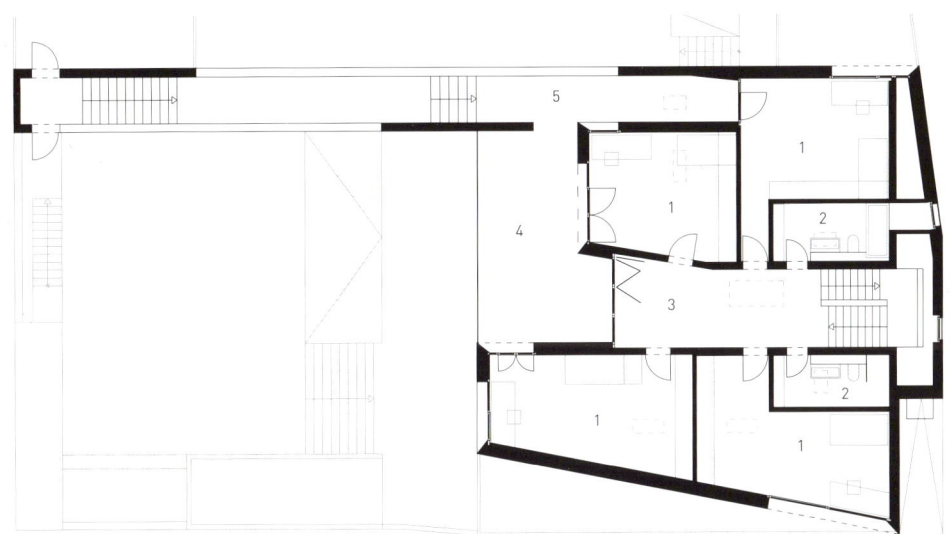

Obergeschoss M 1:250

1 Kind
2 Kinderbad
3 Spieldiele
4 Dachterrasse
5 Loggia

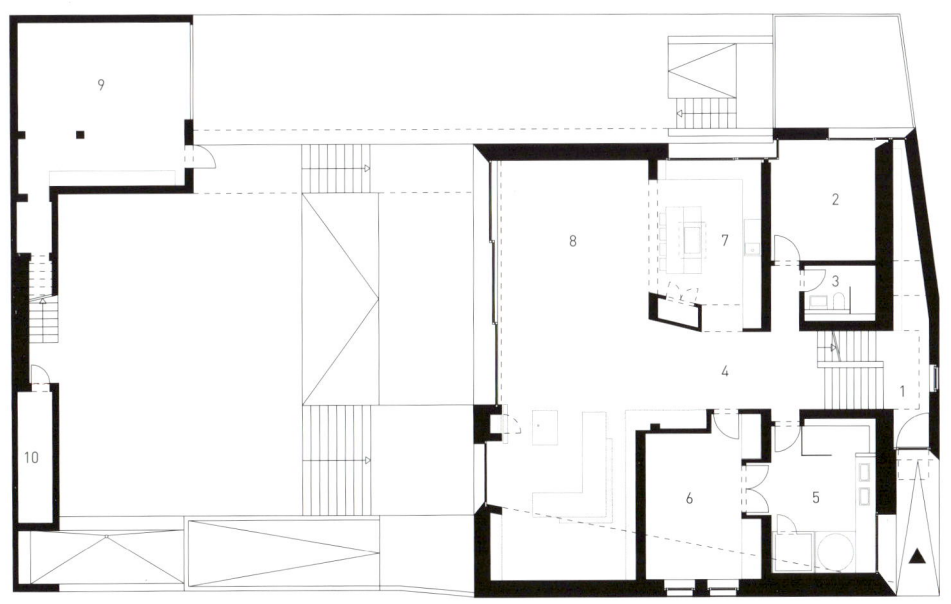

Erdgeschoss M 1:250

1 Eingang
2 Gast
3 Gästebad
4 Wohndiele
5 Elternbad
6 Schlafen
7 Kochen
8 Wohnen / Essen
9 Garage
10 Gartenschuppen

Schnitt ohne Maßstab

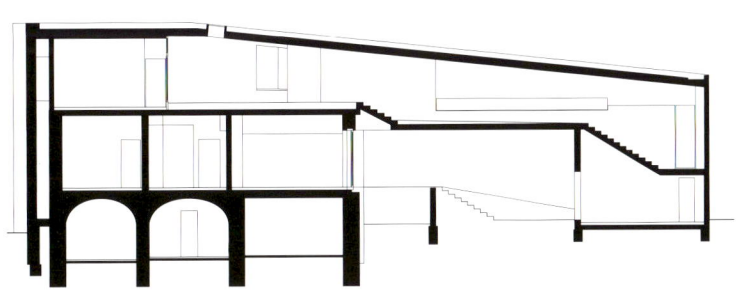

Lageplan

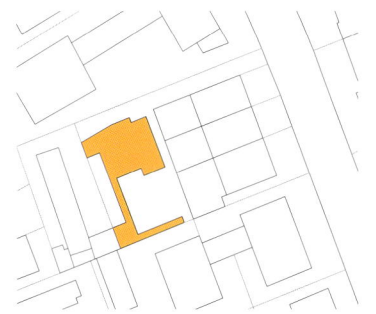

173

Christine Remensperger
Mehrgenerationenhaus in Stuttgart

Das Grundstück im Stuttgarter Stadtteil Rotenberg, ein dörfliches Ensemble historischer Wohnhäuser, brachte besondere Auflagen mit. Der Neubau ersetzt ein altes Fachwerkhaus, hier galt es, sich in die vom Denkmalamt geforderte Kulisse einzufügen, ohne das Entstehungsjahr des Hauses zu verleugnen. Eine zusätzliche Schwierigkeit bot das kleine Grundstück, das fast exakt der Erdgeschossfläche entspricht. Rückwärtig wurde an eine Nachbargarage angebaut, hier betont an dem traditionellen, von einem Satteldach abgeschlossenen Baukörper ein kleiner Vorbau mit Balkon den Eingang. Alle übrigen angrenzenden Flächen sind öffentlich.

Die Außenwände samt den weißen Läden mit ihrem traditionellen Ornament und den flächenbündig eingebauten Fenstern gleicher Größe umspannen das Haus wie eine feste Membran. Dazu passen der unauffällige Ortgang des Sparrendachs und die knappe Traufe. Sie zeigen, dass es sich um einen Neuzugang in Rotenberg handelt, der sich nicht wichtig macht, aber sich auch nicht hinter Gemütlichkeitsmotiven versteckt. Dazu gehörte, jedes Material mit handwerklicher Qualität und mit seinen natürlichen Oberflächen einzubauen.

Die Grundrisse bieten eine maximale Ausnutzung der Wohnfläche. Im Erdgeschoss liegen jetzt die Kinderzimmer, hier lässt sich später eine Einliegerwohnung abtrennen. Nach oben begleitet als innerer Kern eine dunkle Nussbaumholzvertäfelung, die als Brüstung, Wand, Raumteiler oder Schrank fungiert. Das Mobiliar übernimmt das Thema wie ein Aperçu. Im Obergeschoss steht mittig eine betonierte Kaminwand, an der Außenwand ist in der sonst ungeteilten Ebene eine lange Küchenzeile eingebaut. Im Dachgeschoss schließt sich die Holzwand zu einer Box für das Badezimmer, durch das Satteldach entsteht ein Haus-im-Haus-Motiv als Betonung des Privaten. Als Bodenbelag wurde durchweg ein rau geschliffener Anhydridestrich gegossen.

Das um 50 Grad geneigte Dach ist mit naturroten Biberschwanzziegeln gedeckt, die Fassaden über dem 36,5 Zentimeter starken Ziegelmauerwerk sind mit einem atmungsaktiven Rotkalk geputzt. Die offenporige Bauweise bietet ein hervorragendes Raumklima. Eine effektive Brennwerttechnik unterm Dach ergänzt das Energiekonzept, das ohne Wärmedämmverbundsystem KfW-60-Standard erreicht.

Vorherige Seite: Ein Ziegelhaus ohne zusätzliche Wärmedämmung (die übliche Thermohaut!). Dennoch bietet die weiß verputzte, offenporige und ökologisch unbedenkliche Konstruktion KfW-60-Standard.

Im Erdgeschoss könnte später eine Einliegerwohnung abgetrennt werden. Deshalb wurden die bleibenden Wohnfunktionen in den oberen Geschossen angelegt.

Wohnen, Essen und Kochen sind um ein Betonmassiv neben der Treppe organisiert. Zur einen Seite liegt der Kamin, zu anderen eine Küchenzeile (linke Seite).

Als eine Art Leitwand reicht das warm-dunkle Nussbaumholz durch alle Geschosse, mal als Treppenbrüstung, dann als Küchenschrank oder Badkabine unterm Giebel (rechts).

Das schlichte Haus steht innerhalb eines denkmalgeschützten Ensembles und sollte sich mit seiner Umgebung vertragen. Es gibt nur ein Fensterformat. Wenn die mit einem Schmuckmotiv perforierten Läden geschlossen sind, wirkt das Haus wie von einer weißen Membran umspannt.

Unterm Dach (rechts und vorherige Seite unten) liegt die Arbeits- und Schlafebene. Zusätzliches Licht kommt über die Dachflächen. Hier endet der sonore Holzeinbau mit einem Haus-im-Haus-Motiv als Signal für das Private.

Christine Remensperger, D-Stuttgart

„Jedes Material sollte in seiner handwerklichen Qualität optimiert und aufs Genaueste in seiner natürlichen Oberflächenqualität, aber auch den Verbindungen und Fügungen angemessen ausgearbeitet werden."

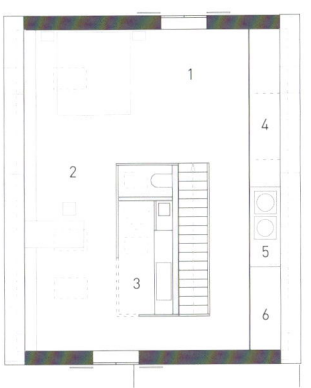

Dachgeschoss M 1:200

1 Schlafen
2 Arbeiten
3 Badbox / WC
4 Ankleide
5 Technik
6 Stauraum

Gebäudedaten

Grundstücksgröße: 86 m²

Wohnfläche: 180 m²

Zusätzliche Nutzfläche: 45 m²

Anzahl der Bewohner: 3

Bauweise: massiv (Ziegel)

Heizwärmebedarf: 28,81 kWh/m²a

Primärenergiebedarf: 63,82 kWh/m²a

Fertigstellung: 2009

Lageplan

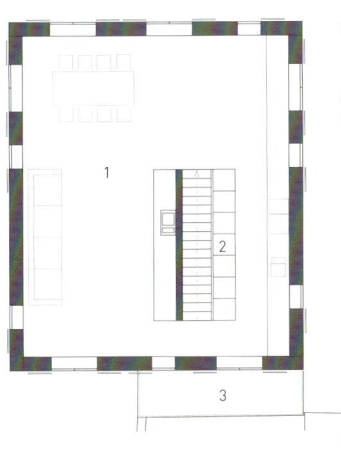

Obergeschoss M 1:200

1 Kochen / Essen / Wohnen
2 Stauraum
3 Balkon

Erdgeschoss M 1:200

1 Eingang / Garderobe
2 WC
3 Bad
4 Zimmer

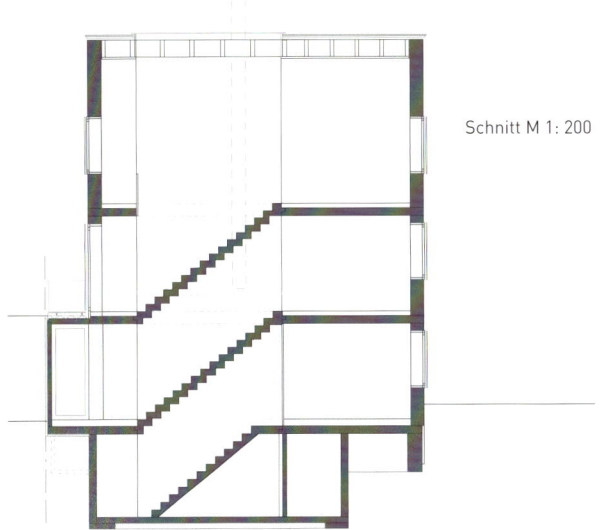

Schnitt M 1: 200

Palais Mai Architekten

Einfamilienhaus als Nachverdichtung in München

Das Einfamilienhaus steht auf einem Hammergrundstück in einer Nachkriegssiedlung im Münchner Norden. Die kleinteiligen Parzellen mit ihren Obstbäumen wurden in den letzten Jahren nachverdichtet. Mit dem Neubau ist, abweichend vom Bebauungsplan, ein kompaktes Gebäude entstanden, das auf die besondere Situation des Baumbestands reagiert.

Das Haus steht so auf dem leicht geneigten Gelände, dass trotz seiner Größe möglichst viel von dem Obstbaumgrundstück erhalten bleibt. Das Erdgeschoss betont diese Rücksicht zusätzlich, indem es auf der Gartenseite an zwei Ecken zurückweicht.

Im Innern verbindet ein Raumkontinuum den fließenden Wohnbereich unten über ein „Treppenmöbel" mit einer Arbeitsgalerie im Obergeschoss. Kochen und Essen teilen sich einen 3 Meter hohen Raum, von hier führen neben einem Holzkaminofen drei Stufen zur höherliegenden Wohnebene.

Die großformatigen Fenster inszenieren die Verbindung nach außen durch ihren schrägen Einbau in der zusätzlich abgefasten Laibung, sie fokussieren damit die verschiedenen Situationen des Gartens.

Mit der Materialwahl orientiert sich das Haus an den typischen Merkmalen der ländlichen Bauweise der Umgebung. Es ist aus Porenbeton gemauert und mit einem glatten Kalkfeinputz überzogen, der das Volumen des Gebäudes und die besonderen Öffnungen präzise wiedergibt.

Geheizt wird über eine Bauteiltemperierung der Außenwände und die Betonkernaktivierung der Decke, versorgt durch eine Luft-Wasser-Wärmepumpe.

Der Baukörper scheint mit seinen Fluchten und schrägen Fenstern seismografisch auf seinen Standort zu reagieren: auf den Baumbestand und die Ausblicke in die Umgebung.

Vom drei Stufen höher liegenden
Wohnraum führt ein kunstvoll
verzogenes „Treppenmöbel" zu
einer offenen Arbeitsgalerie. Das
Kaminfeuer lässt sich von zwei
Seiten beobachten.

Das Raumkontinuum im Erdgeschoss gönnt der Küche und dem
anschließenden Essplatz eine Höhe
von 3 Metern. Großformatige Fenster sorgen für ein helles, weißes
Haus, die durchlaufenden Holz-
dielen für gefühlte Wärme.

Ina-Maria Schmidbauer, Patrick von Ridder, Peter Scheller, D-München

„Das Haus ist so auf dem leicht geneigten Grundstück positioniert, dass trotz seiner Größe möglichst viel von dem Obstgarten erhalten bleibt."

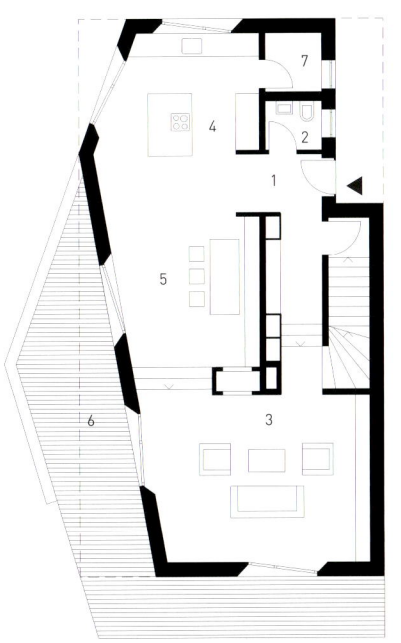

Erdgeschoss M 1:200

1 Eingang / Garderobe
2 WC
3 Wohnen
4 Kochen
5 Essen
6 Terrasse
7 Speisekammer

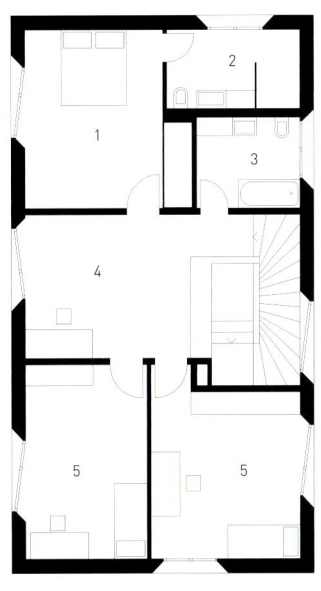

Obergeschoss M 1:200

1 Schlafen
2 WC / Dusche
3 Bad
4 Galerie
5 Kind

Gebäudedaten

Grundstücksgröße: 605 m²

Wohnfläche: 172 m²

Zusätzliche Nutzfläche: 82 m²

Anzahl der Bewohner: 4

Bauweise: massiv (Porenbeton-
mauerwerk)

Heizwärmebedarf: 69,86 kWh/m²a

Primärenergiebedarf: 65,42 kWh/m²a

Fertigstellung: 2010

Schnitt Maßstab 1:200

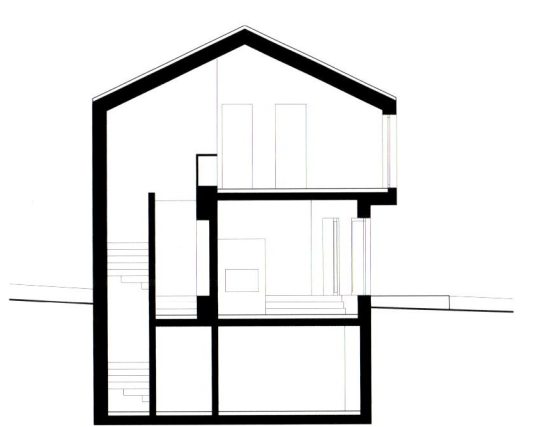

Lageplan

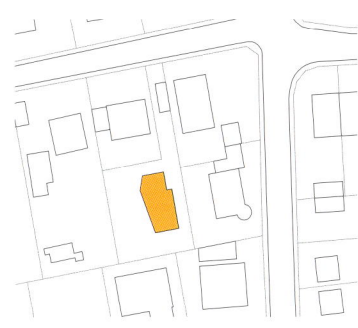

vonBock Architekten
Einfamilienhaus am Westhang in Stuttgart

Das Grundstück in Hanglange, angrenzend an einen kleinen Wald, bot gute Voraussetzungen, um den Wunsch der Bauherrschaft nach einem Haus, „in dem die Menschen im Einklang mit der Natur leben und sich als Teil des Universums wahrnehmen können", zu verwirklichen. Damit man zu jeder Tages- und Nachtzeit die Umgebung erleben kann, sind alle drei Ebenen nach Süden und Westen vom Fußboden bis zur Decke verglast. Offenheit und Helligkeit geben das Gefühl, sich in dem vollkommen ins Grün eingebetteten Haus mitten in der Natur zu befinden. Nach Norden und Osten zeigen sich die Fassaden verschlossen, nur senkrechte Fensterschlitze in der Holzverschalung halten die Verbindung nach draußen. Das Holz wird mit den Jahren silbriggrau verwittern und sich farblich den Bäumen des Waldstücks nähern.

Aufgrund der steilen Hanglage wird das Haus von einem Panoramaweg auf der oberen Ebene erschlossen, von hier aus erkennt man nur einen eingeschossigen Flachbau. Außer Gästezimmer und Bibliothek nutzt ein großzügiges Sonnendeck die aussichtsreiche Lage in die freie Landschaft. Die maritime Assoziation dieser Kommandobrücke wird auf der Wohnebene darunter mit dem Balkonrost aufgenommen,

er führt als schmale Gangway von der Poolterrasse um die gläserne Hauskante. Innen verbindet eine geradlinige Treppenstaffel die Ebenen, zunächst in bequemer Breite für zwei Personen, weiter ins Untergeschoss zu den Kinderzimmern und einem Fitnessraum als etwas schmalere Stiege.

Das Zentrum des Hauses bildet zweifellos die Küche auf der mittleren Ebene. Als Mittelpunkt des familiären Lebens ist sie als zweiseitig offener, in den freien Raum gestellter Kubus angelegt, der im sonst auf Grautöne abgestimmten Wohnumfeld einen farbigen Akzent setzt.

Die Gebäudetechnik nutzt die Geothermie in Verbindung mit einer energetisch effektiven Wärmepumpe. Dadurch ergibt sich für die großzügig verglasten Flächen auch die Möglichkeit zur Kühlung. Bodennah entlang der Fassaden sind Ausblasöffnungen für eine Lüftungsanlage eingelassen, sodass bei geschlossenen Fenstern und heruntergefahrenem Sonnenschutz auch im Sommer angenehme Temperaturen herrschen.

Vorherige Seite: In diesem Haus lebt man mit der Natur, es ist nach Süden und Westen vollkommen verglast; nach Norden und Osten braucht es nur schmale Fensterschlitze. Die Hanglage führte zu einer ungewöhnlichen räumlichen Erschließung.

Im Hauptgeschoss liegen Wohnraum und Küchenbereich benachbart. An der Fassade führt ein Balkonsteg entlang, der vor dem Esstisch festen Boden für einen Außensitzplatz findet.

Klaus von Bock, D-Göppingen

„Zu jeder Jahres- und Tageszeit wollten die Hausbewohner die Umgebung wahrnehmen können. Offenheit, Helligkeit und das Gefühl, sich mitten in der Natur zu befinden, charakterisieren den vollkommen in Grün eingebetteten Raum."

Die Küche ist wie ein Cockpit als eigene Technikbox in die Wohnhalle eingestellt.

Auf jeder Ebene gibt es einen großzügigen Nassraum. Das Elternbad öffnet sich – von der Straße uneinsehbar hinter einer Böschungsmauer – vollständig ins Freie (hier spiegelbildlich).

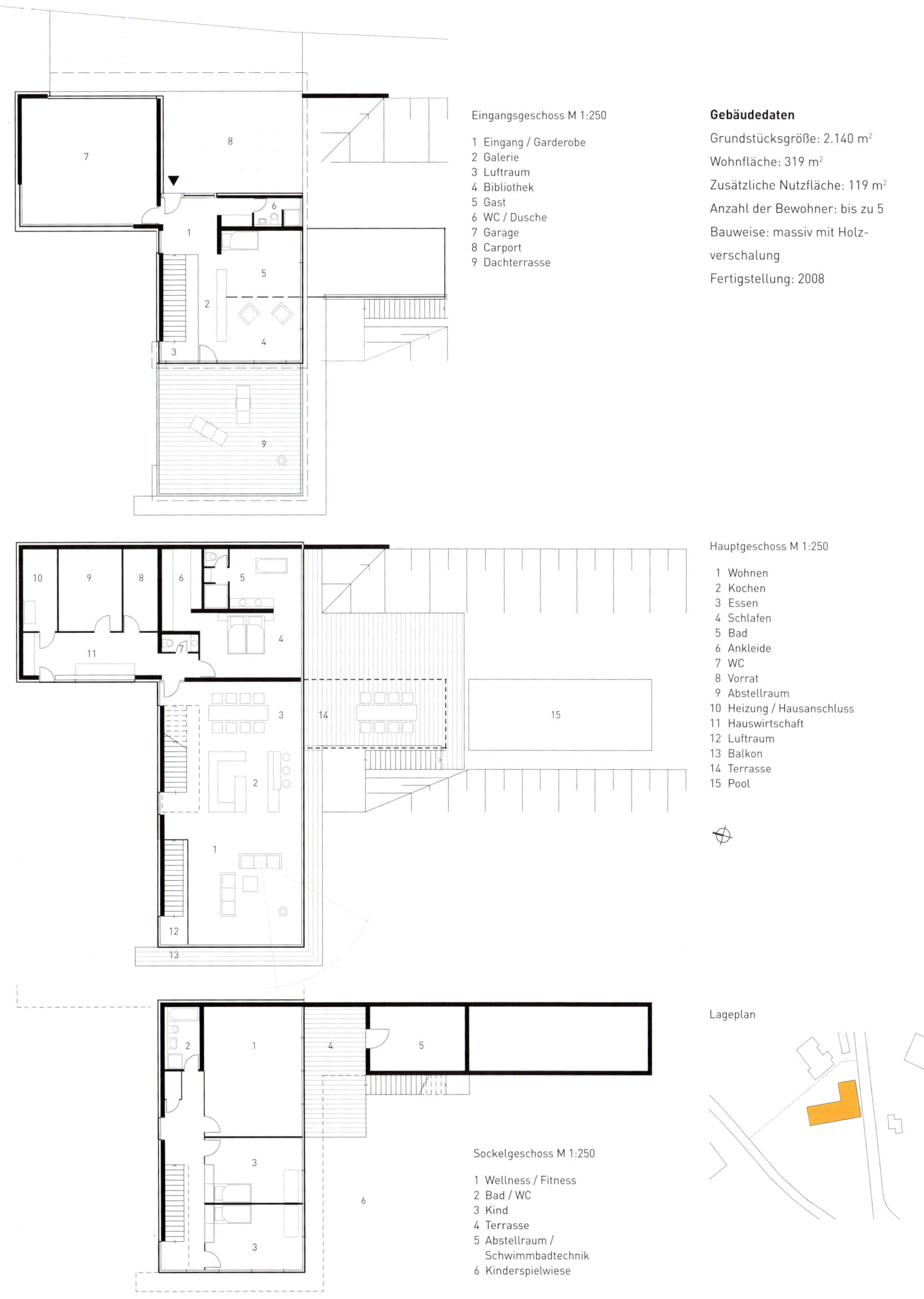

Eingangsgeschoss M 1:250

1 Eingang / Garderobe
2 Galerie
3 Luftraum
4 Bibliothek
5 Gast
6 WC / Dusche
7 Garage
8 Carport
9 Dachterrasse

Gebäudedaten

Grundstücksgröße: 2.140 m²

Wohnfläche: 319 m²

Zusätzliche Nutzfläche: 119 m²

Anzahl der Bewohner: bis zu 5

Bauweise: massiv mit Holzverschalung

Fertigstellung: 2008

Hauptgeschoss M 1:250

1 Wohnen
2 Kochen
3 Essen
4 Schlafen
5 Bad
6 Ankleide
7 WC
8 Vorrat
9 Abstellraum
10 Heizung / Hausanschluss
11 Hauswirtschaft
12 Luftraum
13 Balkon
14 Terrasse
15 Pool

Lageplan

Sockelgeschoss M 1:250

1 Wellness / Fitness
2 Bad / WC
3 Kind
4 Terrasse
5 Abstellraum /
  Schwimmbadtechnik
6 Kinderspielwiese

Fuchs, Wacker. Architekten

Einfamilienhaus am Südhang in Stuttgart

Das Haus reagiert auf das nach Süden orientierte Hanggrundstück und den unverbaubaren Ausblick mit einer Rauminszenierung im Innern. Der Baukörper setzt sich wie ein Steckspiel aus Schotten und kantigen Volumen zusammen, die ähnlich auch den Innenraum strukturieren.

An der Straße im Norden erkennt man es nur als eingeschossiges Wohnhaus mit eingefügter Garage, nach Süden staffelt es sich mit den Wohnbereichen hangabwärts, im Berg verschwinden Sauna, Technikräume, Waschküche und Keller. In der plastisch modellierten, glatt geputzten weißen Fassade führen liegende, stehende oder großflächige, raumhohe Fensterelemente die geometrische Räson fort.

Erschlossen wird das Haus der Topografie entsprechend im Dachgeschoss, hier empfängt ein offener Koch- und Essbereich. Darunter folgt die Wohn- und Schlafebene, im Untergeschoss schließlich ein Studio mit Kaminzimmer. Neben der Treppe verbindet die drei Ebenen ein versetzter Luftraum, der nach unten breiter wird und damit der Hangrichtung folgt. Durch die Blickbeziehung lassen sich das Volu-

men und die besondere Lage des Hauses erleben, Terrassen auf jeder Ebene verbinden mit dem Freiraum, sie setzen die addierten Kuben als nutzbare Außenflächen fort. Auch die Gartengestaltung mit ihren Stahlblecheinfassungen folgt dieser Ordnung.

Die Inneneinrichtung mit einem an der Galerie angebauten Arbeitsplatz, einem Sideboard im Wohnzimmer, dem Elternbett und verschiedenen Einbaumöbeln wurde von den Architekten entworfen, ausgeführt in Zebranoholz, weiß oder mit schwarzem Klavierlack. Alle Türen sind raumhoch und rahmenlos gefertigt, auf dem Boden liegt Naturstein „Dorfer Grün", auf der Treppe Räuchereiche. Ein installiertes Bus-System speichert unterschiedliche Lichtatmosphären, die Leuchten selbst sind nahezu unsichtbar integriert. Ein Soundsystem als Multiroom-Anlage bringt Musik in alle Räume.

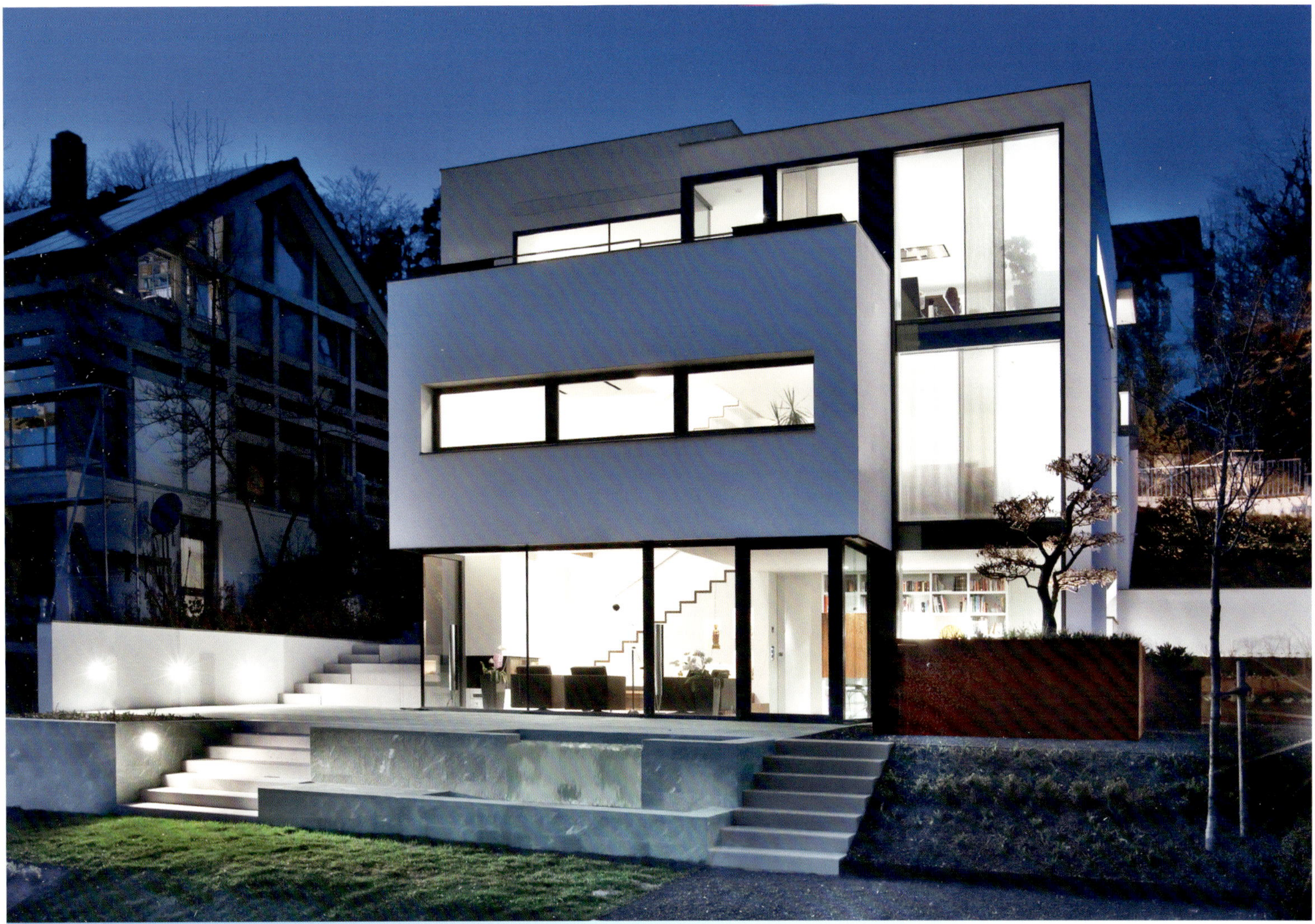

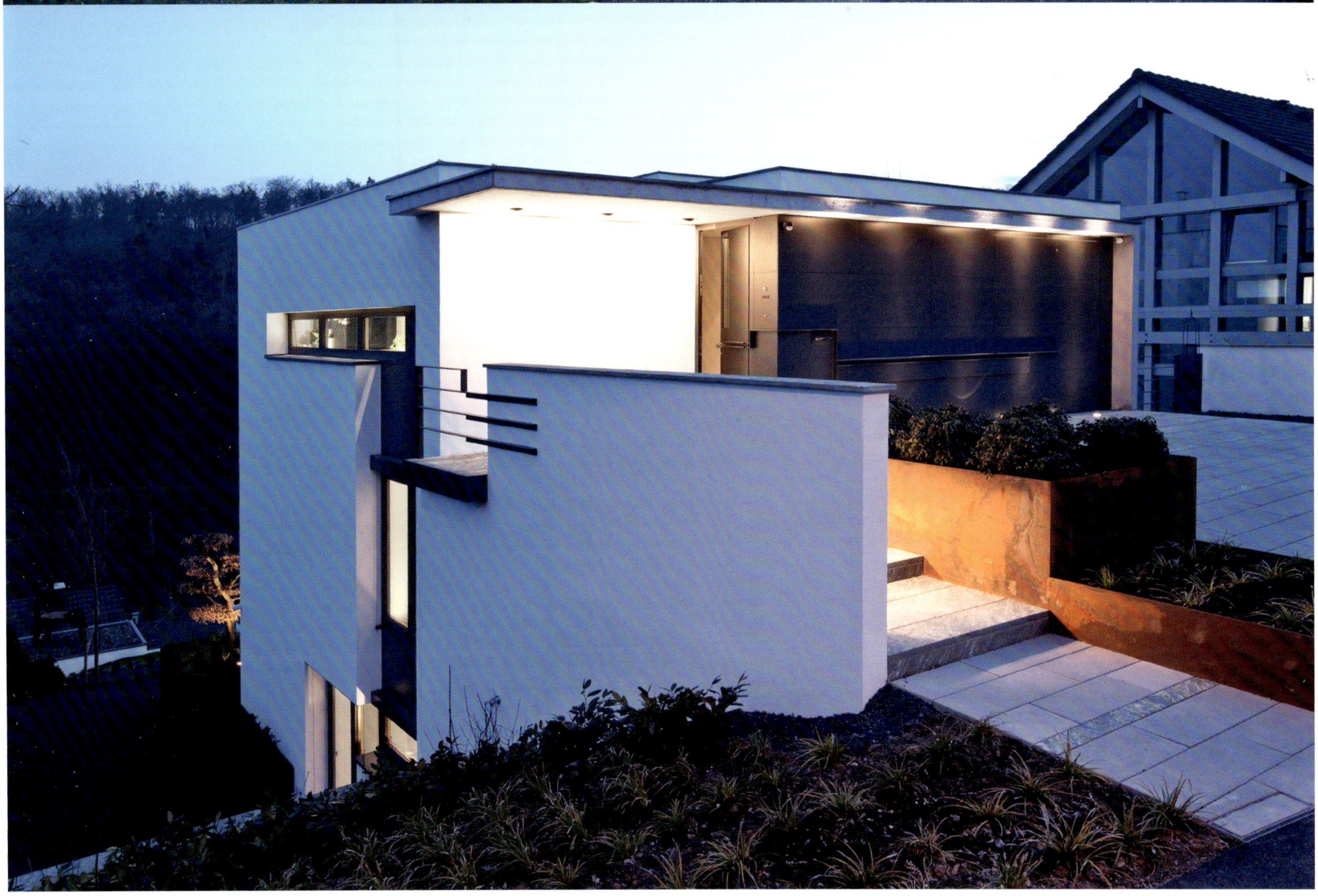

Vorherige Seite: Eine typische Bauaufgabe für Grundstücke in Hanglage (nicht nur in Stuttgart). An der
Straße, wo der Eingang liegt, steht
vermeintlich ein kleines Haus, das
dann entsprechend der attraktiven
Topografie seine Größe gewinnt.

Die unterschiedlichen Kuben, aus
denen der Hauskörper gefügt ist,
setzen sich im Innenraum im kleineren Maßstab fort.

Auch in den Grundrissen (siehe
Seite 193) lassen sich die spannenden Raumfolgen erfahren. Mit meh-
reren Richtungsänderungen über
Treppen und eine Brücke führen
sie durch ein fast bildhauerisches
Gehäuse.

Das Kaminzimmer erreicht man am unteren Ende des Wegs im Erdgeschoss. Durch versetzte Deckenöffnungen ist es mit dem gesamten Haus verbunden. Nach draußen schließt eine Südterrasse an.

Stephan Fuchs und Thomas Wacker, D-Stuttgart

„Es entstehen Blickbeziehungen zwischen den Ebenen, die das Volumen des Baukörpers sowie die Hanglage auch im Gebäude selbst erlebbar machen."

Auch der Garten ist in das Spiel der ordnenden Kuben einbezogen. Er staffelt sich mit Pflanzbeeten, die mit Stahltafeln eingefasst sind, entsprechend dem Hanggefälle.

Ansichten von Südosten (ganz oben) und Westen (oben); hier liegt der Schlafraum auf der mittleren Ebene mit eigener Terrasse.

Schnitt M 1:250

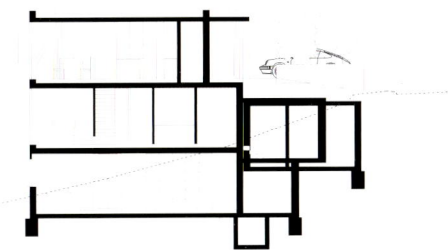

Gebäudedaten

Grundstücksgröße: 790 m²

Wohnfläche: 200 m²

Zusätzliche Nutzfläche: 70 m²

Anzahl der Bewohner: 2

Bauweise: massiv

Heizwärmebedarf: 71 kWh/m²a

Primärenergiebedarf: 73,66 kWh/m²a

Fertigstellung: 2009

2. Obergeschoss M 1:250

1 Garderobe
2 WC
3 Kochen
4 Essen
5 Luftraum
6 Dachterrasse
7 Garage

Lageplan

1. Obergeschoss M 1:250

1 Schlafen
2 Bad
3 Wohnen
4 Luftraum
5 Terrasse
6 Waschküche
7 Technik
8 Außenkeller

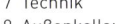

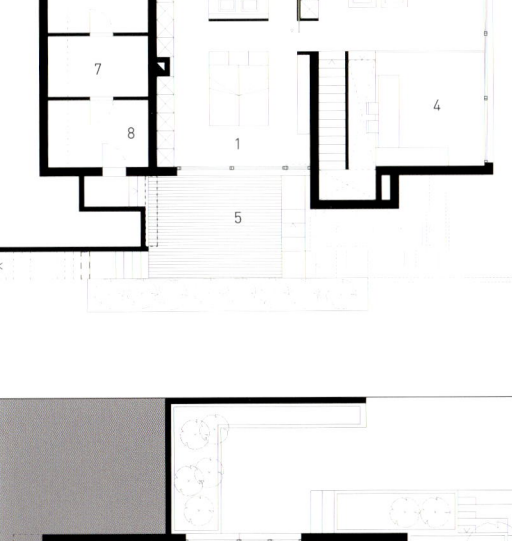

Erdgeschoss M 1:250

1 Studio
2 Dusche
3 Sauna
4 WC
5 Kaminzimmer
6 Keller
7 Weinkeller
8 Terrasse
9 Garten

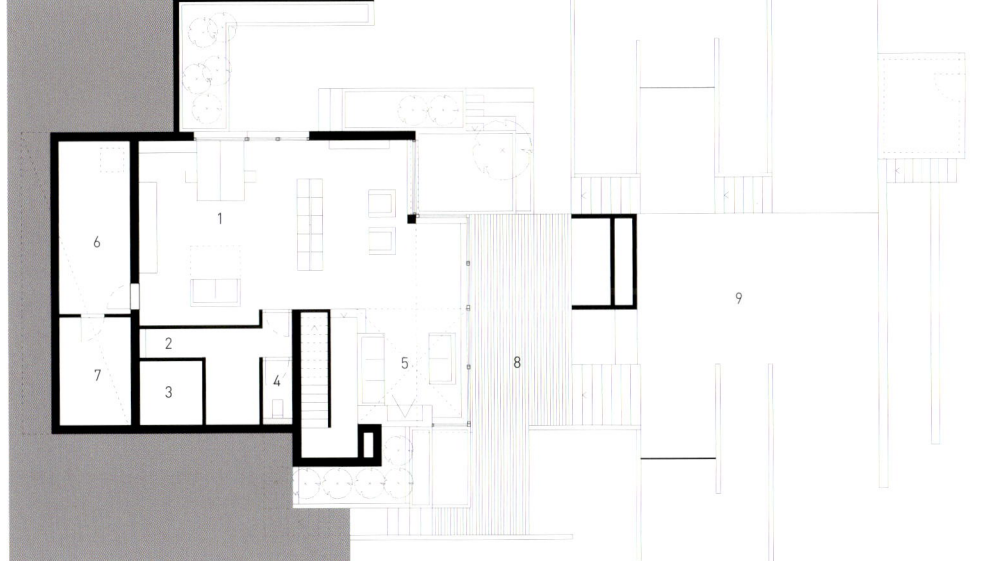

Michael Schattan

Einfamilienhaus am Hang in Starnberg

Das Haus für ein Ehepaar mit erwachsener Tochter steht auf einem steilen Hanggrundstück im städtischen Bereich von Starnberg, aber schon in Nachbarschaft zum angrenzenden Wald. Man nähert sich talseitig von Süden und sieht das Gebäude vor einer Kulisse großer, alter Bäume, die den Maßstab für seine hoch aufragende Kubatur ergaben.

Das Haus entwickelt sich über drei Ebenen. Vorgelagert über der Garage ist ein von Mauern umsäumter Eingangshof. Er gehört zu den kurzweiligen Ablenkungen und Richtungswechseln, um den Weg bis zur Wohnebene zu bewältigen. Hinter der Haustür folgt deshalb erst eine großzügige, hohe Halle, von der man sich nach oben orientieren kann, durch den verglasten Dachstreifen der Küche bis in die Baumkronen.

Auf der Eingangsebene liegt das Apartment der Tochter, im Berghang verborgen befinden sich Technik-, Keller- und Hauswirtschaftsraum. Über gestaffelte Podeste, begleitet von Ausblicken in die Natur und zum Horizont, lässt sich beim Höherkommen über den Brüstungen

der Wohnraum ahnen. Er teilt sich in den bequemen Sitzbereich vor dem Kamin zur einen Seite und zur anderen in Essplatz und Küche. Nach draußen, nach Süden und Osten offen, schließt eine Terrasse an.

Eine Besonderheit ist der Weg in die privateren Schlaf- und Arbeitsräume, die von einer an der geschlossenen Nordwand entlang führenden Schachttreppe erreicht werden. Eine Deckenaussparung erlaubt den Blick zurück. Von einem gedeckten, übereck die Fassade säumenden Balkon kann man die Aussicht genießen.

Dieses Haus wird talseitig erschlossen. Durch die bergenden hohen Bäume, die den Maßstab für das aufragende Gebäude geben, und seine plastische Gliederung wirkt es kleiner.

Das Haus birgt auf kleiner Grundfläche einen spannenden Innenraum. Grundrisse und Fassadenöffnungen sind so angelegt, dass die Bäume auf dem Grundstück immer im Blick bleiben, sie spenden im Sommer Schatten und lassen im Winter die Sonnenstrahlen durch ihr kahles Geäst auf die großen Glasflächen.

Die klaren Linien, Flächen und Kuben bilden einen Gegensatz zur wuchernden Natur. Die mit der Zeit vergrauende Zedernleistenschalung und die silbernen Stahlbauteile suchen den Einklang mit den Farben der Landschaft.

Die mäandrierenden Innenwände definieren eine Fülle unterschiedlicher Funktionen, man wird von der Architektur geradezu umsorgt. Die Küche dagegen ist linear angelegt; seitlich sieht man Richtung Eingang, dieser Lichtschlitz setzt sich als Oberlicht fort.

Neben dem Essplatz liegt ein Terrassendeck. Es ist nach Süden und Osten ausgerichtet und wird von den hohen Bäumen verschattet.

Michael Schattan, D-Starnberg

„Auf kleinem Grundriss ist ein großzügiges Raumgefühl, ohne im städtischen Umfeld raumgreifend zu sein, entstanden."

Lageplan

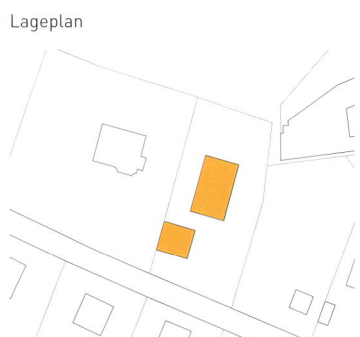

Obergeschoss M 1:200

1 Arbeiten
2 Bad
3 Schlafen
4 Luftraum
5 Terrasse

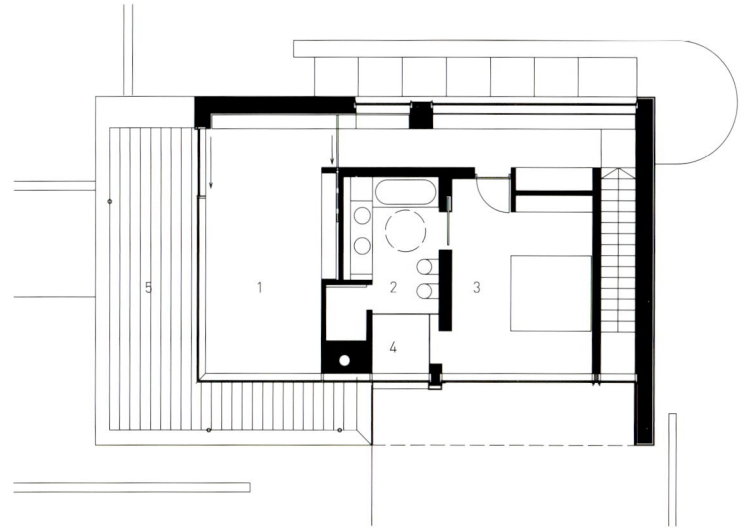

Gebäudedaten

Grundstücksgröße: 1.165 m²

Wohnfläche: 224 m²

Zusätzliche Nutzfläche: 106 m²

Anzahl der Bewohner: 3

Bauweise: massiv (Ziegel und Beton)

Heizwärmebedarf: 36 kWh/m²a

Primärenergiebedarf: 53,5 kWh/m²a

Fertigstellung: 2010

Erdgeschoss M 1:200

1 Wohnen
2 Kochen
3 Essen
4 Terrasse

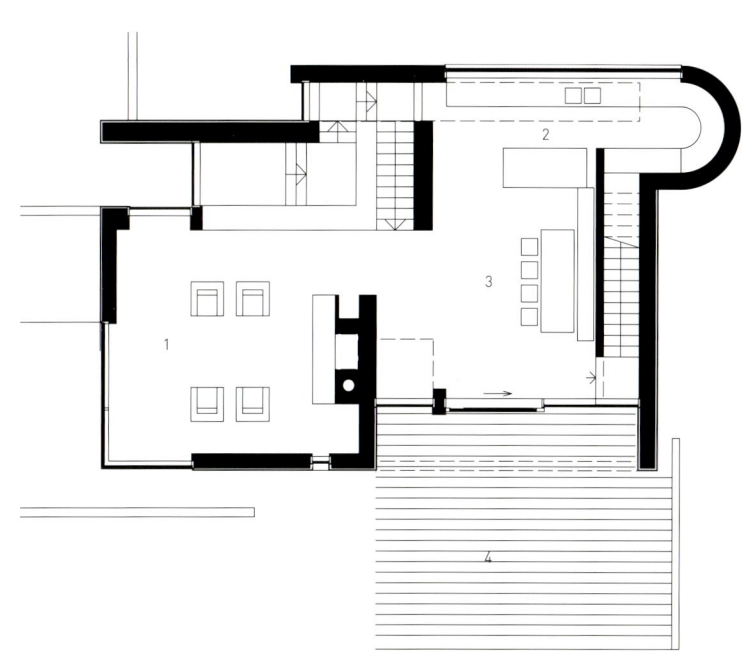

Untergeschoss M 1:200

1 Eingang / Garderobe
2 WC
3 Apartment Tochter
4 Bad
5 Technik
6 Keller
7 Hauswirtschaft
8 Terrasse
9 Geräteraum

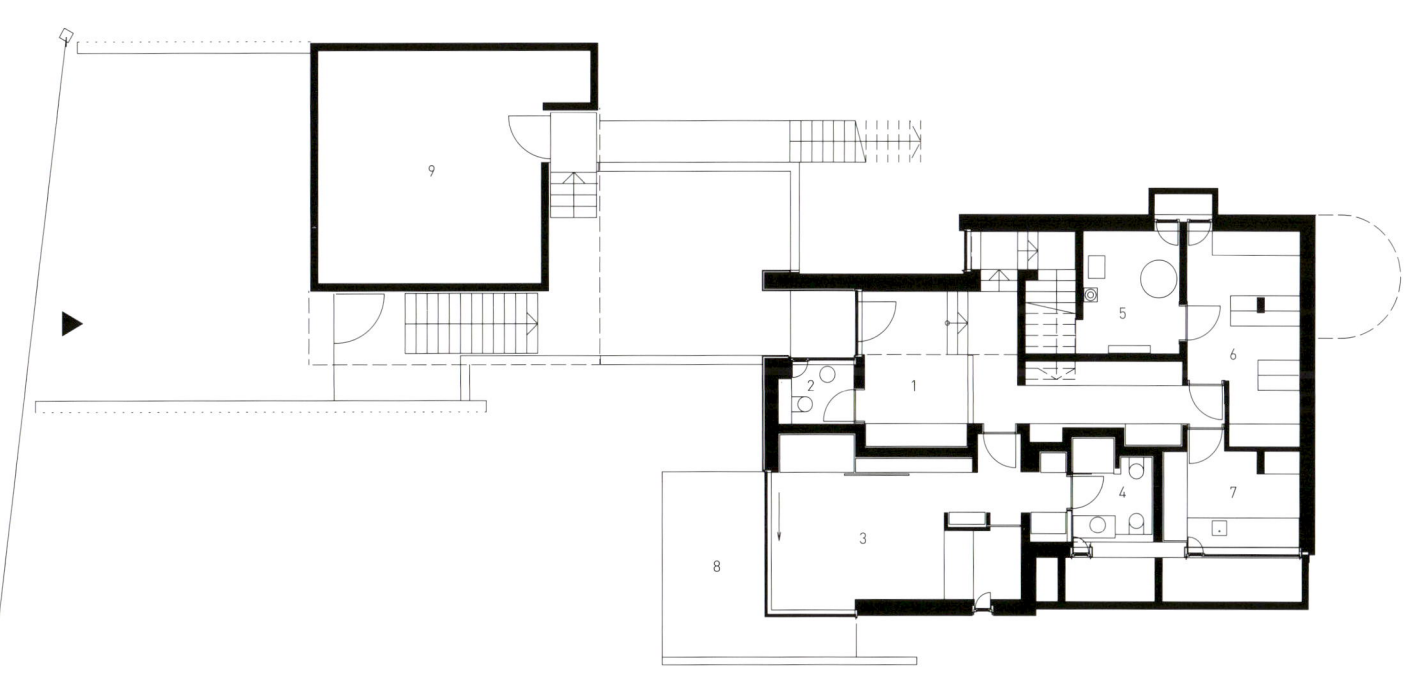

Jöllenbeck + Wolf Architekten

Bürgermeisterhaus in Karlsdorf-Neuthard

Hier wohnt der frisch gewählte Bürgermeister, er hat sich in der ihm anvertrauten Gemeinde ein Haus für seine vierköpfige Familie gebaut. Das Grundstück liegt zentral, doch mit freiem Blick über die Felder. Alle Infrastruktureinrichtungen sind zu Fuß erreichbar. Die Architektur zeigt Zeitgenossenschaft, nimmt jedoch auch Attribute traditioneller Bauten der Umgebung auf.

Das Erdgeschoss liegt etwas höher, so bereitet das hohe Grundwasser keine Probleme und die Bewohner werden vor allzu neugierigen Blicken geschützt. Zwischen dem Haus und der mit einer Betonwand angeschlossenen Garage liegt ein geschützter, nicht einsehbarer Hof. Die Treppe an der Außenseite bildet den Abschluss zur Straße. Die langen, bequemen Auftritte und die Stufenfolge verlangsamen den Zugang, hier trifft der öffentliche auf den privaten Raum.

Die Dächer sind extensiv begrünt. Die leichte Neigung vermeidet den starken Kontrast zu den üblichen Dachformen ringsum, betont dennoch die skulpturale Form des weißen Kubus.

Der Essplatz mit seiner raumhohen Verglasung wird Teil des Hofs, dieser zweigeschossige Raum ist der Mittelpunkt des Hauses. Zum Wohnraum geht es einige Stufen tiefer, ins Obergeschoss über eine transparente Treppe mit massivem Blockantritt. Ihre Holzstufen kragen von der mittigen Betonwand neben der Küche aus, die Wange zum Essplatz bildet eine bis zur Decke reichende Glasscheibe, die sich als Brüstung an der den Raum überspannenden Brücke fortsetzt. Zwei Kinderzimmer und ein großzügiger Elternbereich samt Sauna gehören zu den privaten Bereichen der Familie.

Eine kontrollierte Lüftung mit Wärmerückgewinnung minimiert den Energieverbrauch. Sonnenkollektoren erwärmen das Brauchwasser. Die U-Werte der Außenwände liegen ein Drittel, die Verbrauchswerte um die Hälfte unter den Vorgaben der EnEV.

Das Haus steht als geschlossener weißer Kubus auf dem Grundstück, die an die Kanten geschobenen Fenster mit ihrem angedeuteten Passepartout wirken wie Bilder.

Armin Wolf und Michael Jöllenbeck, D-Wiesloch

„Das angehobene Erdgeschoss schützt vor dem hoch stehenden Grundwasser – und vor allzu neugierigen Blicken."

Der Eingang entlang der Terrassen-
rückwand über eine behäbige Treppe betont die Privatheit. Aber dann
erreicht man gleich den Essplatz,
von dem sich das Haus überblicken
lässt (linke Seite oben).

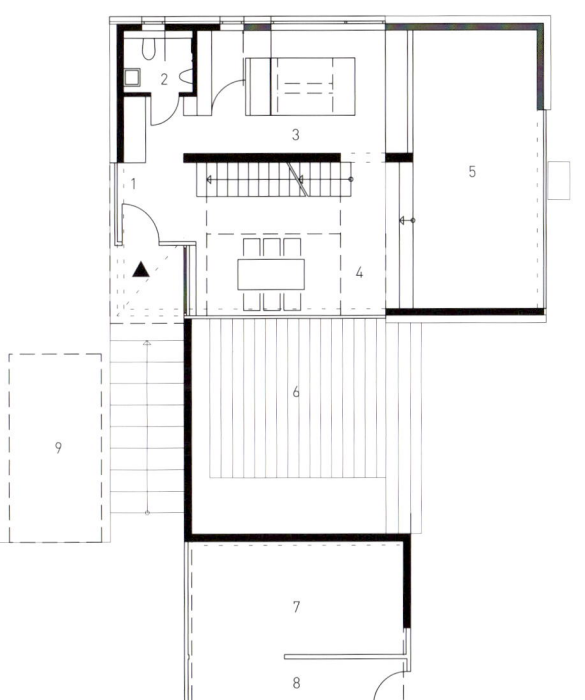

Die offene Brücke im Obergeschoss
sorgt trotz maßvoller Flächen und
kompakter Dimensionen für ein
großzügiges Raumerlebnis.

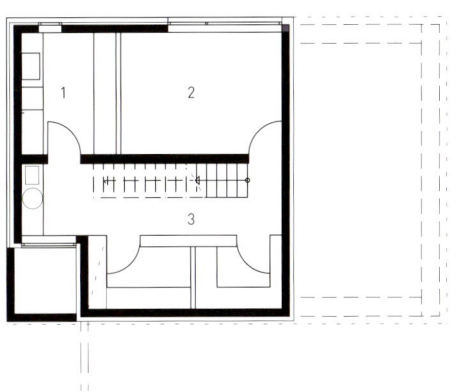

Schnitt M 1:200

Gebäudedaten

Grundstücksgröße: 469 m²

Wohnfläche: 153 m²

Zusätzliche Nutzfläche: 54 m²

Anzahl der Bewohner: 4

Bauweise: massiv (Beton)

Heizwärmebedarf: 43,4 kWh/m²a

Primärenergiebedarf: 58,6 kWh/m²a

Fertigstellung: 2009

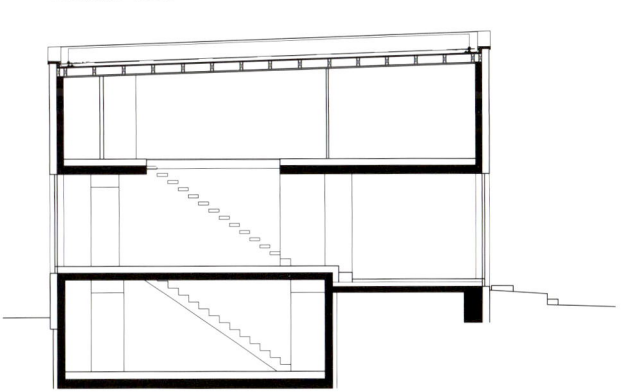

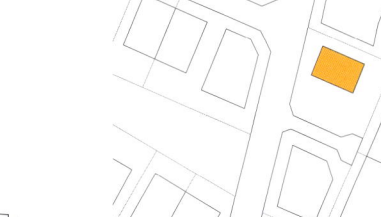

Lageplan

Blocher Blocher Partners

Einfamilienhaus in Stuttgart

Ein Wohnkubus mit zwei Vollgeschossen sowie einem Garten- und Garagengeschoss, das trotz seiner soliden Betonbauweise über dem Stuttgarter Talkessel zu schweben scheint. Dies gelingt durch die plastische Modellierung der Fassaden über der zurückgesetzten Gartenebene und die raumhohen Verglasungen nach Süden und Westen.

Die Lebensräume der Familie verteilen sich über alle Ebenen, die ein Aufzug barrierefrei verbindet. Zusammen mit der Treppe und einem Vorratsraum gehört er im offenen Erdgeschoss zu einem Funktionskern, der Wohnen und Küche/Essen teilt. Nach draußen schließt eine Terrasse an. Im Geschoss darüber befinden sich Schlafraum, Ankleiden und Bad sowie ein offener Arbeitsraum; er ragt durch eine schmale Deckenaussparung hinter der Fassade wie eine Galerie über den Wohnraum. Bei dieser großzügigen Verglasung spielt der Sonnenschutz eine Rolle. Hier besteht er aus gelochten Metallsegmenten, der wie die Fensterprofile und das Garagentor aus eloxiertem, bronzefarbenem Aluminium das Licht warm auf die sandgestrahlte Sichtbetonfassade reflektiert. Nach oben gefaltet kontrastieren seine gelochten Metallprofile mit der stringenten Ordnung der Fassade,

geschlossen erzeugt er bei starker Sonneneinstrahlung eine geheimnisvolle Lichtstimmung in den Räumen wie in einem Serail. Im in den Hang geschobenen Gartengeschoss wohnt der Sohn, hier liegen außerdem Fitnessraum und Gästezimmer mit direktem Zugang zum Garten und tiefer gelegenem Pool.

Wie außen reduziert sich auch im Innenraum die Materialverwendung. Decken und einige Wände zeigen den Sichtbeton, die anderen sind glatt verputzt und weiß gestrichen. Der Funktionskern hebt sich in einem satten Braunton ab. Auf dem Boden liegt ein offenporiger Oberdorlaer Muschelkalk, im Obergeschoss sind es geräucherte Eichendielen.

Der terrassierte Garten reicht über fünf Ebenen, was eine besondere Herausforderung an die Tragwerksplaner bedeutete. Der Eingang ins Erdgeschoss liegt hier auf der mittleren Ebene.

Eine attraktive Sonderanfertigung ist die Verschaffung der großen, nach Südosten zur Talseite orientierten Glasflächen. Dafür wurden gelochte Metallläden entwickelt, die den Räumen eine ganz eigene Lichtstimmung geben.

Die querliegende Treppe wird von einer tragenden Kaminwand begleitet. Um diesen Block organisiert sich auf jeder Ebene das Wohnen.

Eine besondere Schwierigkeit war es, fünf terrassierte Ebenen in den steilen Hang zu bauen. Dazu stabilisieren tiefe Streifenfundamente und Stützmauern aus Sichtbeton das Gelände, außerdem sieht man wieder Muschelkalk, sodass sich Innen und Außen harmonisch verbinden. Die unterschiedlichen Terrassen schaffen atmosphärische Orte als Treffpunkt oder für den stillen Rückzug.

Beheizt wird mit einer Wärmepumpe, die aus 160 Meter tief reichenden Sonden versorgt wird. Die energieeffiziente Massenaktivierung der Decken kehrt sich im Sommer um und kühlt das Haus. Eine Solaranlage auf dem Dach wärmt den Pool.

In jedem Geschoss wurden eigene, aber nur wenige ausgesuchte Materialien verwendet, etwa Muschelkalk oder Räuchereiche für die Böden. Unsichtbar bleibt die aufwendige Bauteilaktivierung und Fußbodenheizung.

Dieter Blocher, D-Stuttgart

„Schlicht, klar und doch voller Atmosphäre – natürliche Materialien und Sichtbeton gehen im neuen Haus in Stuttgarts Halbhöhenlage eine besondere Symbiose ein."

Im Schnitt (rechte Seite) sieht man das noch tiefer liegende Garagengeschoss. Von hier verbindet ein Aufzug alle Ebenen, man kann aber auch die Außentreppe nehmen.

Die Sonnenschutzsegmente sind aus bronzefarbenem, perforiertem Alublech gefertigt. Gefaltet geben sie der Fassade Kontur, heruntergefahren eine geheimnisvolle, warme Kontrastfläche zum sandgestrahlten Sichtbeton.

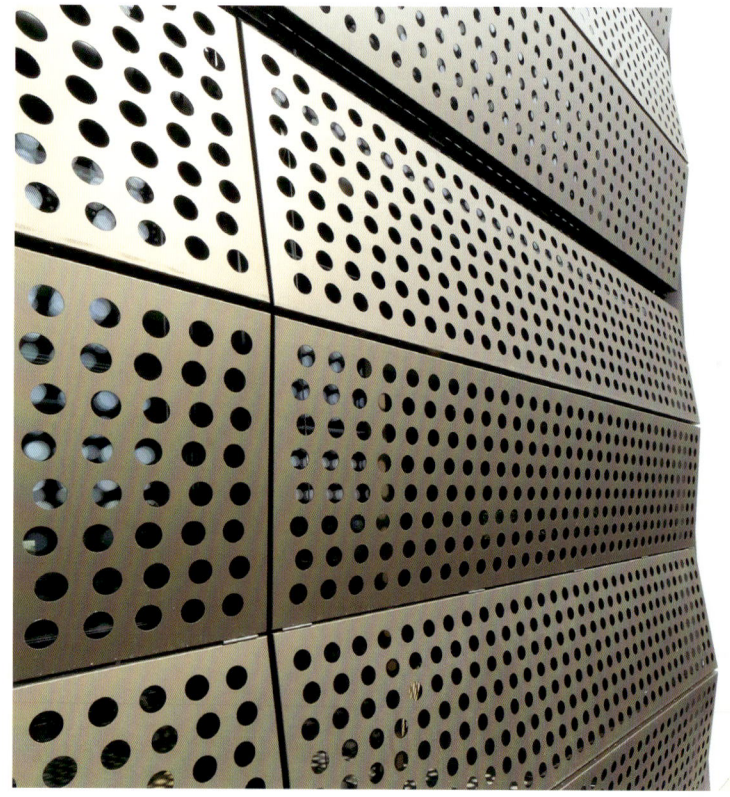

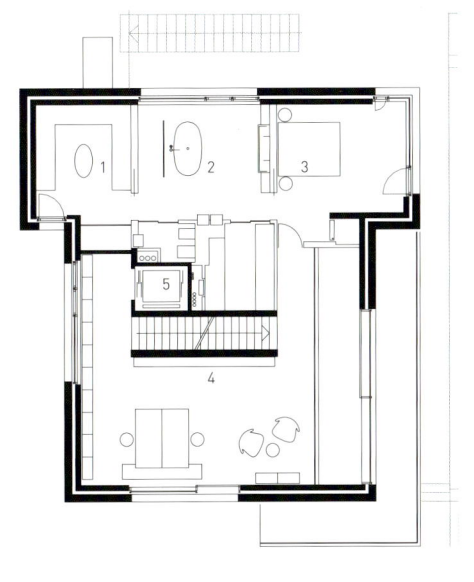

Obergeschoss M 1:250

1 Ankleide
2 Bad
3 Schlafen
4 Arbeiten
5 Aufzug

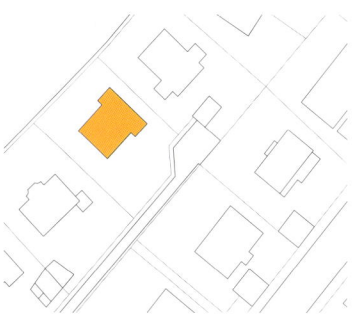

Lageplan

Gebäudedaten

Grundstücksgröße: 800 m²

Wohnfläche: 325 m²

Zusätzliche Nutzfläche: 505 m²

Anzahl der Bewohner: 3

Bauweise: massiv (Stahlbeton)

Heizwärmebedarf: 13,16 kWh/m²a

Primärenergiebedarf: 70 kWh/m²a

Fertigstellung: 2010

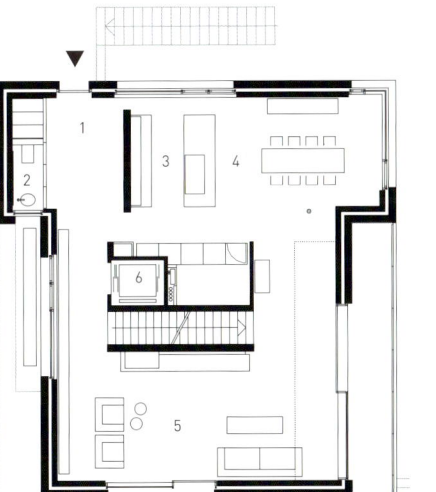

Erdgeschoss M 1:250

1 Eingang / Garderobe
2 WC
3 Kochen
4 Essen
5 Wohnen
6 Aufzug

Schnitt ohne Maßstab

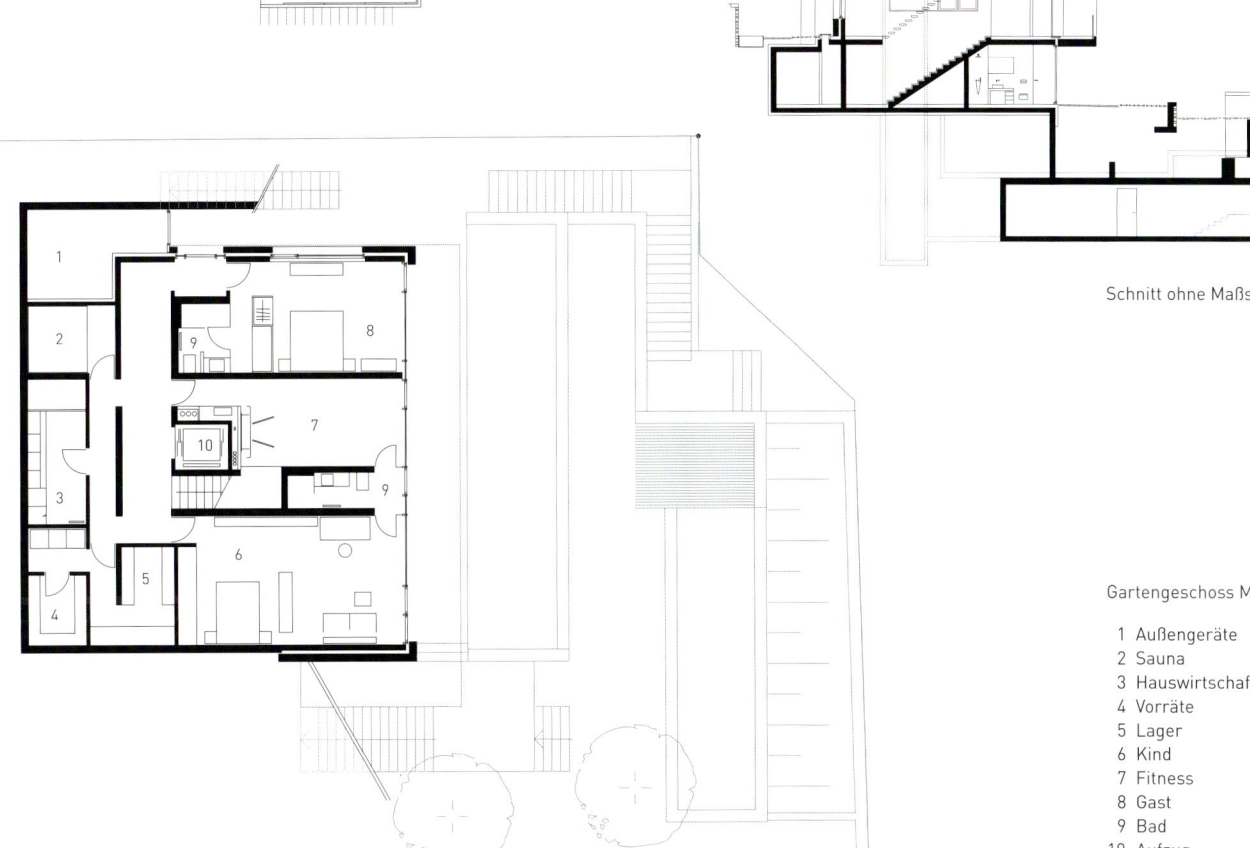

Gartengeschoss M 1:250

1 Außengeräte
2 Sauna
3 Hauswirtschaft
4 Vorräte
5 Lager
6 Kind
7 Fitness
8 Gast
9 Bad
10 Aufzug

Stephan Maria Lang
Villa am Waldrand in München

Der Entwurf geht auf einen Wettbewerb für eine Villa als Familiensitz im Südwesten von München zurück. Ein wesentlicher Bestandteil des erfolgreichen Konzepts war die Einbettung in den öffentlichen Grünraum und eine repräsentative Vorfahrt. Drei an dieser Stelle neu gesetzte Kiefern stellen den Bezug zum angrenzenden Wald her und bilden einen natürlichen, weichen Kontrast zu dem harten, nach außen geschlossenen Baukörper. Lediglich das Entree mit dem geschützt liegenden Eingang öffnet sich mit einer über beide Geschosse reichenden Verglasung, dahinter liegt ein hoher Luftraum als Ahnung des privaten Gartens.

Nach Nordosten, zur Straße hin, zeigt sich das Haus als 7 Meter hohe hermetische Wandscheibe, ein vorgelagerter, kupferverkleideter Garagenbau vermittelt zum Straßenraum und definiert mit einer hohen Mauer und zwei Schiebetoren eindeutig die Vorfahrt des Privatraums. In diesem flachen Bauteil liegt unauffällig ein Nebeneingang, der zu einem Küchenhof, einer Schmutzschleuse und einem Gewächshaus an der Grundstücksgrenze führt.

Der L-förmig gewinkelte Hauskörper begrenzt das Grundstück nach Nordosten mit dem Nutz-Küchengarten, sodass sich alle Räume und die vorgelagerten Terrasseneinschnitte umso großzügiger nach Südwesten zum Staudengarten (nach englischem Vorbild) orientieren können. Ein schmales Schwimmbecken im Schnittpunkt schließt an den kürzeren Gebäudeschenkel mit dem windgeschützten, überdachten Kaminsitzplatz an.

An gründerzeitliche Großzügigkeit erinnern die in geölter Eiche ausgeführten Böden, Einbauten und Fenster im Wechsel mit mattweiß lackierten Oberflächen für Küche, Türen und Schränke, begleitet von

Nach Südwesten schließt ein parkartiger Garten an. Zur Straßenseite verbirgt sich wie bei einem Grandhotel eine diskrete Vorfahrt hinter der hohen Einfriedung. Das breit lagernde Anwesen erinnert etwas an die vor hundert Jahren um Frank L. Wright entstandenen Prairie Houses.

hochwertig gespachtelten Wänden. Kamine, Sauna und Bäder sind in geschliffenem Muschelkalk, dem einzigen weiteren Material im Haus ausgeführt.

Besonderer Wert wurde auf eine fortschrittliche Haustechnik gelegt. Grundwasserwärmepumpe, solare Heizungsunterstützung und ein Wärmespeicher korrespondieren miteinander und erhöhen durch ausgeklügelte Schaltung die verfügbare Leistung. Betonkernaktivierung zur Temperierung, Wohnraumlüftung und Wärmerückgewinnung ergänzen das Energiekonzept.

Terrassen und Freisitze bieten unterschiedliche Atmosphären, am Pool gibt es dazu einen Außenkamin. Auch in der Küche (im Hintergrund) kann auf Tischhöhe ein offenes Herdfeuer lodern.

Wohnraum und Bibliothek trennt ein von zwei Seiten zu befeuernder Kamin, der mit Muschelkalkplatten verkleidet ist. Die Fensterfront säumt in Sitzhöhe ein tiefes Gesims aus Eichenholz.

Die Wohnungsgröße erlaubt es, sich an unterschiedlichen Orten niederzulassen, Polster anders zu stellen und auf jeden Fall Gäste zu empfangen. Wenn man die wandbündige Tür gegen den Pfeiler schließt, entsteht am Essplatz eine Nische.

Gebäudedaten

Grundstücksgröße: 2.350 m²

Wohnfläche: 400 m²

Zusätzliche Nutzfläche: 320 m²

Anzahl der Bewohner: 4

Bauweise: massiv

Heizwärmebedarf: 31,6 kWh/m²a

Primärenergiebedarf: 32,7 kWh/m²a

Baukosten: 2,3 Mio. Euro

Baukosten je m² Wohn- und Nutzfläche: 3.200 Euro

Fertigstellung: 2010

Stephan Maria Lang, D-München

„Es war mein Wunsch, ein gelassenes und doch großes Haus zu schaffen, das in Würde Patina ansetzen kann und flexibel auf unterschiedliche Nutzungsbedürfnisse reagierend zum unaufgeregten Klassiker heranreift."

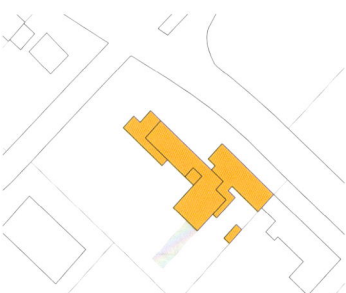

Lageplan

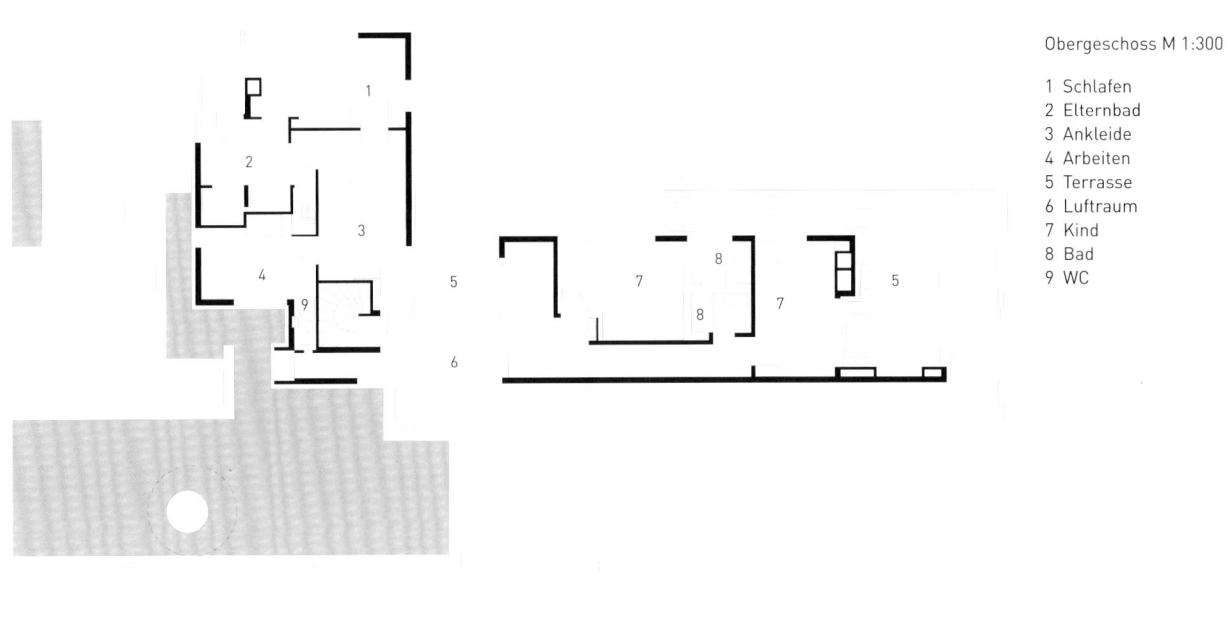

Obergeschoss M 1:300

1 Schlafen
2 Elternbad
3 Ankleide
4 Arbeiten
5 Terrasse
6 Luftraum
7 Kind
8 Bad
9 WC

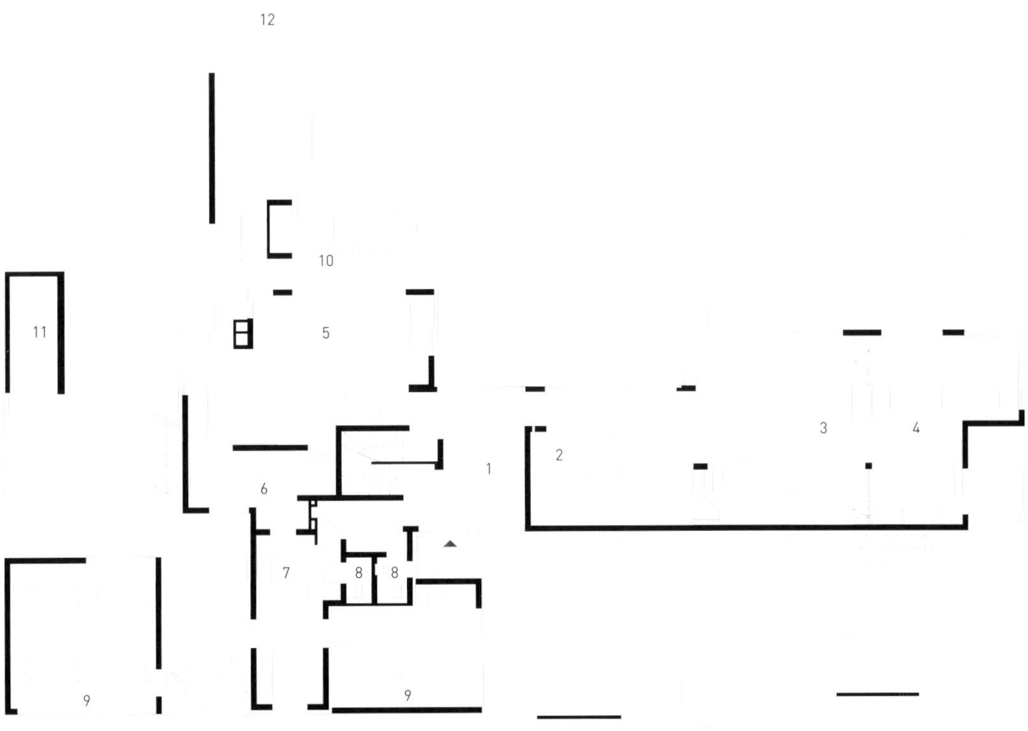

Erdgeschoss M 1:300

1 Eingangshalle
2 Essen
3 Wohnen
4 Arbeiten
5 Kochen / Essen
6 Speisekammer
7 „Mudroom"
8 WC
9 Garage
10 Terrasse
11 Pflanzenhaus
12 Pool

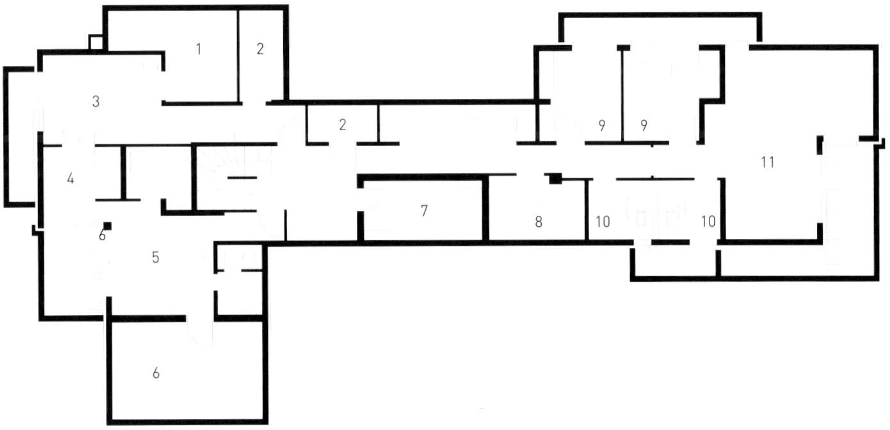

Untergeschoss M 1:300

1 Technik
2 Abstellraum
3 Wäsche
4 Werkstatt
5 Wellness
6 Lager
7 Wein
8 Haustechnik
9 Gast
10 Gästebad
11 Besprechung

Uwe Schröder
Einfamilienhaus in St. Augustin

Das Haus umschreibt das Wohnen einer Familie mit einer originären Architektur. Grundriss und Baukörper ergeben sich aus dem Leben, das im Haus stattfindet. Deshalb entwickelt sich die Bauform konsequent von innen nach außen, aus dem Raum der Familie in den Raum der Stadt.

Die gebaute Umgebung lässt weder durch eine einheitliche Ausrichtung oder Dimension der Häuser eine übergeordnete Planung erkennen, noch wird ein vereinbarter Materialkanon sichtbar. Es scheint, als seien die nur den persönlichen Vorlieben der Bauherren entsprechenden Häuser dort abgestellt worden, wo es der Abstand zu Straße und Nachbarn gerade erlaubte.

Das eingeschossige Haus, ein mit einem flachen Satteldach gedecktes Gebäude, weicht von der Straßenkante zurück. Der Grundriss beschreibt eine Kreuzfigur, deren ungleich lange Schenkel sich in einem Kernraum treffen. In dessem quadratischen Grundriss findet der Entwurf seine Ordnung, er ist in neun Felder geteilt, die als Bandraster die Räson des Hauses bestimmen.

Hier liegt der zentrale Wohnraum der Familie. Die weiteren Räume schließen asymmetrisch an, nach Süden Wohnküche und Entree, drei Schlafzimmer mit Bädern jeweils nach den anderen Himmelsrichtungen. Ein mächtiger offener Kamin zwischen Küche und Wohnraum erinnert an Gottfried Sempers Idee vom Herd als moralischem Element der Baukunst: Um das Feuer versammeln sich die Menschen seit alters her, um es herum konstituierte sich die Gesellschaft, so begann alle Kultur – und auch hier bildet es die räumliche und ideelle Mitte. So wird das Haus, das von den Bedürfnissen im familiären Zusammenleben ausgeht und in der zentrifugalen Anordnung der Räume um den Kernraum spiegelt, gleichzeitig zum idealen Abbild einer städtischen Gemeinschaft. Es ist als weiß verputzter Massivbau errichtet, die Dachkonstruktion ist aus Nagelbrettbindern ausgeführt.

Vorherige Seite: Ein Haus als städtebauliche Setzung. Es ordnet die Bedürfnisse der Familie und überträgt
sie als Figur in die zufällig agglome-
rierte Besiedlung.

Alle Räume liegen auf einer Ebene.
Eine Gliederung ergibt sich durch
die flügelförmige Anordnung der
persönlichen Bereiche. Vor ihnen
markieren jeweils Pfeiler eine Art
Vestibül.

Im Zentrum liegt der gemeinsame
Wohnraum. Ein offener Kamin zur
Küche hin wirbt bildlich für die Zu-
sammenkunft: das Herdfeuer als
kulturelle Mitte und Ausgangspunkt
der Zivilisation, zum Nachspielen
im familiären Maßstab.

Gebäudedaten

Grundstücksgröße: 2.000 m^2

Wohnfläche: 272 m^2

Anzahl der Bewohner: 4

Bauweise: Massivbau verputzt

Dachkonstruktion: Nagelbrettbinder

Primärenergiebedarf: 46,54 kWh/m^{2}a

Fertigstellung: 2009

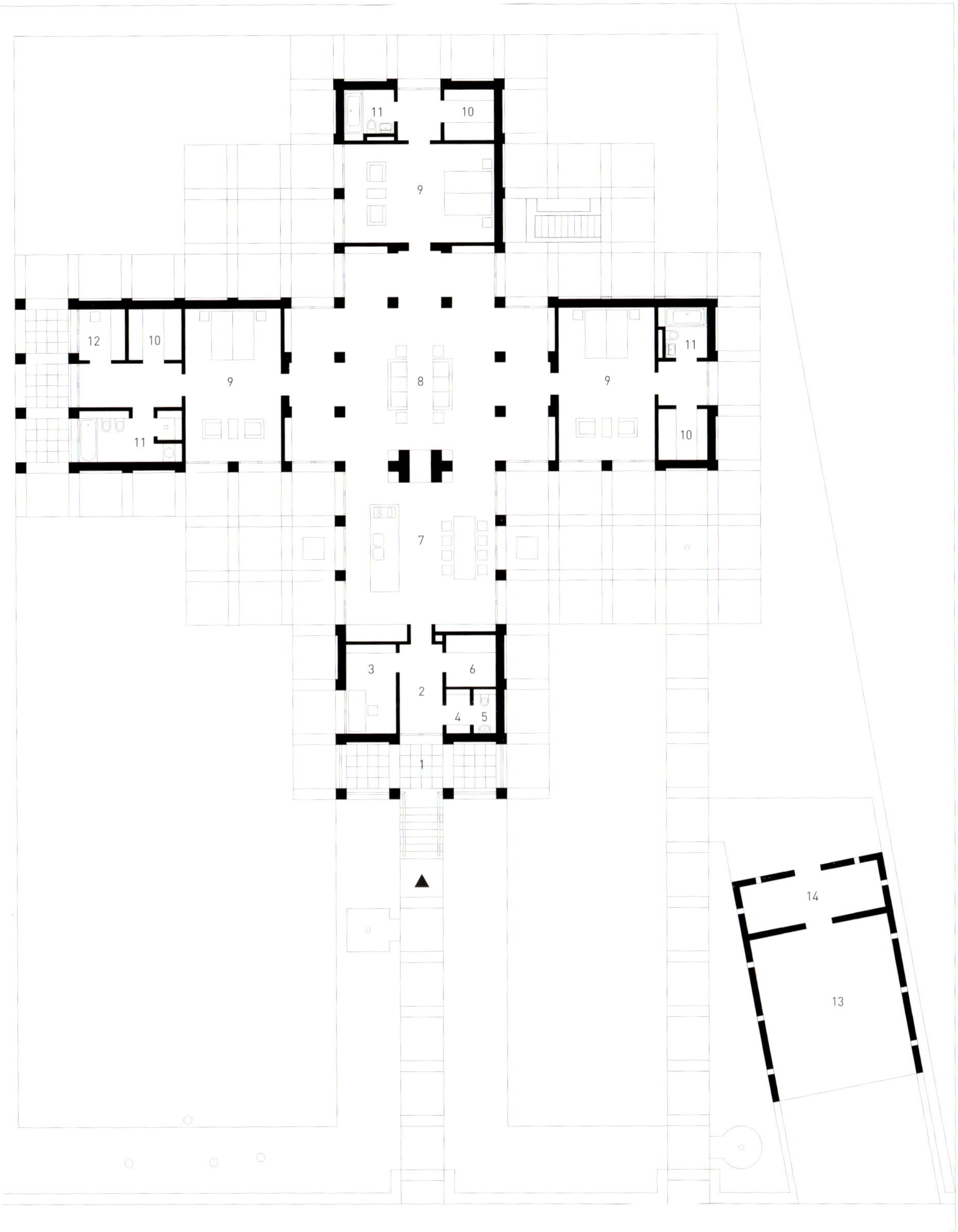

Erdgeschoss M 1:250

1 Loggia
2 Eingang / Flur
3 Arbeiten
4 Garderobe
5 WC
6 Hauswirtschaft
7 Kochen / Essen
8 Wohnen
9 Zimmer
10 Ankleide
11 Bad
12 Sauna
13 Carport
14 Lager

Uwe Schröder, D-Bonn

„Der Architekt geht zuerst von den Bedürfnissen des familiären Wohnens aus, um zum Entwurf des Hauses zu gelangen; eine Methode, auf die nicht besonders hingewiesen werden müsste, würde andernorts nicht so oft gegen sie verstoßen."

Lageplan

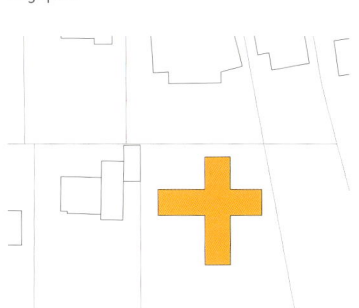

heilergeiger architekten

Niedrigenergie-Haus am Hang im Allgäu

Ein Haus voll sinnlicher Gegensätze, was Baukörper, Raum, Material und Oberflächen betrifft. Es steht auf einer eiszeitlichen Erhebung oberhalb der Stadt Kempten. Das Erdgeschoss bildet erkennbar die Basis, es lagert als hoher Sockel auf dem Grundstück; Garage, ein Freisitz und die Küche schließen es mit einer Dachterrasse ab. Über dem fließenden Wohnbereich und dem Elternschlafzimmer ist das Obergeschoss, zum Garten auskragend, wie ein kleines Haus als eigener Baukörper aufgesattelt. Hier gibt es einen weiteren Wohn- raum und die Kinderzimmer. Eine skulpturale Treppe verbindet den Weg der Eltern zwischen unten und oben, die Kinder können sich bereits am Eingang über eine schmale Stiege in ihr Reich bewegen.

Ein massive Betonwand, nur von der Haustür unterbrochen, legt sich schützend von drei Seiten um das Erdgeschoss, man wohnt eindeutig zum Garten hin, der durch die raumhohe Verglasung einbezogen wird. Im Obergeschoss korrespondieren die schweren Wände diagonal mit- einander. Sie haben nicht nur eine statische oder metaphorische Bedeutung, sie gehören zum innovativen Heizkonzept des Hauses. In diese kerngedämmten Außenwände wurden im Sockelbereich Kupfer-

rohre eingebettet, sie wirken ähnlich wie eine Fußbodenheizung mit behaglicher Strahlungswärme. Der Beton speichert die Wärme im Winter, im Sommer sorgt seine Masse für angenehme Kühle. Zur Energieerzeugung dient eine Luft-Wasser-Wärmepumpe.

Nicht nur die räumlichen Gegensätze, der Kontrast zwischen Ausblick und Abschluss, zwischen Raum, Fläche, Weg und Ort geben dem Haus eine innere Spannung, diese setzt sich in der Materialwahl fort. Die schmucklosen, wie Stein wirkenden Sichtbetonwände und die geölten Eichendielen werden von weichen, mit grauem Filz bekleide- ten Schrankflächen begleitet. So entsteht ein neutraler, vielfältig interpretierbarer Hintergrund für das Wohnen einer Familie.

In diesem Haus wird sich das Leben vollständig zum Garten hin ent- falten. Der schmale Zugang führt neben der Garage an einer geschlossenen Wand entlang des Nachbargrundstücks (siehe Grundriss).

Linke Seite oben: Nur der Wohnraum im Obergeschoss hält noch Blickkontakt zum Eingang und zur Stadt, sonst öffnen sich alle Räume nach Westen in den eigenen Garten.

Die weiße Treppe teilt als begehbares Kunstwerk die untere Wohnebene. Die schiere Betonmasse gehört zum Energiekonzept, im Sockelbereich sind Heizrohre eingelassen.

Auf dem Boden liegen geölte Eichendielen, die mit Naturfilz bekleideten Wandmöbel setzen die ruhige Monochromie des Betons fort. Entlang der Eingangsseite addieren sich alle dienenden Funktionen in schmalen Kabinetten.

Hier spielt die Musik. Als zweite Skulptur teilt eine niedrige weiße Box den Elternschlafbereich ab. In ihr ist der Kellerabgang verborgen.

Vom oberen Wohnraum erreicht man über der Küche und der Garage eine Terrasse, auf der Gartenebene ist hier geschützt ein Essplatz im Freien eingeschnitten.

Das Elternzimmer im Erdgeschoss hat am äußersten Hausende ein eigenes Bad, konsequent dem Grundrisslayout folgend mit Zugängen von zwei Seiten, die mit Schiebetüren geschlossen werden.

Jörg Heiler und Peter Geiger, D-Kempten

„Die räumliche Vielfalt wird durch im Haus erlebbare Kontraste wie eng – weit, offen – geschlossen oder niedrig – hoch im Alltag spürbar."

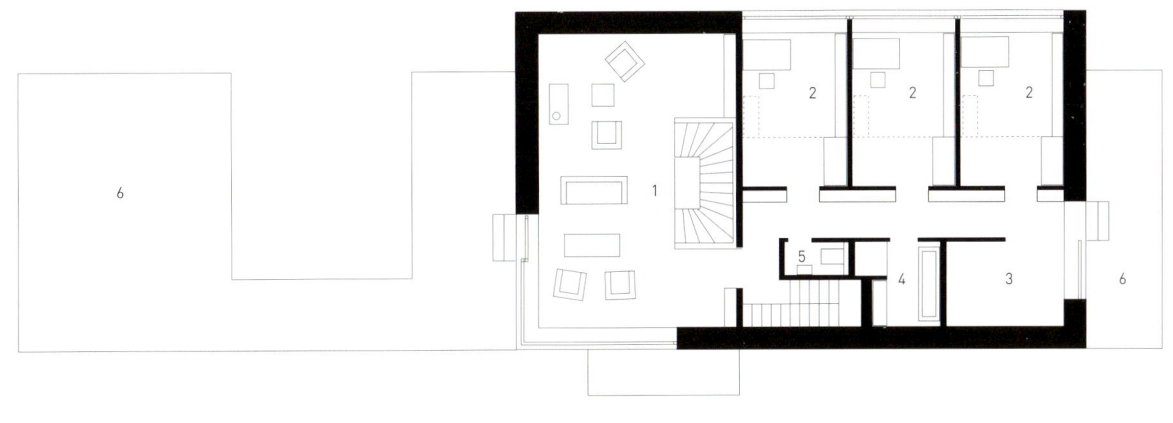

Obergeschoss M 1:200

1 Wohnen
2 Kind
3 Gast
4 Bad
5 WC
6 Terrasse

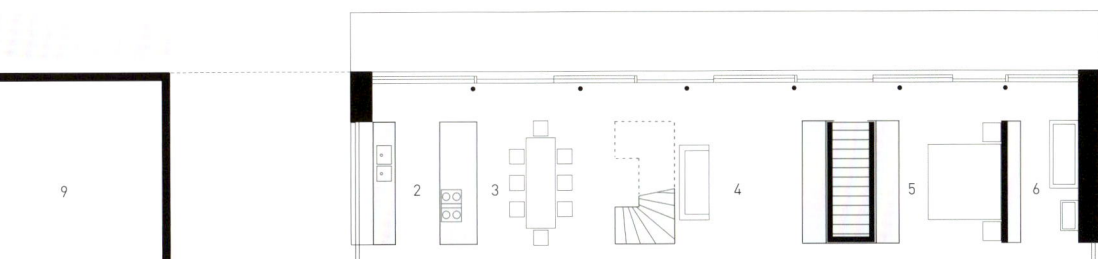

Erdgeschoss M 1:200

1 Eingang / Garderobe
2 Kochen
3 Essen
4 Klavierzimmer
5 Schlafen
6 Bad
7 Ankleide
8 WC
9 Garage

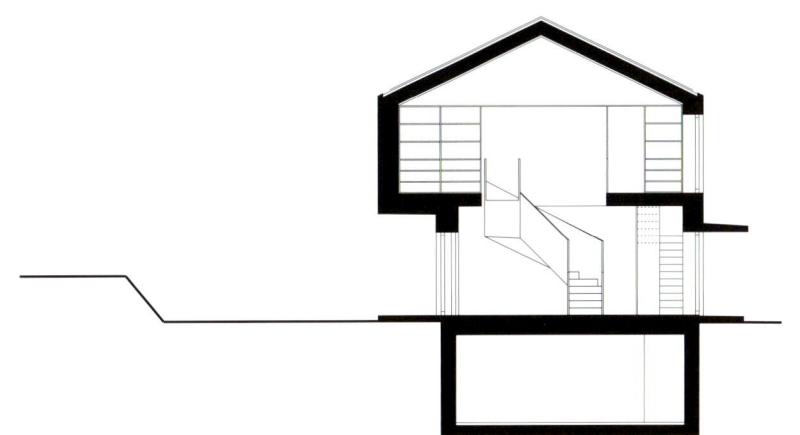

Schnitt M 1:200

Gebäudedaten

Grundstücksgröße: 712 m²

Wohnfläche: 227 m²

Zusätzliche Nutzfläche: 119 m²

Anzahl der Bewohner: 5

Bauweise: Sichtbeton (kerngedämmt)

Primärenergiebedarf: 37,7 kWh/m²a

Fertigstellung: 2010

Lageplan

Clarke und Kuhn
Ein doppeltes Stadthaus in Berlin

Wohnen in der Stadt wird für Familien attraktiv, wenn ein Haus zusätzlich eine große Terrasse oder einen kleinen Garten bietet. Deshalb reizen städtische Baulücken und schwierig zu interpretierende Grundstücke Architekten besonders.

In diesem Fall war eine merkwürdig zugeschnittene Parzelle mit einem baufälligen Haus aus den Dreißiger-Jahren die Herausforderung. Die umliegende Bebauung besteht traditionell aus Villen des letzten Jahrhunderts, Zwei- und Dreifamilienhäusern und jüngeren Zeilenbauten. Da bot es sich an, auch dieses Grundstück besser auszunutzen. Zusammen mit dem Bauherrn wurde die Aufgabe neu definiert. Die verspringende Baufluchtlinie inspirierte geradezu dazu, die Parzelle genau hier zu teilen und zwei eigenständige Häuser für zwei Familien aneinanderzubauen. Städtebau, Architektur, Ökonomie und Ökologie konnten mit dieser Entscheidung gleichermaßen berücksichtigt werden.

Der Garten wird trotz der Teilung gemeinsam genutzt, überhaupt war der Bezug zum Freiraum durch Terrassen im Erd- und Staffelgeschoss entscheidend und hat die Kubatur des Zwillingshauses bestimmt. Zur öffentlichen Straße im Norden wirken die Fassaden eher geschlossen, erst nach Süden und Westen wird daraus die große Form mit Fensterelementen, die sich teilweise großzügig über mehrere Räume fortsetzen. Wohnräume mit Küche und Essplatz liegen zu ebener Erde, darüber folgen die Schlafzimmer, im Staffelgeschoss ist Platz für ein Studio oder einen Arbeitsraum. Die Grundrisse sind auch anders teilbar oder lassen sich zusammenlegen, auch eine Einliegerwohnung kann abgetrennt werden.

Beheizt wird mit einem Gas-Brennwertkessel, eine Thermosolarunterstützung für Warmwasser und Heizung reduziert den Verbrauch des Niedrigenergiehauses. Die monolithischen Wände sind aus diffusionsoffenen, hoch dämmenden Porenziegeln gemauert.

Vorherige Seite: Die ungewöhnlich verspringende Parzelle legte es nahe, die beiden Einfamilienhäuser zusammen zu bauen, ohne dass ein typisches Doppelhaus entstanden wäre.

Der Garten wird gemeinsam genutzt, aber jedes Haus hat eine vom anderen uneinsehbare Dachterrasse (oben).

Die Fassaden wie die Raumaufteilung entsprechen sich, die Häuser haben aber unterschiedliche Größen. Details stammen aus einem gemeinsamen Repertoire. Unten ein Blick in Küche/Essbereich des linken Hauses.

Maria Clarke und Roland Kuhn, D-Berlin

„Bei der Entwicklung der Kubatur des Hauses hat uns neben der Grundstücksform auch die verspringende Baufluchtlinie an der Straße inspiriert."

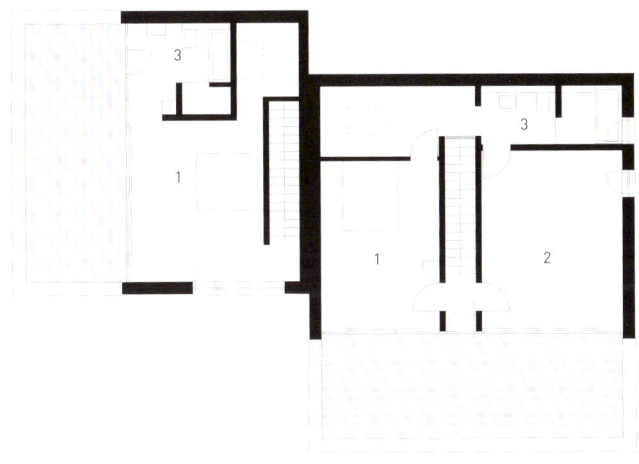

2. Obergeschoss M 1:250

1 Schlafen
2 Arbeiten
3 Bad

Gebäudedaten

Grundstücksgröße: ca. 600 + 400 m²

Wohnfläche: ca. 261 + 165 m²

Zusätzliche Nutzfläche:

ca. 99 + 65,6 m²

Anzahl der Bewohner: 5 + 3

Bauweise: Massivbauweise mit Porotonsteinen

Heizwärmebedarf: 79 kWh/m²a

Primärenergiebedarf: 84,2 kWh/m²a

Baukosten: ca. 290.000 + 221.500 Euro

Baukosten je m² Wohn- und Nutzfläche: ca. 960 Euro (gesamtes Haus)

Fertigstellung: 2010

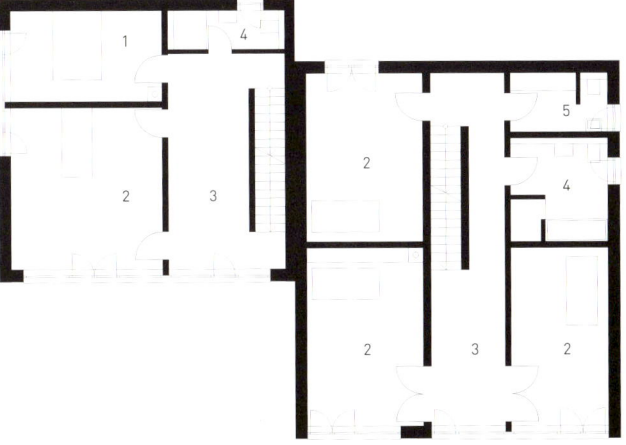

1. Obergeschoss M 1:250

1 Gast
2 Kind
3 Flur / Spielflur
4 Bad
5 Arbeiten

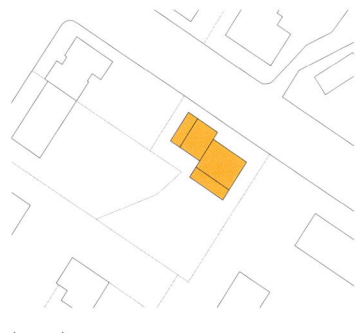

Lageplan

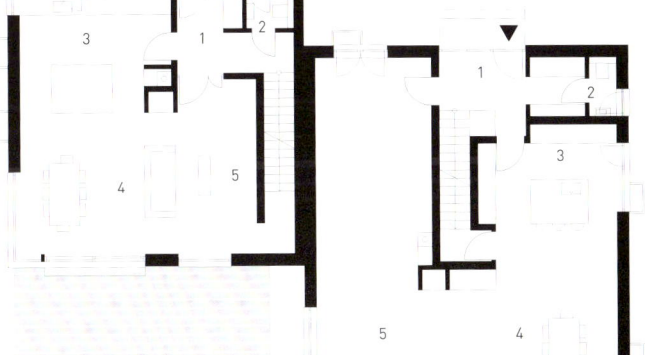

Erdgeschoss M 1:250

1 Eingang / Flur
2 WC
3 Kochen
4 Essen
5 Wohnen

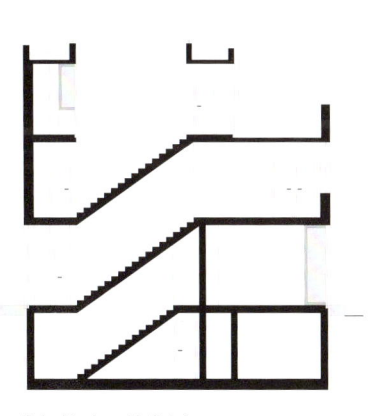

Schnitt ohne Maßstab

Caramel
Einfamilienhaus am Hang in Klosterneuburg

Wie ein rätselhaftes Tier, das aussieht, als sei es aus Formen des Tetris-Computerspiels entstanden, lagert das Haus auf einem Hanggrundstück in Klosterneuburg und scheint ins Tal zu blicken. Die Betonfertigteile der Fassade verstärken den skulptural homogenen Eindruck. Durch die Vorfertigung wurde die Bauzeit erheblich verkürzt, man konnte dem Gebäude förmlich beim Wachsen zusehen.

Der straßenseitige Zugang führt entlang einer eher geschlossenen, rückgratartigen Längsachse, vorbei an Garage, Terrasse, schließlich Wohnküche, Garderobe und Treppenabgang zur Glasfront des Wohnzimmers. Von hier aus gewinnt man einen atemberaubenden Ausblick in die Donauniederungen.

Auf der unteren Gartenzugangsebene findet das private Leben statt, hier gibt es zwei Schlafräume, zwei Bäder, eine Sauna und ein kleines Atelier, das sich an einer überdachten Terrasse hin öffnet. Gegenüber schieben sich unter der Garage Keller und Haustechnikraum in den Hang.

Die Öffnungen der Fassade bewahren die Balance zwischen lohnenden Fernsichten und bergenden Rückzugsmöglichkeiten. Vor allem die Ostseite ist eigenwillig gestaltet, hier lenken Lichtschlitze wie Kiemenklappen den Blick talwärts. Dazu kontrastiert die über beide Ebenen reichende Eckverglasung nach Nordosten, die sich bis ins Dach fortsetzt und durch ihre profillosen Scheibenhalterungen den Eindruck völliger Transparenz erweckt. Nach Westen sieht man in den Garten mit dem Schwimmbecken, das als Kontrapunkt zur Längsausrichtung des Hauses die Terrassenflucht aufnimmt.

Der lange, orthogonal im Gelände kniende Baukörper zeigt seine Größe erst auf der Gartenebene. Von der Straße aus betrachtet wirkt das Haus einstöckig. Es lässt sich nur ahnen, man sieht nichts außer der breiten Garageneinfahrt, an die die seitlich aus der Fassade gedrehte Zugangsbrücke anschließt.

Vorherige Seite: Dein Haus, das unbekannte Wesen. Der eigenwillige Baukörper zeigt nach außen, was er leistet. Wie bei einer Maschine lassen die Fenster ihre unterschiedlichen Funktionen erkennen.

Eine hinter der Garage eingeschobene Terrasse ergibt im Untergeschoss einen weiteren geschützten Sitzplatz. Hier erreicht man die in den Hang gegrabenen Kellerräume.

Die über beide Ebenen mögliche Erschließung würde auch eine Teilung des Hauses erlauben. Zum unteren Sitzplatz orientiert sich ein Atelierraum.

Die profillose Übereckverglasung im Wohnraum (und darunter im Schlafzimmer) gibt einen ungestörten Blick in die Donauniederungen.

Der Grundriss ist sehr kompakt organisiert. An die glatten, schmucklosen Oberflächen schließt die passende Einrichtung an.

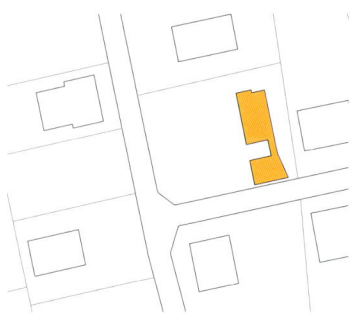

Gebäudedaten

Grundstücksgröße: 800 m²

Wohnfläche: 130 m²

Zusätzliche Nutzfläche: 50 m²

Anzahl der Bewohner: 2

Bauweise: massiv (Stahlbeton-fertigteile)

Heizwärmebedarf: 49 kWh/m²a

Baukosten: 275.000 Euro

Baukosten je m² Wohn- und Nutzfläche: 1.834 Euro

Fertigstellung: 2008

Die kiemenartigen Fenster (oben) dosieren Aus- und Einblick. Sie sind wie bildhauerische Intarsien in der Wand ausgespart.

Elternschlafen und Bad teilen sich einen Raum, eine Stufe nimmt noch einmal den Hangverlauf auf.

Günther Katherl, Martin Haller und Ulrich Aspetsberger, A-Wien

„Wie ein unbekanntes Tier, das wirkt, als sei es aus Tetrisformen entstanden, sitzt das Haus auf dem Hanggrundstück in Klosterneuburg und scheint ins Tal zu blicken."

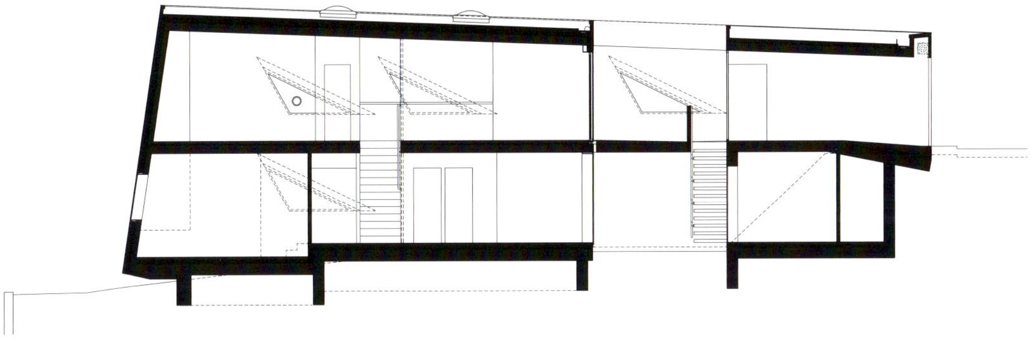

Schnitt M 1:200

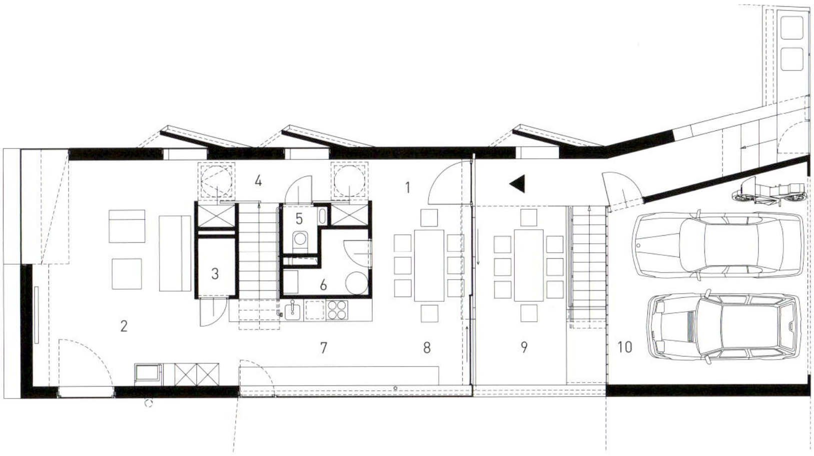

Eingangsgeschoss M 1:200

1 Eingang
2 Wohnen
3 Speisekammer
4 Vorraum
5 WC
6 Technik
7 Kochen
8 Essen
9 Terrasse
10 Garage

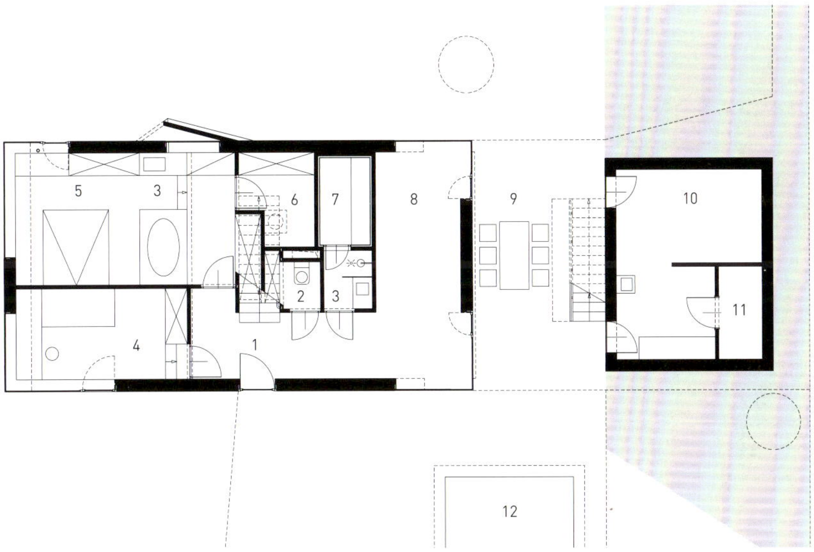

Gartengeschoss M 1:200

1 Flur
2 WC
3 Bad
4 Kind
5 Schlafen
6 Hausanschluss
7 Sauna
8 Atelier
9 Terrasse
10 Keller
11 Technik
12 Pool

LOVE architecture and urbanism
Villa 3s in Graz-Geidorf

Ein wunderschönes Grundstück in einem Grazer Stadtbezirk, ein einschränkender Bebauungsplan und ein strenges Budget bestimmten den Entwurf dieses Architektenhauses. Die Attribute, die mit dem Haus verbunden werden sollten, hießen „einfach und trotzdem komplex, klar und doch verspielt, leicht und optimistisch, klein und doch groß". Es sollte für die Bewohner ein Ort entstehen, der architektonisch besonders ist, aber nicht strapaziert. Also „unkonventionell, speziell – und doch sehr alltagstauglich".

Erreicht wurde diese Qualität, indem der Wohnraum das relativ große Grundstück einbezog, also mit einer fließenden Balance zwischen Haus und Garten. Das bedeutete möglichst viele subtile und vieldeutige Begrenzungen und Übergänge zwischen innen und außen herzustellen: Große Verglasungen mit Schiebetüren, die in den Garten führen, und überdachte Bereiche lassen das Haus nicht an den Außenwänden aufhören.

Der Bebauungsplan schrieb ein Satteldach und seine Neigung vor. Für das eingeschossige Haus wurde die Vorgabe gelöst durch eine vom Sitzpodest auf der Südseite ausgehende Faltung, die mit den schräg angeschnittenen Hausflanken beginnt und den gesamten Baukörper einbezieht. So ergab sich vorschriftengerecht eine Lösung, die aber nicht wie ein konventionelles Satteldach wirkt. Die Faltung differenziert die einzelnen Bereiche und gibt der Kubatur eine eigene Spannung. Das Haus erhält eine rätselhafte Perspektive und sieht aus jeder Richtung anders aus.

Die Räume erreichen bis zu 4 Meter Höhe, dadurch erscheinen sie wesentlich größer. Sie sind um einen Zentralraum für Kochen, Essen, Wohnen organisiert. Große Schiebetüren verbinden die einzelnen

Ein Haus, das nicht verhehlt, welche widersprüchlichen Konditionen es erfüllen musste. Selbst die Verordnung eines biederen Satteldachs wurde hier schlitzohrig interpretiert.

Funktionsbereiche oder ergeben intime Kabinette. Jeder Raum lässt sich nach draußen erweitern. Selbst das Bad besitzt eine uneinsehbare Terrasse mit Außendusche, die sich über breite Flügeltüren mit dem Innenraum verbinden lässt. So verdoppelt sich seine Fläche bei passendem Wetter.

Die Bauweise ist massiv, Ziegel und Beton, auch das Dach ist betoniert. Dadurch ergibt sich genügend Speichermasse für ein angenehmes Innenklima. Die Dachfläche ist mit Lärchenholzschindeln belegt. Sie dienen dem Schutz der Dachhaut und setzen gleichzeitig das Bild der Holzterrassen fort.

Das Dach reicht bis auf 4 Meter Höhe, als sollte der Außenraum wie mit einem Trichter eingefangen werden. Den Allraum säumen kleinere persönliche Räume, die sich mit Schiebetüren dazuholen lassen.

Um Größe zu gewinnen, setzen allseitig große Terrassen die fließende Wohnebene fort. Selbst das Bad lässt sich ins Freie erweitern (siehe Grundriss).

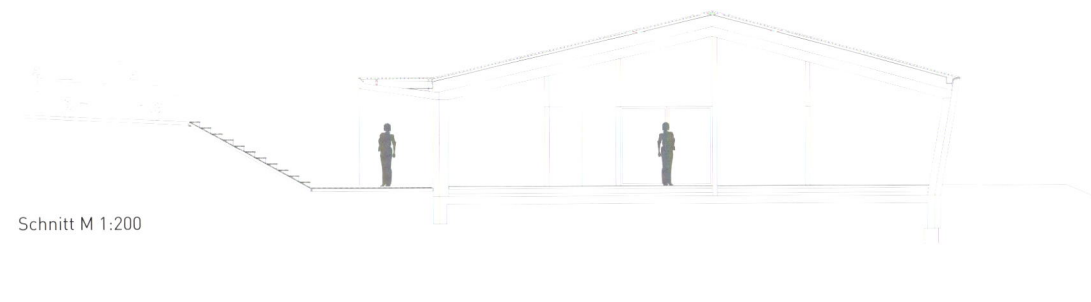

Schnitt M 1:200

Gebäudedaten

Grundstücksgröße: 880 m²

Wohnfläche: 147 m²

Zusätzliche Nutzfläche: –

Anzahl der Bewohner: 3

Bauweise: massiv

Dachkonstruktion: Stahlprofile mit

Lärchenholz belegt

Heizwärmebedarf: 48 kWh/m²a

Baukosten: 260.000 Euro

Baukosten je m² Wohn-

und Nutzfläche: 1.769 Euro

Fertigstellung: 2010

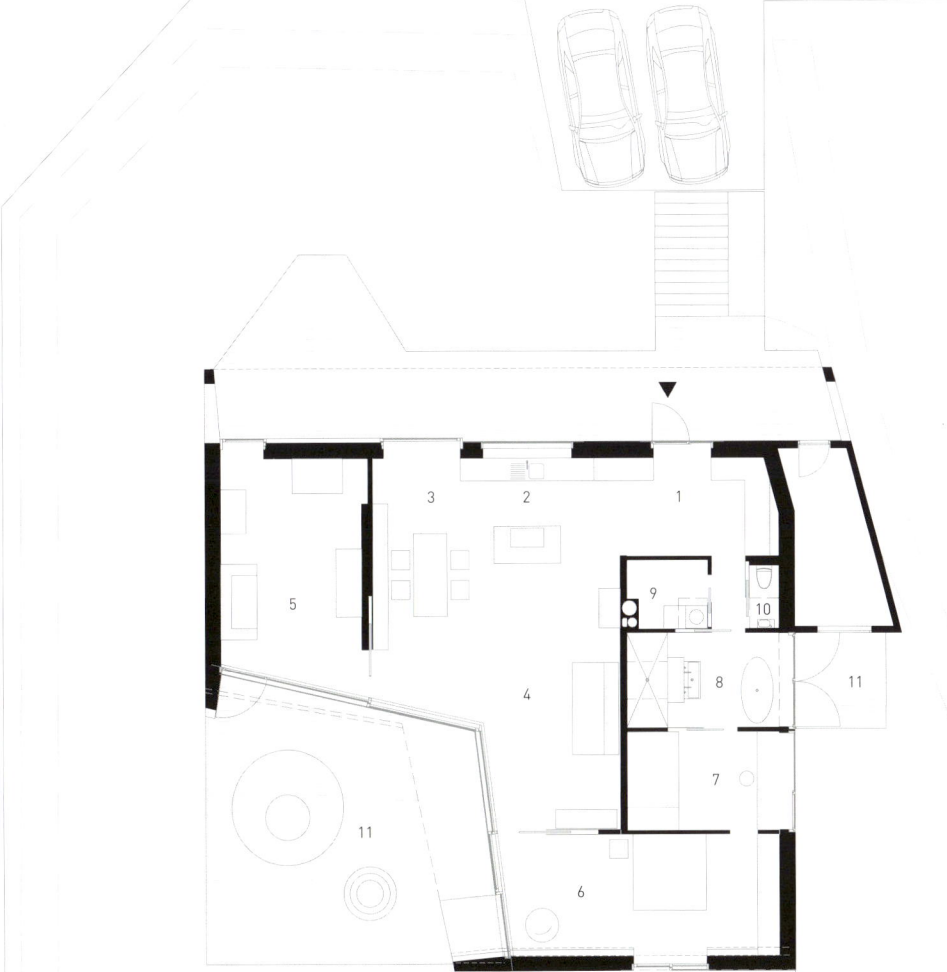

Erdgeschoss M 1:200

1 Eingang / Foyer
2 Kochen
3 Essen
4 Wohnen
5 Kind
6 Schlafen
7 Arbeiten / Gast
8 Bad
9 Technik / Abstellraum
10 WC
11 Terrasse

Lageplan

Bernhard Schönherr, Mark Jenewein und Herwig Kleinhapl, A-Graz

„Ein Ort, der architektonisch besonders ist, ohne den Bewohnern viel abzuverlangen; unkonventionell, speziell und doch sehr alltagstauglich."

LP architektur

Einfamilienhaus mit Nebengebäude in Radstadt

Die Bauherren wünschten sich eine puristische, sinnhafte und funktionale Architektur. Zur einen Seite schließt ein Baugebiet mit gültiger Gestaltungssatzung an, zur anderen liegt die Überflutungsfläche der Enns, was eine weitere Bebauung in dieser Richtung ausschließt. Die Gemeinde Radstadt hatte für das Grundstück eine Aufschüttung um 1,70 Meter verlangt.

Aus dieser Auflage entstand die Idee, die Geschossebenen und das umliegende Gelände als Räume zu verstehen, deren Schnittstellen besondere Qualitäten aufweisen und das Haus mit der Umgebung horizontal und vertikal verknüpfen: die Thematik der Ebene. Der Entwurf folgt ohne besondere Priorität diesen unterschiedlichen Bedingungen aus Gestaltungssatzung, Topografie und vorhandener Bebauung und reduziert sie auf abstrakte Indizien.

Das Grundstück wird auf Straßenniveau erschlossen. Der Zugang zum Haus liegt allerdings auf höherem Niveau. Dadurch inszeniert die Treppe das Verlassen des Außenraums und den Eintritt in das Gebäude. Diese Passage wird räumlich durch den Gebäuderücksprung und das flankierende Nebengebäude betont, man bewegt sich in dieser Hofsituation aus dem halböffentlichen in den privaten Raum.

Das Erdgeschoss bildet das Zentrum des Hauses mit den üblichen Funktionen Kochen, Essen, Wohnen. Die räumliche Ausrichtung und das sparsame Mobiliar strukturieren diese Ebene eindeutig, Rücksprünge in den Wänden ergeben Stauräume, ohne die klaren Linien zu stören. Der Weg ins eher private Obergeschoss kann durch eine Schiebetür an der Treppe verschlossen werden. Hier gibt es bis auf das WC keine Zimmerteilungen, die Funktionen werden räumlich oder durch Möbel angedeutet. So dient die Fläche zwischen den Schlafräumen als Ankleidebereich.

Das Nebengebäude wird als Werkstatt, Hauswirtschaftsraum und Lager genutzt und mit einem großen Falttor zur Einfahrt hin geöffnet.

Vorherige Seite: Zunächst galt es, auf äußere Bedingungen zu reagieren. Das Wohnhaus und das Werkstattgebäude mussten wegen einer möglichen Überflutung auf einem Sockel stehen. Das gab Gelegenheit, die Erschließung besonders zu inszenieren.

Im Erdgeschoss ließ man die Deckenbalken sichtbar, im Schlafgeschoss darüber wird die Ausstattung glatter und feiner. Bis auf die Toilette soll der Großraum offen bleiben und nur durch Möbel begrenzt werden.

Wohnen pur. Die Architektur bietet die notwendige Hardware durch einige feste Einbauten und Rücksprünge als Stauräume. Man darf auf die weitere Einrichtung gespannt sein. Jedes Requisit wird hier zur Behauptung.

Gebäudedaten

Grundstücksgröße: 661 m²

Wohnfläche: 153 m²

Zusätzliche Nutzfläche: 56 m²

Anzahl der Bewohner: 2

Bauweise: Holzmassivbauweise

Heizwärmebedarf: 9 kWh/m²a

Fertigstellung: 2010

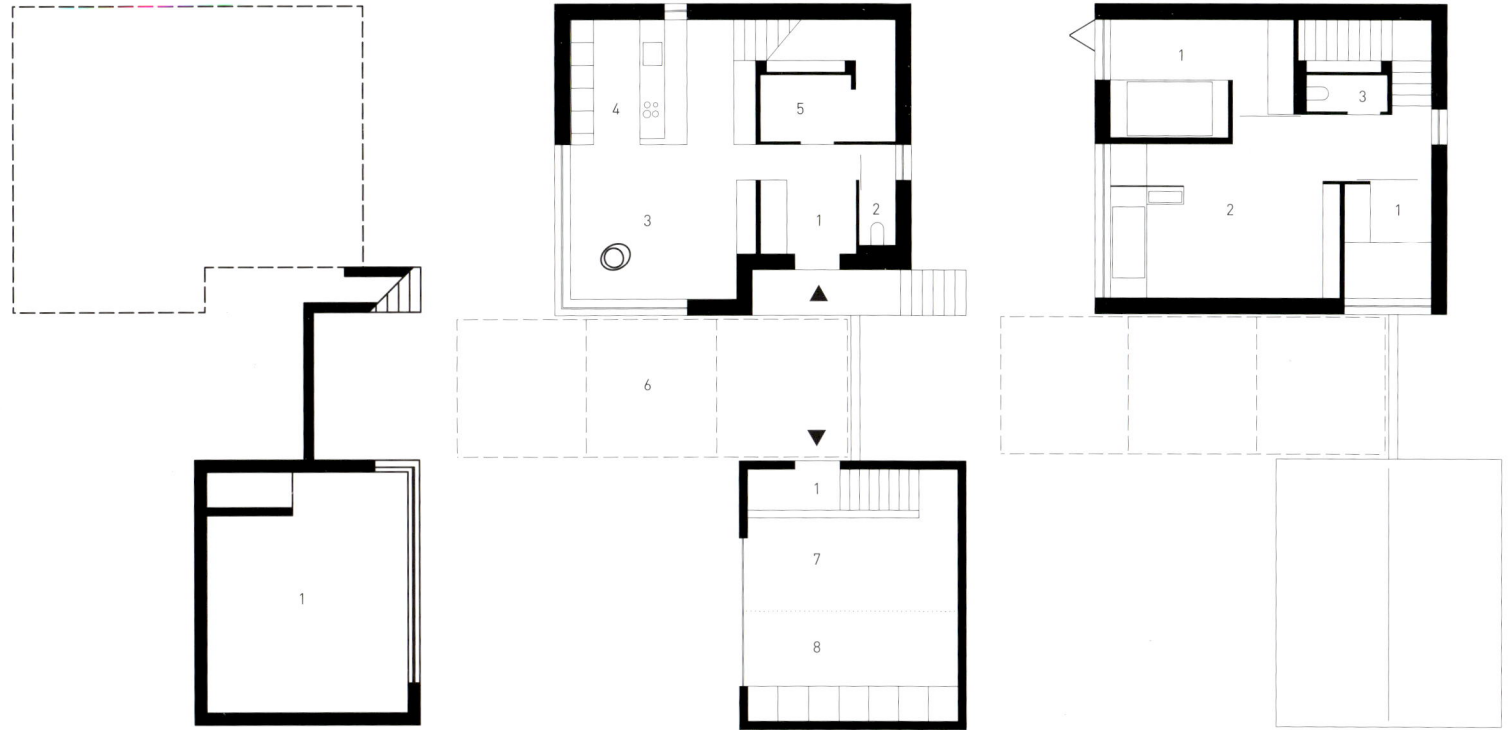

Untergeschoss M 1:200

1 Werkstatt

⊗

Erdgeschoss M 1:200

1 Eingang
2 WC
3 Wohnen
4 Kochen
5 Technik
6 Terrasse
7 Hauswirtschaft
8 Labor

Obergeschoss M 1:200

1 Schlafen
2 Bad
3 WC
4 Wohnen

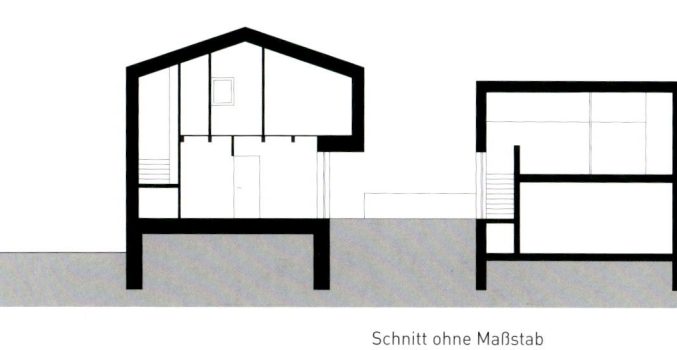

Schnitt ohne Maßstab

Lageplan

Thomas Lechner, A-Altenmarkt

„Die Begrenzungen der Räume werden durch Möbel geschaffen,
um möglichst viel Stauraum zu erhalten."

destilat architecture + design
Haus am Hang bei Linz

Das steil zur Donau hin abfallende Randgrundstück liegt am Fuße des Pöstlingbergs im Nordosten von Linz. Es ist von Wald, Wiesen und einem Obstgarten umgeben. Ziel war es deshalb, beim Entwurf die Einzigartigkeit der Landschaft zu berücksichtigen und sich gegen eine bestehende Wohnsiedlung abzuschotten, ohne den Ausblick über das Donautal ins Alpenvorland zu beeinträchtigen.

Der Hauskörper folgt mit versetzten Geschossebenen der Topografie, sie kokettieren mit dem Außenraum. Das Zentrum bildet ein gestockter Sichtbetonkörper, um den sich die Erschließung entwickelt, er durchstößt alle Ebenen und ist im ganzen Haus zu spüren. Er interpretiert die Lage des Hauses in der am Donaudurchbruch von Felsen dominierten Landschaft.

Die Split-Level-Bauweise ergibt unterschiedliche Raumhöhen in allen Geschossen, ein eingeschnittener Hof belichtet die Räume im Südosten und erlaubt ansonsten eine geschlossene Front zu den Nachbarn. Die vollverglaste Fassade nach Südwesten wird durch ein vorgehängtes Rahmenelement verschattet, es führt den Innenraum nach außen,

schützt vor Bewitterung und bietet an seinem auskragenden Endpunkt einen neugierigen Aussichtsplatz.

Das weit hervortretende Dach über dem Carport markiert und schützt den Eingang. Die Diele überrascht durch den Ausblick über den Lichthof. Zunächst erreicht man ein halbes Geschoss tiefer die Küche, die sich an den Betonkern anlehnt. Hier liegt peripher der Elternbereich. Am Essplatz vorbei folgen tiefer gestaffelt der Wohnraum mit unterschiedlichen Deckenhöhen – licht und hoch zur Terrasse, bergend über der Polstergruppe –, und schließlich die Kinderzimmer.

Außer den statisch erforderlichen, erdberührenden Stahlbetonfundamentplatten und wenigen massiven Wänden schließt die weitere Konstruktion in Holzbauweise an. Dem Bauherrn war ein ressourceneffektives „wohngesundes" Haus wichtig. Deshalb wurde mit Hanf gedämmt, eine Luftwärmepumpe in Verbindung mit kontrollierter Wohnraumlüftung erreicht Niedrigenergiestandard. Ein speziell gemischter Putz ergibt die erdige Farbe der Fassade, die innen von einem hellen Estrich und einer durchweg weißen Farbgebung abgelöst wird.

Vorherige Seite: Das Haus erinnert an die klassische Bungalowarchitektur der Sechziger-Jahre. Durch seine versetzten Ebenen folgt es dem Hang mit einer deutlichen Staffelung.

Entlang der Ostfassade führt von der Poolterrasse ein Steg, der talwärts mit einer „Kleinen Neugierde" endet.

Unterschiedliche Höhen geben jedem Raum seine unverwechselbare Atmosphäre. Der Wohnraum mit vorgelagerter Südterrasse ist nur „gemütliche" 2,20m hoch.

Über dem Wohnbereich endet ein gestockter Sichtbetonkubus, der an die felsige Umgebung erinnert. Er birgt die Garderobe im Obergeschoss und wird durch die umlaufende Erschließung im ganzen Haus spürbar. Hinter der Küche bleibt ein Lichtschlitz zum Wohnraum.

Wolfgang Wimmer, A-Linz

„Ziel war es, die Einzigartigkeit des Waldrands in das Konzept einzubinden, eine gleichzeitige Abschottung zur Siedlung zu gewährleisten und dabei den vorhandenen Ausblick über das Donautal ins Alpenvorland zu inszenieren."

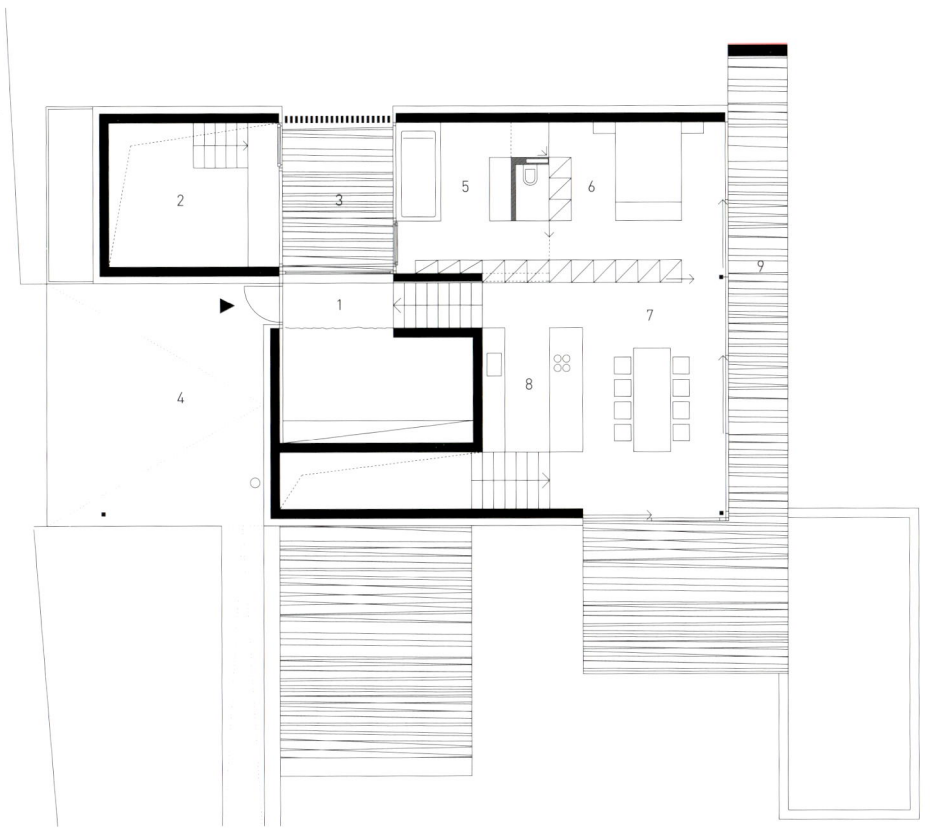

Gebäudedaten

Grundstücksgröße: 4.500 m²

Wohnfläche: 220 m²

Zusätzliche Nutzfläche: 30 m²

Anzahl der Bewohner: 5

Bauweise: Mischbau
(ebenerdige Bauteile: Stahlbeton,
Rest: Holzriegelkonstruktion)

Heizwärmebedarf: 25 kWh/m²a

Baukosten: 350.000 Euro

Baukosten je m² Wohn-
und Nutzfläche: 1.400 Euro

Fertigstellung: 2010

Eingangsgeschoss M 1:200

1 Eingang / Garderobe
2 Luftraum
3 Lichthof
4 Carport
5 Bad
6 Schlafen
7 Essen
8 Kochen
9 Balkon

Hanggeschoss M 1:200

1 Atelier
2 Bad
3 Kind
4 Wohnen
5 Hauswirtschaft
6 WC
7 Technik / Lager
8 Pool
9 Terrasse

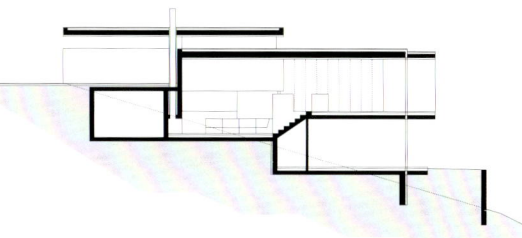

Schnitt ohne Maßstab

Werknetz Architektur
Philipp Wieting

Einfamilienhaus am Hang in Chur

Ein kleines Haus, zweifellos eine Sonderanfertigung für das Wohnen zu zweit. Eine Straße führt von zwei Seiten um das Hanggrundstück herum. Die Bauherren legten allerdings Wert auf Privatheit, wofür diese Situation keine guten Voraussetzungen bot. Das Haus reagiert jedoch geschickt mit Introvertiertheit, nicht nur in der Formation der Grundrisse, sondern durch seinen gesamten, fast abweisend wirkenden Habitus. Es antwortet als bewohnbare Skulptur, die sich aus drei unterschiedlichen Grundrissebenen zusammensetzt. Zwei verschiedene Schalungen geben dem Ortbeton eine unterschiedliche Oberflächenstruktur, so entsteht eine Balance aus einheitlichem Baukörper und betonter plastischer Differenz.

Obwohl das Hanggeschoss in den Berg eingegraben ist, bleibt seine Dimension allseitig zu erkennen. Zusammen mit dem Swimmingpool bildet es eine bühnenartige Plattform für den Wohnbereich des darüber liegenden Erdgeschosses, das mit seinen ausgreifenden Flanken als bergende Raumklammer den privaten Raum definiert. Die mehrfach geknickte Sichtbetonwandscheibe bildet eine Membran als Raumabschluss und Vermittlung zur bewegten Topografie des Gartens.

Das Obergeschoss folgt in der Kubatur den festgelegten Baugrenzen, die innere Raumaufteilung entspricht den Hauptlinien des Erdgeschosses, wodurch eine atmosphärische Spannung entsteht. Drei fassadenbündige Fenster – wieder die gewünschte Geschlossenheit betonend – erlauben Ausblicke nach drei Seiten. Zusätzliche raumhohe Verglasungen führen zu uneinsehbaren Patios, die zusammen mit den Lufträumen zwischen den Ebenen spannende Raumwirkungen ergeben. Auch innen bleibt der Beton sichtbar und setzt die von außen zu ahnende puristische Wohnkultur stimmig fort.

Der Verkehr belästigt das Haus von zwei Seiten, außerdem fällt das Gelände zur Gartenseite ab. Darauf reagiert das Bauwerk drastisch. Es „befestigt" die Straßenecke als kräftige Skulptur.

Das Wohnen beginnt auf einer betonierten Plattform, sozusagen die Referenzebene „Normalnull". Sie wird von einem Schwimmbecken zum tieferliegenden Garten begrenzt, Nebenräume und eine Betonwand schützen gegen Einblicke.

Der Essplatz des hermetisch wirkenden Hauses wird zusätzlich über eine Bibliotheksgalerie erhellt, die seitlich zu einem Lichtraum im Obergeschoss offen ist.

Vom Eingang führt ein schmaler Flur zur Küche. Der Beton signalisiert Sicherheit. Licht kommt vom Ende des Tunnels.

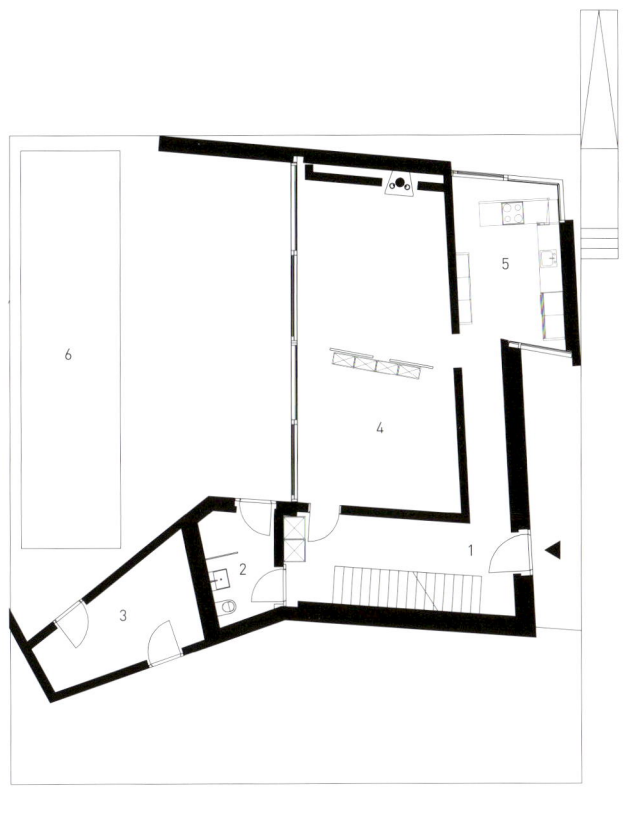

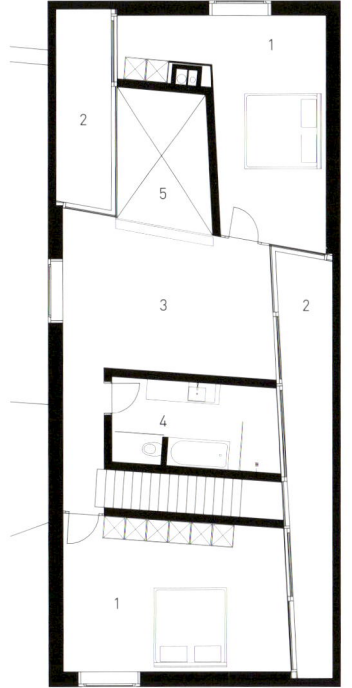

Gebäudedaten

Grundstücksgröße: 976 m²

Wohnfläche: 158 m²

Zusätzliche Nutzfläche: 72 m²

Anzahl der Bewohner: 2

Bauweise: massiv (Sichtbeton)

Heizwärmebedarf: 20 kWh/m²a

Baukosten: CHF 870.000

Baukosten je m² Wohn-
und Nutzfläche: CHF 3.700

Fertigstellung: 2008

Erdgeschoss M 1:200

1 Eingang / Flur
2 WC / Dusche
3 Abstellraum (Fahrräder / Garten)
4 Wohnen / Essen
5 Kochen
6 Pool

Obergeschoss M 1:200

1 Schlafen
2 Patio
3 Wohnen / Bibliothek
4 Bad
5 Luftraum

Lageplan

Philipp Wieting, CH-Zürich

„Trotz Eingrabung des Hanggeschosses in den Berg bleibt dessen
Dimension von allen Seiten des Gebäudes ablesbar."

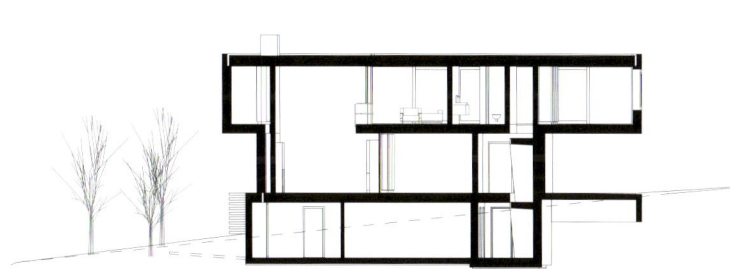

Schnitt ohne Maßstab

Bob Gysin
+ Partner BGP
Minergiehaus
in Zürich

Das Volumen des Einfamilienhauses am Hottingerplatz in Zürich bezieht sich auf vorhandene Baulinien, im Dachgeschoss folgt es der Flucht des Nachbarhauses. Anstatt die baurechtlich zulässige Gebäudehöhe auszuschöpfen, wird auch dessen Traufhöhe übernommen. Damit reagiert der Neubau auf den öffentlichen Raum und die Platzanlage.

Die zweischalige Betonfassade wirkt durch das Stocken der Oberfläche fast wie verputzt. Die Zuschlagmischung aus Bruchsteinen und Farbpigmenten gibt ihr einen warmen, erdigen Ton, der den umliegenden Gebäuden entspricht. Die Ausführung als selbstverdichtender Kalkbeton ohne Dilatationsfugen wurde zuvor durch aufwändige Prüfverfahren getestet. Damit treffen in der Hybridkonstruktion traditionelle Materialbehandlung und moderne Technologie zusammen.

Das Haus ist als Minergie-Eco-Bau konzipiert. Deshalb wurden Hülle, Wärmeerzeugung, Lüftung, Tageslichtnutzung und Wärmeverteilung als Gesamtsystem betrachtet. Solarkollektoren auf dem Dach zur Warmwasserbereitung, Erdsonden für die Heizung und eine mechanische Lüftung mit Wärmerückgewinnung ergänzen sich im Energiehaushalt; dazu gehören auch die Ausrichtung der Wohnräume, die Anordnung der Fenster und die zweigeschossigen Räume zur Tageslichtverteilung und Wärmezirkulation.

Das einfache statische Grundgerüst spannt einen großen, frei unterteilbaren Raum auf, den die Bewohner entsprechend interpretieren können. Die Qualität der Grundrissgeometrie mit fließend ineinandergreifenden Räumen, die sich um einen rot lasierten Sichtbetonkern legen, zeigt sich durch wenige einheitliche und hochwertige Materialien. Die Holzfenster mit ihren tiefen Laibungen wirken wie Bilderrahmen auf der Wand, außen werden sie von glatten Passepartouts in der rauen Betonfassade betont. Großzügige, bündige Verglasungen weisen auf die Büro-/Ateliernutzung hin. Die technisch notwendige Infrastruktur ist durchweg unsichtbar gelöst.

Vorherige Seite: Ein Einfamilienhaus mit Atelier und Büroräumen über fünf Etagen. Die Baukörpergliederung bezieht sich auf die Nachbarbebauung, anstatt das Baurecht auszuschöpfen.

Die Anordnung der Fenster, die Ausrichtung der Wohnräume und Verbindung der Volumen folgt den Maßgaben des Energiekonzepts. Zwei Deckaussparungen lassen innen die Höhenentwicklung erleben.

Die Ebenen entwickeln sich entlang eines rot lasierten Sichtbetonkerns. Darum breitet sich ein frei unterteilbarer Raum aus. Alle Materialien sind hochwertig und präzise verarbeitet, alle Technik (wie Lufteinlässe) wurde unsichtbar gelöst.

Der gestockte, fugenlose Beton wirkt wie ein warmgetönter Putz. Hinter dem großen fassadenbündigen Fenster liegt der zweigeschossige Wohnraum.

Außen sind die Fenster bronziert, innen bleibt das Holz sichtbar. Bis auf den großen Balkon am Essplatz öffnet sich das Stadthaus zurückhaltend nach außen.

Alle Nassräume liegen im roten Kern neben Aufzug und Treppe. Auch hier drinnen darf Farbe leuchten.

Bob Gysin und Büro, CH-Zürich

„Anstatt die baurechtlich mögliche Gebäudehöhe voll auszuschöpfen, wird ein Bezug zur bestehenden Traufkante des Nachbargebäudes hergestellt."

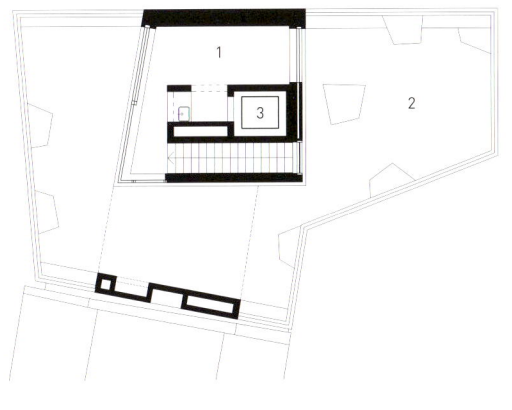

Dachgeschoss M 1:250

1 Lounge
2 Dachterrasse
3 Aufzug

Gebäudedaten

Grundstücksgröße: 213 m²

Wohnfläche: 350 m²

Zusätzliche Nutzfläche: 45 m²

Anzahl der Bewohner: 4

Bauweise: massiv (2-schalige Betonkonstruktion)

Heizwärmebedarf: 53,3 kWh/m²a

Primärenergiebedarf: 117,3 kWh/m²a

Fertigstellung: 2010

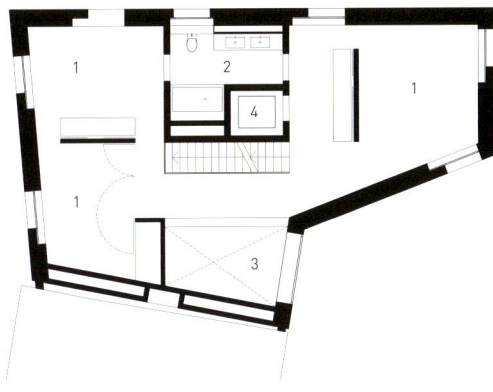

3. Obergeschoss M 1:250

1 Schlafen
2 Bad
3 Luftraum
4 Aufzug

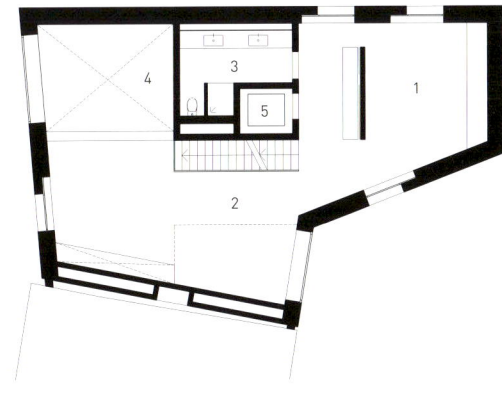

2. Obergeschoss M 1:250

1 Schlafen
2 Arbeiten
3 Bad
4 Luftraum
5 Aufzug

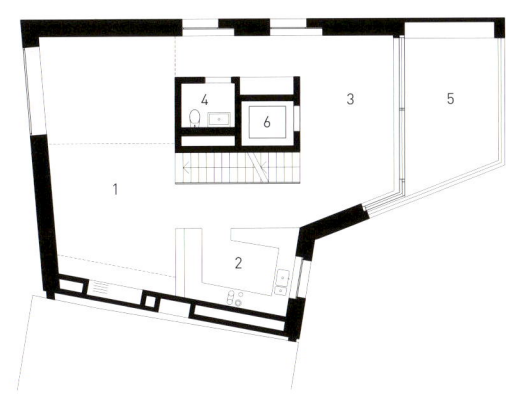

1. Obergeschoss M 1:250

1 Wohnen
2 Kochen
3 Essen
4 WC
5 Terrasse
6 Aufzug

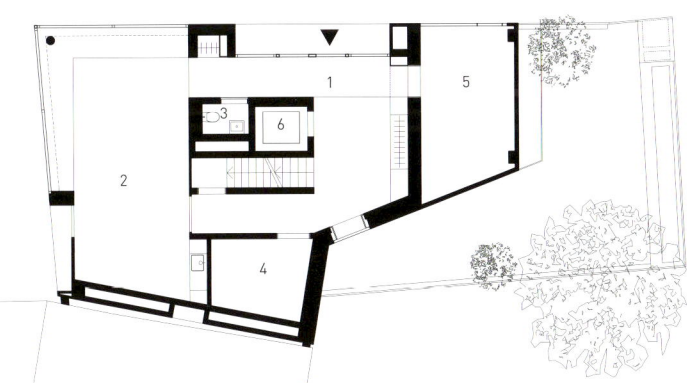

Erdgeschoss M 1:250

1 Eingang
2 Atelier
3 WC
4 Abstellraum
5 Garage
6 Aufzug

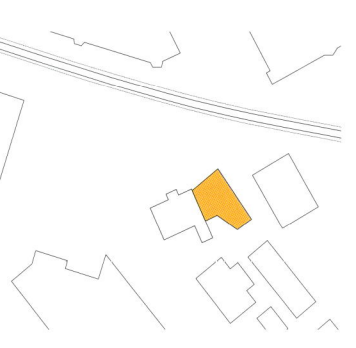

Lageplan

wild bär heule

Einfamilienhaus in Zollikon

Die beiden oberen Ebenen des dreigeschossigen Baukörpers weisen zwei U-förmige Grundrisse auf. Sie stapeln sich um 90 Grad verdreht übereinander, sodass im Erdgeschoss an der offenen Südwestseite ein überdachter Freisitz zum Garten und im Obergeschoss nach Nordwesten eine Terrasse entsteht.

Im Zentrum der scheinbar endlosen Schlaufe liegt ein bepflanztes Atrium. Die Kubatur wird aus Platten und Scheiben gebildet, die entweder klare Kanten bilden und einen exakten Baukörper umschreiben oder horizontal und vertikal überstehen, um das Ineinandergreifen und Durchstoßen der Ebenen zu betonen. Die Hülle schließt sich als tektonische Schale um das Gebäude. Die Fenster sind nicht als Öffnungen ausgestanzt, sondern ergeben sich als großzügige Aussparungen, wo waagrechte und senkrechte Flächen aufeinander treffen. Eine zusätzliche Außentreppe zur oberen Terrasse schließt den Rundweg durch das Gebäude, das sich als räumlich-plastisches Objekt präsentiert.

Wände und Decken des Scheibenhauses sind aus schwarz eingefärbtem Beton gegossen. Dieser wurde nach dem Aushärten sandgestrahlt und lasiert, damit seine Oberfläche eher wie Naturstein wirkt.

Wichtig ist die enge Verzahnung mit dem Außenraum. Zum Wohnquartier grenzt sich der Garten deutlich ab: an drei Seiten zu den Straßen hin mit einer Betonmauer, zum Nachbarn mit einer dichten Hecke. In dieser Umfassung werden drei unterschiedliche Räume als sogenannte Gartenzimmer definiert: der Zugang als bekiester Hof, anschließend ein holzbelegter Badehof mit einem langen schmalen Schwimmbecken, schließlich die Rasenfläche des Gartens.

Die Grundrisse sind bei aller Offenheit durch die um das Atrium angelegte Gebäudeform und aufeinander bezogene Scheiben und Fluchten klar nach Funktionen gegliedert. Die Aufteilung ist klassisch, unten Wohnen, oben Schlafen.

Vorherige Seite und oben: Ein Haus als bewohnbares räumlich-plastisches Objekt. Das Prinzip aus schweren Betonscheiben, die sich treffen, verfehlen oder überschneiden, bleibt immer erkennbar.

Auch die beiden Grundrisse gehen auf ein geometrisches Spiel zurück. Zwei um 90 Grad gegeneinander verdrehte U-förmige Ebenen umschreiben einen Innenhof. So entsteht ein geschützter Terrassenplatz, der sich von innen überschauen lässt.

Durch die Anordnung der Betonscheiben entsteht kein starrer schwerer Kasten, die Fügung erinnert eher an die angehaltene Bewegung einer Schlaufenbildung. Der schwarz eingefärbte Beton ist sandgestrahlt und lasiert, wirkt damit fast wie Naturstein.

Bei der Küche hat man sich hier für einen geschlossenen Raum zur konzentrierten Essenzubereitung entschieden und nicht für eine Kochstation in einer fließenden Wohnebene.

Das Elternbad öffnet sich zum Innenhof. Die Krone der Akazie übernimmt die Aufgabe des Vorhangs – je nach Jahreszeit.

Thomas Wild, Sabine Bär und Ivar Heule, CH-Zürich

„Es ist ein Haus, das sich primär als räumlich-plastisches Objekt präsentiert. (...) Eine enge Verzahnung mit dem Außenraum prägt das Haus."

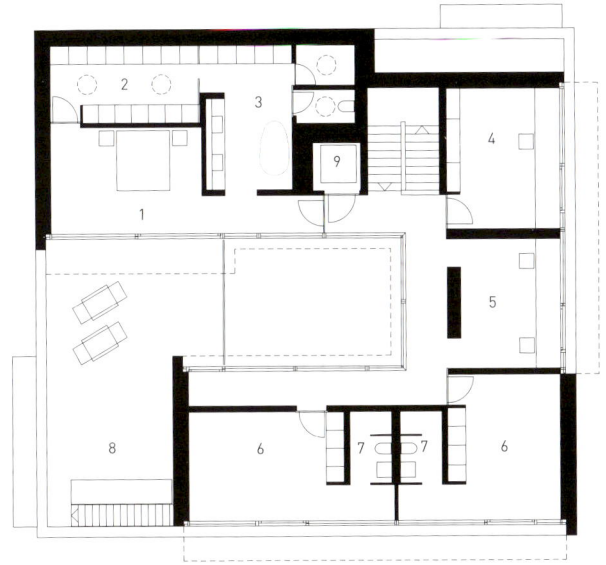

Obergeschoss M 1:250

1 Schlafen
2 Ankleide
3 Elternbad
4 Arbeiten
5 „Familylounge"
6 Kind
7 Kinderbad
8 Dachterrasse
9 Aufzug

Lageplan

Gebäudedaten

Grundstücksgröße: 1.001 m²

Wohnfläche: 391 m²

Zusätzliche Nutzfläche: 165 m²

Anzahl der Bewohner: 4

Bauweise: massiv

Heizwärmebedarf: 59,17 kWh/m²a

Fertigstellung: 2010

Erdgeschoss M 1:250

1 Eingang / Garderobe
2 WC
3 Arbeiten
4 Wohnen
5 Bibliothek
6 Essen
7 Kochen
8 Terrasse
9 Fahrräder
10 Eingangshof
11 Pool
12 Aufzug

Schnitt M 1:250

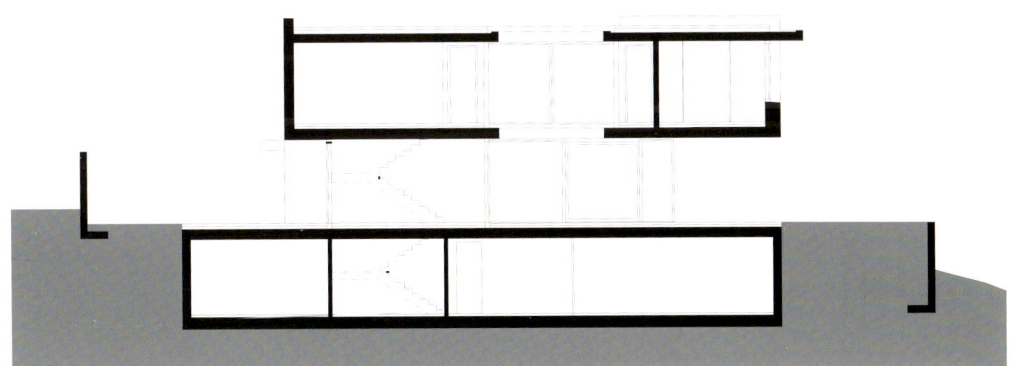

atelier-f architekten

Weißes Haus im Obstgarten in Jenins

Jenins ist eine der vier traditionellen Weinbaugemeinden im Norden des Kantons Graubünden, der sogenannten Bündner Herrschaft. Dieses weiße Haus gehört zum Ensemble des Weinguts zur Sonne, am Ausgang des alten Dorfkerns in Richtung Malans. Es ist das „Stöckli" auf dem Weingut und liegt hinter der Umfassungsmauer entlang der Hauptstraße im obersten nordwestlichen Zwickel des Obstgartens.

Die fünfeckige Grundrissform entwickelt sich aus den Bezügen zur Umgebung. Die beiden jeweils symmetrischen, klassischen Giebelfassaden stehen im Nordosten parallel zur Straße und im Westen parallel zur Grenze des Obstgartens. Die nördliche Trauffassade flankiert den Zugangshof. Der First verläuft als gerade Linie, sodass sich durch das Fünfeck im Obergeschoss unterschiedliche Raumhöhen ergeben. Neben dem Treppenlauf bleibt eine geschossübergreifende Öffnung, die den oberen Flur wie eine Galerie wirken lässt.

Die Raumsequenzen und Fenster entsprechen der Größe und Zuordnung der Funktionen innerhalb des fünfeckigen Umrisses. Die großen Fenstertüren im Wohnzimmer führen nach Süden zur vorgelagerten Veranda, im Geschoss darüber hat das Schlafzimmer ein raumhohes Schiebefenster. Die Küche wird übereck belichtet, das Gästezimmer durch das Giebelfenster von Nordosten.

Konstruiert ist das Haus monolithisch aus Misapor-Beton, er trägt und dämmt zugleich. Die fast weißen 50 Zentimeter dicken Wände sind außen und innen sichtbar belassen. Die unterschiedlichen Lösungen für die Öffnungen betonen die massive Wandstärke. Die Bodendielen sind aus Eichenholz, eine Reminiszenz an den Weinbau.

Beheizt wird das Haus durch die Sonne, mit dem Kamin und einer Erdsonden-Wärmepumpe für die Grundlast.

Hier muss man ganz genau hinschauen, um die ungewöhnlichen Giebel zu verstehen (die eingezeichnete Firstlinie im Grundriss hilft). Oben die Ansicht von Süden, unten etwa von Norden.

Die Giebelwände selbst sind völlig symmetrisch angelegt, hier die schmale Front nach Westen. Das Material ist ein tragender und dämmender Beton, die Wände sind 50 Zentimeter dick.

Die Küche (im Hintergrund) ist ein abgeschlossener Raum. Neben dem Treppenblock (rechts) bleibt der Flur offen bis unters Dach, um das Obergeschoss des kleinen Hauses einzubeziehen.

Die fünfeckige Hausform entwickelt sich aus Bezügen zur Umgebung. Dadurch entsteht gleichzeitig eine Zonierung im Wohn-/Esszimmer.

Kurt Hauenstein, CH-Fläsch

„Die Raumsequenzen und Fensteröffnungen reflektieren die Größe und die Zuordnung der Räume im fünfeckigen Grundriss."

Obergeschoss M 1:200

1 Zimmer
2 Bad

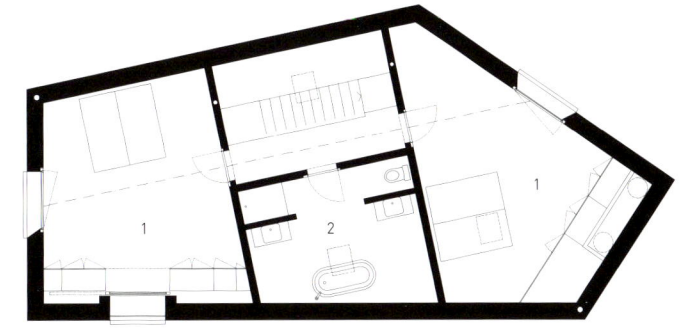

Lageplan

Gebäudedaten

Grundstücksgröße: 480 m²

Wohnfläche: 136 m²

Zusätzliche Nutzfläche: –

Anzahl der Bewohner: 2

Bauweise: massiv (Misapor-Beton)

Baukosten: CHF 1 Mio.

Fertigstellung: 2009

Erdgeschoss M 1:200

1 Eingang
2 WC
3 Garderobe
4 Kochen
5 Essen
6 Wohnen
7 Terrasse
8 Carport

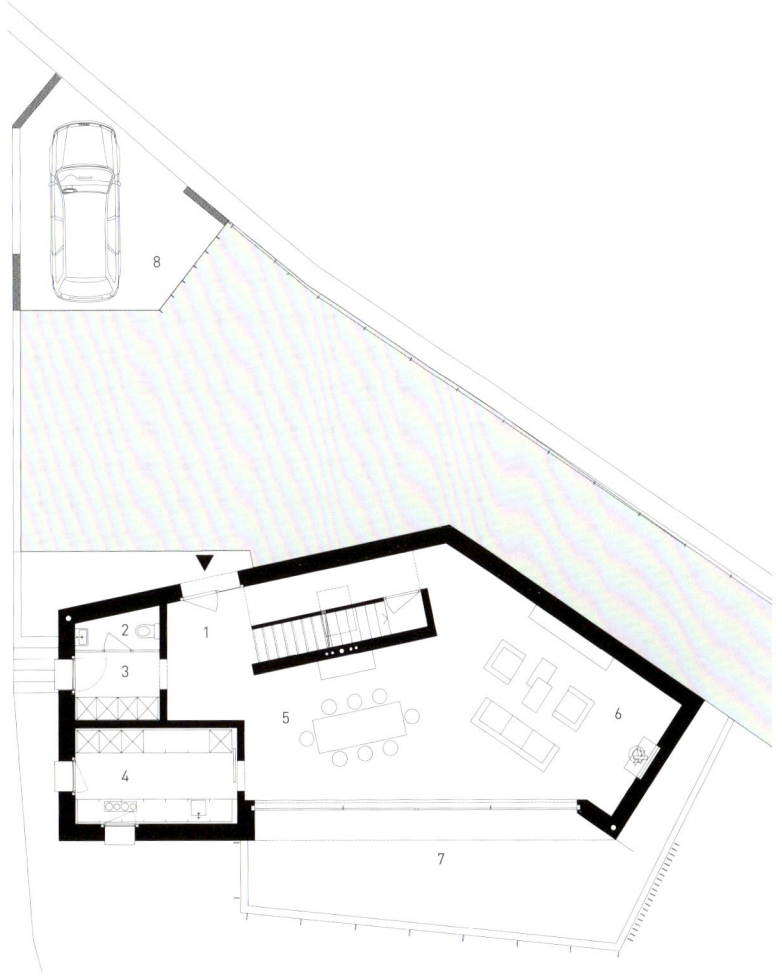

Schnitt ohne Maßstab

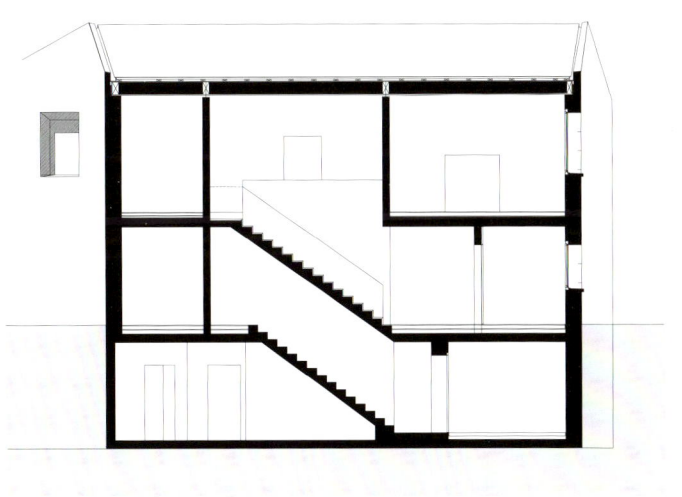

Etienne Descloux PE-P
Villa am Neuchâteler See

Das Haus gewinnt den Charakter einer modernen Burg, es überblickt den Neuchâteler See im Süden und die Hauterive Steingrube im Norden und behauptet sich im Kontext unterschiedlicher Einfamilienhäuser. Als einziges gebautes Ornament verbindet eine aus der Fassade gedrehte Wendeltreppe die Küchen-Loggia im Erdgeschoss mit der Dachterrasse darüber. Dies wirkt auf der sonst schmucklosen weißen Wand fast wie eine barocke Anspielung.

Durch die Hanglage wird das Haus auf der mittleren Ebene erschlossen. Hier liegt nach Südosten der lang gestreckte Wohnraum mit dem Essplatz, zu den Kinderzimmern geht es nach unten, Elternschlafraum, Arbeitszimmer und Terrasse folgen im Staffelgeschoss. Alle dienenden Räume sind neben der Treppe angeordnet oder im Berghang verborgen. Die gebrochene Geometrie, von der gespreizten Treppe ausgehend, definiert einfache Räume, markiert den Wohnraum und setzt mit dem Abdruck der Wendeltreppe ein Aperçu.

Die einschaligen Außenwände sind aus Porenziegeln gemauert, innen und außen weiß verputzt. Unter den schwarzen Estrichböden liegt eine Fußbodenheizung, auf dem Flachdach ist eine extensive Begrünung angelegt. Geheizt wird mit einer Luft-Wasser-Wärmepumpe. Die tief herunterreichenden Fensterprofile sind eine Holz-/Alu-Konstruktion.

Die monochrome, karge Strenge, innen wie außen, lenkt den Blick konzentriert in die Landschaft – oder lässt die Räume, Wege und Formen ungestört erleben.

Fast zu streng? Aber da ist doch die Wendeltreppe, die sich an der Südwest-Fassade wie eine Stirnlocke aus der Fassade dreht. Sie verbindet die Küchen-Loggia mit der Dachterrasse.

Das Haus liegt wie eine moderne Burg am Hang über dem Neuchâteler See. Eine Brücke erschließt das Erdgeschoss. Von der Dachterrasse hat man alles im Blick.

Die Raumgeometrie konterkariert die prosaische Strenge des Hauses. Die tief herabreichenden Fenster inszenieren die Ausblicke, die Landschaft wird in gerahmten Bildern hereingeholt.

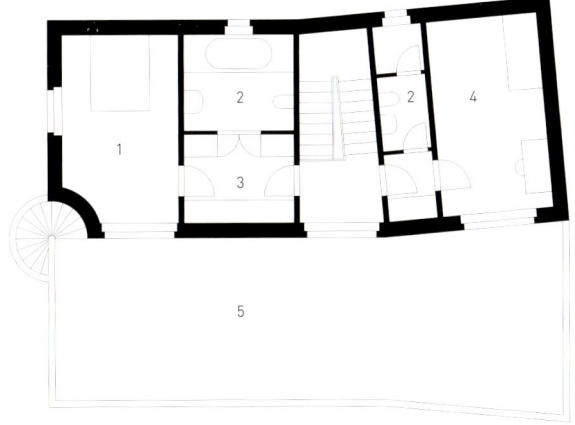

Obergeschoss M 1:200

1 Schlafen
2 Bad
3 Ankleide
4 Gast
5 Terrasse

Lageplan

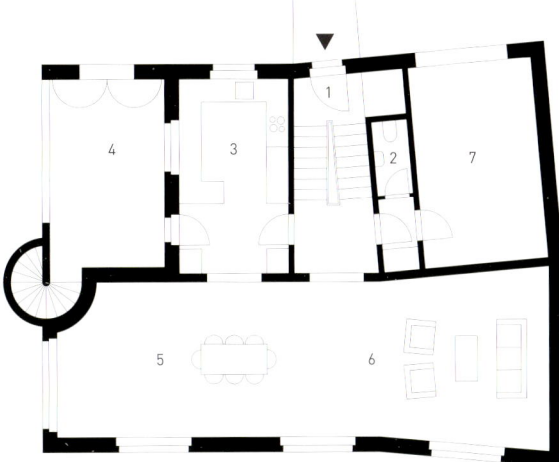

Erdgeschoss M 1:200

1 Eingang / Treppenhaus
2 WC
3 Küche
4 Loggia
5 Essen
6 Wohnen
7 Garage

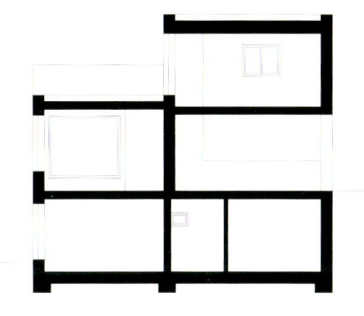

Schnitt ohne Maßstab

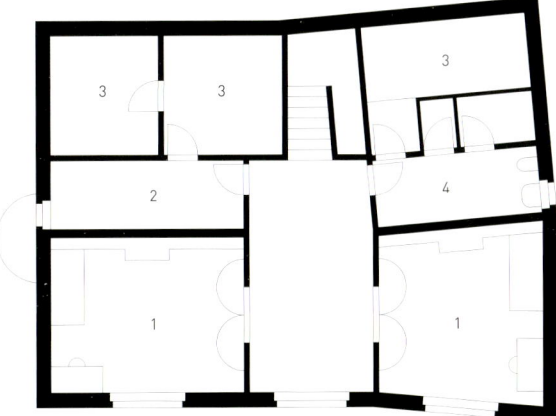

Untergeschoss M 1:200

1 Kind
2 Waschküche
3 Keller
4 Bad

Gebäudedaten

Grundstücksgröße: 830 m²

Wohnfläche: 230 m²

Zusätzliche Nutzfläche: 62 m²

Anzahl der Bewohner: 4

Bauweise: massiv

Heizwärmebedarf: 61 kWh/m²a

Baukosten: 572.500 Euro

Baukosten je m² Wohn-
und Nutzfläche: 1.960 Euro

Fertigstellung: 2009

Etienne Descloux, D-Berlin

„Als einziges gebautes Ornament verbindet eine Wendeltreppe die
Loggia mit der Dachterrasse und verleiht dem Haus ein beinahe
barockes Gesicht."

AMUNT
architekten martenson
und nagel · theissen
Björn Martenson, Sonja Nagel,
Jan Theissen
Wilhelmstraße 3
D-70372 Stuttgart
www.amunt.info/
Seite 32
Fotos: Brigida González, Stuttgart

archibaldbüro
Katrin Oggesen
Dipl.-Ing. Architektin
Ackerstraße 20, Remise
D-10115 Berlin
www.archibaldbuero.de
Seite 68
Fotos: SOLARLUX/
Constantin Meyer, Köln

atelier-f architekten
Kurt Hauenstein Dipl.-Architekt
ETH SIA
Kirchgass 1
CH-7306 Fläsch
www.atelier-f.ch
Seite 262
Foto Seite 264 li. o. und Porträt:
atelier-f;
alle anderen Fotos: Laura Egger

Atelier Fischer
Wolfgang Fischer
Prof. Dipl.-Ing. Arch. BDA
Kürnachtalstraße 6b
D-97076 Würzburg
www.atelier-fischer.com
Seite 142
Fotos: Thomas Nutt, Hamburg

Atelier Lüps
Architektur und Stadtplanung BDA
Mauritz + Wolf-Eckart Lüps
Bergstraße 4
D-86938 Schondorf
www.lueps.com
Seite 82
Fotos: Thomas Huber
und Atelier Lüps

Bembé Dellinger Architekten
und Stadtplaner GmbH
Felix Bembé, Sebastian Dellinger
Architekten BDA
Im Schloss
D-86926 Greifenberg
www.bembe-dellinger.de
Seite 72
Fotos: Christian Hacker, München

Julia Bergmann
mit Kleyer. Koblitz. Architekten
Oranienstraße 20
D-10999 Berlin
bergmannjulia@gmx.de
Seite 150
Fotos: Thorsten Klapsch, Berlin

Titus Bernhard Architekten
Gögginger Straße 105 A
D-86199 Augsburg
www.titusbernhardarchitekten.com
Seite 44
Fotos: Jens Weber & Orla Connolly,
München

Berschneider+Berschneider
Architekten BDA + Innenarchitekten
BDIA
Johannes Berschneider, Gudrun
Berschneider
Hauptstraße 12
D-92367 Pilsach/Neumarkt
www.berschneider.com
Seite 136
Fotos: Erich Spahn, Regensburg

Carsten Blankenhorn
Gutenbergstraße 35 (Hof)
D-50823 Köln
blankenhorn@
anderswohneninderstadt.de
Seite 120
Fotos: Michael Reisch, Düsseldorf

Blocher Blocher Partners
Freie Architekten und Innen-
architekten BDA
Dieter Blocher, Wolfgang Mairinger
Lessingstraße 13
D-70174 Stuttgart
www.blocherblocher.com
Seite 202
Fotos: Nikolaus Koliusis, Stuttgart;
Porträt: Bernd Kammerer, Stuttgart

Benedikt Bosch
Hospitalstraße 26
D-70174 Stuttgart
benedikt.bosch@web.de
Seite 104
Fotos: nam architekturfotografie/
norman a. müller, Dornbirn

Alexander Brenner Architekten
Parlerstraße 45
D-70192 Stuttgart
www.alexanderbrenner.de
Seite 58
Fotos: Zooey Braun, Stuttgart

Buddenberg Architekten
Architekt BDA
Tannenstraße 9
D-40476 Düsseldorf
www.buddenberg-architekten.de
Seite 164
Fotos: Michael Reisch, Düsseldorf

Caramel Architekten ZT GmbH
Katherl.Haller.Aspetsberger
Schottenfeldgasse 60/36
A-1070 Wien
www.caramel.at
Seite 228
Fotos: Hertha Hurnaus, Wien;
Portät: Larry Williams

Clarke und Kuhn
freie Architekten BDA
Schlesische Straße 29–30
D-10997 Berlin
www.clarkeundkuhn.de
Seite 224
Fotos: Tomek Kwiatosz, Berlin

denzer & poensgen
architektur & innenarchitektur
Dipl.-Des. Innenarchitektin
Andrea Denzer, Dipl.-Ing. Architekt
Georg A. Poensgen
Zum Rott 13
D-53947 Nettersheim-Marmagen
Saarstraße 106
D-54290 Trier
www.denzer-poensgen.de
Seite 86
Fotos: Rainer Mader, Schleiden

Etienne Descloux PE-P
Eich-Weinert-Straße 131
D-10435 Berlin
www.etiennedescloux.de
Seite 266
Fotos: Michel Bonvin;
Portät: Serge Hasenböhler, Basel

destilat architecture + design
DI Wolfgang Wimmer ZT
Rainerstraße 25
A-4020 Linz
www.destilat.at
Seite 242
Fotos Seite 243 o. und Seite 244 re. o.:
Mark Sengstbratl; alle anderen
Fotos: Joachim Haslinger

Fuchs, Wacker. Architekten
BDA
Stephan Fuchs, Thomas Wacker
Am Westkai 9 a
D-70327 Stuttgart
www.fuchswacker.de
Seite 188
Fotos: Johannes Vogt, Mannheim

Bob Gysin + Partner BGP
Architekten ETH SIA BSA
Ausstellungsstraße 24
Postfach 3227
CH-8021 Zürich
www.bgp.ch
Seite 250
Fotos: Roger Frei, Zürich

heiler geiger architekten
und stadtplaner
Fürstenstraße 42
D-87439 Kempten
www.heilergeiger.de
Seite 218
Fotos: Hermann Rupp, Studio für
Fotografie, Kempten

HEIN TROY Architekten
DI Matthias Hein
Mag. arch. Juri Troy
Weiherstraße 2
A-6900 Bregenz
Burggasse 24/4
A-1070 Wien
www.hein-troy.at
Seite 110
Fotos: Adam Mork, Kopenhagen;
Porträt: Karolina Miernik, Wien

Heym Göggel Heym Architekten
Erich Heym, Oskar Göggel,
Doris Heym
Wacholderweg 2
D-85521 Ottobrunn
Architekturbuero.heym@t-online.de
Seite 132
Fotos: Christoph Seeberger,
München

Jöllenbeck + Wolf
Michael Jöllenbeck, Armin Wolf
Architekten BDA und Stadtplaner
Gerbereistraße 2/2
D-69168 Wiesloch
www.joellenbeck-wolf.de
Seite 198
Fotos: Thomas Ott Fotografie, Mühltal

Architekten Kerschbaumer
Pichler & Partner
Dr. Arch. Karl Kerschbaumer,
Dr. Arch. Harald Pichler
Säbenertorgasse 2
I-39042 Brixen, Südtirol
www.kup-arch.it
Seite 114
Fotos: Jürgen Eheim, Brixen;
Foto Seite 118 li. o.: Günter Richard
Wett, Innsbruck

Stephan Maria Lang Architektur
Winterstraße 4
D-81543 München
Prinzenweg 24d
D-82319 Starnberg
wwww.stephanmarialang.de
Seite 208
Fotos: Bärbel Büchner Fotografie,
Viewtopia, Starnberg
Porträt: Christopher Thomas,
München

LHVH Architekten
Frank Lohner, Jens Voss, Frank
Holschbach
Heinrich-Rohlmann-Straße 10
D-50829 Köln
www.lhvh.de
Seite 154
Fotos: Lukas Roth, Köln

**LOVE architecture and urbanism
ZT GmbH**
Mark Jenewein, Herwig Kleinhapl
Arch DI, Bernhard Schönherr Arch DI
Hans-Sachs-Gasse 8/2
A-8010 Graz
www.love-home.com
Seite 234
Fotos: Jasmin Schuller

LP architektur ZT GmbH
Hauptstraße 46
A-5541 Altenmarkt im Pongau
www.lparchitektur.at
Seite 238
Fotos: Volker Wortmeyer

lynx architecture
Volker Petereit, Susanne Muhr
Zieblandstraße 25
D-80798 München
www.lynx-a.com
Seite 158
Foto Seite 159 o.: Michael Ingen-
weyen, München; Seite 159 u. und
162 o.: Gunter Bieringer, München;
Seite 160, 161 und 162 u.: Gisela
Schenker, Glonn/Haslach

Marte.Marte Architekten ZT GmbH
Totengasse 18
A-6833 Weiler
www.marte-marte.com
Seite 92
Fotos: Bruno Helbling, Zürich
Porträt: zumtobel. Markus
Deutschmann

Meixner Schlüter Wendt Architekten
Dipl.-Ing. Claudia Meixner,
Dipl.-Ing Florian Schlüter,
Dipl.-Ing Martin Wendt
Architekten BDA
Fischerfeldstraße 13
D-60311 Frankfurt a.M.
www.meixner-schlueter-wendt.de
Seite 170
Fotos: Christoph Kraneburg, Köln

neutardschneider architekten
Philipp Neutard
Babette Schneider
Lothringer Straße 28
D-81667 München
www.neutardschneider.com
Seite 64
Foto Seite 65 u.: Maria Dorner,
München; alle anderen Fotos:
Wolfgang Pulfer, München

**Nuyken von Oefele Architekten
mit DI Jürgen Stoppel (Lauterach)**
Dipl.-Arch. ETH Clemens Nuyken,
Dipl.-Arch. ETH Christoph von Oefele
Türkenstraße 104
D-80799 München
www.n-v-o.com
Seite 54
Foto Seite 56 u.: Günter Laznia; alle
anderen Fotos: © Nuyken von Oefele
Architekten

Osterwold°Schmidt
Ex P! ANDER Architekten BDA
Matthias Schmidt, Antje Osterwold
Brühl 22
D-99423 Weimar
www.osterwold-schmidt.de
Seite 76
Fotos: Matthias Schmidt, Weimar

Palais Mai Architekten
Ina-Maria Schmidbauer,
Patrick von Ridder, Peter Scheller
Architekten BDA
Goethestraße 19
D-80336 München
www.palaismai.de
Seite 180
Fotos: Edward Beierle, München;
Porträt: Martin Fengel, München

Prof. Christine Remensperger
Architektin BDA
Pfizerstraße 8
D-70184 Stuttgart
www.christineremensperger.de
Seite 174
Fotos: Antje Quiram, Stuttgart

Ruinelli Associati Architetti SIA
Armando Ruinelli architetto REG
A/ SIA/SWB, Fernando Giovanoli
architetto dipl. STS
Atelier 67
CH-7610 Soglio
www.ruinelli-associati.ch
Seite 18
Fotos: © Ruinelli Associati
Architetti SIA; Porträt: Hubertus
Hamm, München

Architekt Schattan Michael
Mitarbeit: Monika Meyer
Moritz-von-Schwind-Straße 18
D-82319 Starnberg
www.architekt-schattan.de
Seite 194
Fotos: Büro Michael Schattan

Schneider Architekten BDA
Dipl.-Ing. Dieter Schneider
Dipl.-Ing. FH Sabine Schneider
Hutneck 2
D-78112 St. Georgen
www.schneider-architekturbuero.
com
Seite 146
Fotos: Thomas Riedel, Karlsruhe

**Schneider & Schneider Architekten
ETH BSA SIA AG**
Bahnhofstraße 102
CH-5000 Aarau
www.schneiderschneider.ch
Seite 38
Fotos: Roger Frei, Zürich

**Prof. Dipl.-Ing. Uwe Schröder
Architekt BDA**
Kaiserstraße 25
D-53113 Bonn
www.usarch.de
Seite 214
Fotos: Stefan Müller, Berlin

Axel Steudel Architekt
Aachener Straße 637
D-50933 Köln
www.axelsteudel.de
Seite 26
Fotos: Christian Eblenkamp, Rietberg

VONBOCK ARCHITEKTEN
Dipl.-Ing. Klaus von Bock
Blumhardtstraße 41
D-73035 Göppingen
Heinrich-Baumann-Straße 30
D-70190 Stuttgart
www.von-bock.de
Seite 184
Fotos: Bruno Helbling, Zürich

Wacker Zeiger Architekten
Angelika Wacker, Ulrich Zeiger
Gaußstraße 60
D-22765 Hamburg
www.wackerzeiger.de
Seite 50
Fotos Seite 51, 52 li. o. und re.:
Martin Böttcher, Leipzig; Seite 52 li.,
Mitte und u.: Johannes Hünig,
Hamburg

Tillmann Wagner Architekten
Choriner Straße 85
D-10119 Berlin
www.tillmannwagner.de
Seite 126
Fotos: Büro Tillmann Wagner Archi-
tekten

**Werknetz Architektur
Philipp Wieting**
Dipl.-Architekt ETH SIA –
Seebahnstraße 85
CH-8003 Zürich
Via Calanda 15
CH-7013 Domat/Ems
www.werknetz.ch
Seite 246
Fotos: Philipp Wieting; Porträt: Jos
Schmid, Zürich

wild bär heule architekten ag
Sabine Bär, Thomas Wild, Ivar Heule
Baurstraße 14
CH-8008 Zürich
www.wbarch.ch
Seite 256
Fotos: Roger Frei, Zürich

yes architecture
Dipl.-Ing. Marion Wicher M. Sc.
Griesgasse 10
A-8020 Graz
www.yes-architecture.com
Seite 98
Fotos: Toni Muhr, Graz

Impressum

Bildnachweis Inhaltsverzeichnis,
Vorwort und Einleitung:
Foto Vorsatz-/Nachsatzpapier
und Seite 1: Lukas Roth, Köln
Fotos Seite 2–3: © Ruinelli Associati
Architetti SIA; Seite 4–5 v.l.n.r.:
Hertha Hurnaus, Wien; Jens Weber &
Orla Conolly, München; Adam Mork,
Kopenhagen; Seite 6–7 v.l.o.n.r.u.:
Christian Eblenkamp, Rietberg,
Antje Quiram, Stuttgart; Michael
Ingenweyen, München; Christian
Hacker, München; Matthias Schmidt,
Weimar; Thorsten Klapsch, Berlin;
Toni Muhr, Graz; Büro Tillmann
Wagner Architekten; Seite 8: Philippe
Wyssen, München; Seite 11: Hertha
Hurnaus, Wien; Seite 13 o.: Rainer
Mader, Schleiden; Seite 13 u.: Bruno
Helbling, Zürich; Seite 15 o.: Thomas
Huber und Atelier Lüps; Seite 15 u.:
Matthias Schmidt, Weimar; Seite 16/17:
© Ruinelli Associati Architetti SIA.

Bildnachweis Umschlag:
Abbildung Vorderseite: Jasmin
Schuller; Rückseite v.l.n.r.: © Ruinelli
Associati Architetti SIA.; Christian
Eblenkamp, Rietberg; Brigida Gonzá-
lez, Stuttgart; Roger Frei, Zürich.

Lagepläne: Jens Schiewe, Nürnberg
Alle übrigen abgebildeten Zeichnun-
gen und Pläne sowie die angegebe-
nen Baudaten wurden von den jeweiligen Architekturbüros zur Verfügung
gestellt.

© 2011

2. Auflage 2012

Bibliografische Information der
Deutschen Nationalbibliothek
Die Deutsche Nationalbibliothek
verzeichnet diese Publikation in der
Deutschen Nationalbibliografie;
detaillierte bibliografische Daten
sind im Internet über
http://dnb.d-nb.de abrufbar.

ISBN 978-3-7667-1901-0

Projekterläuterungen:
Wolfgang Bachmann
Projektleitung: Tina Freitag
Lektorat: Katrin Pollems-Braunfels
Umschlaggestaltung: independent
Medien-Design, München
Layout und Satz: griesbeckdesign,
München
Druck und Bindung: freiburger
graphische betriebe, Freiburg

Printed in Germany 2012